"Une bonne v
Verlie Son
12/10/02

344/1000

From Small Bits Of Charcoal

The Life & Works of a Cajun Artist

♦

De petits morceaux de charbon

La vie et l'oeuvre d'un artiste cadjin

♦

Drawings and story by

Dessins et texte par

FLOYD SONNIER

Acadian House
PUBLISHING
LAFAYETTE, LOUISIANA, USA

 For information, contact Acadian House Publishing, P.O. Box 52247, Lafayette, Louisiana 70505, or via e-mail: info@acadianhouse.com.

Library of Congress Cataloging-in-Publication Data
Sonnier, Floyd, 1933-2002.
From small bits of charcoal: the life & works of a Cajun artist /
by Floyd Sonnier.
p. cm.
English and French.
Includes index.
ISBN 0-925417-46-7
1. Sonnier, Floyd, 1933-2002. 2. Artists—Louisiana—Biography.
3. Cajuns—Biography. 4. Cajuns in art. I. Title.
NC139.S595 A2 2002
741'.092—dc21
2002011315

- **Published by Acadian House Publishing, Lafayette, Louisiana. (English edited by Trent Angers; French edited by Jolene Adam; French translation by Phoebe Trotter; interior graphic design and production by Jon Russo.)**
- **Cover illustration by Floyd Sonnier**
- **Cover design and production by Elizabeth Bell, Lafayette, Louisiana**
- **Printed by Quebecor World, Kingsport, Tennessee, USA**

Introduction

Following My Dream to the Drawing Board

My dad used to tell me that far worse than not reaching one's goals in life was not having any goals.

He used to preach to me to set my goals high. Even if I never reached them I would at least give myself the opportunity to succeed in life. With his homegrown, simple wisdom, he was preparing me to rise above his station in life. He wanted me to have an easier, more fulfilling life than his.

As I was born with a talent for drawing and creating, I naturally figured that this ability would be the thing that would lift me to a higher station in life.

I was also born a dreamer. When I was growing up I dreamed of becoming a famous inventor. I would read a magazine called *Popular Mechanics*, which inspired me to create various gadgets. I also dreamed of being an author, and I created a number of characters and plots in my mind. Then I dreamed of someday becoming an artist. This dream was the most vivid and most realistic because I knew I already had the ability to create.

The vision of becoming a professional artist began to crystallize in my mind one day in the eleventh grade when my American history teacher, Mrs. Lily Harmon, called me aside and urged me to begin thinking about going to college to further my education in art. This was in 1951, the same year we got electricity and running water in our house.

After many ups and downs, I finally graduated from the University of Southwestern Louisiana in Lafayette in 1961 with a degree in commercial art. The Good Lord smiled on me, and shortly after graduation I found a job in Lafayette with a fledgling ad agency. I was the first full-time commercial artist hired in Lafayette. Being able to stay in Lafayette was a blessing for me because that's exactly where I wanted to live. Having spent two

Introduction

Suivant mon rêve à la planche de dessin

Mon père me disait que, pire de ne jamais atteindre nos buts dans la vie, c'était de ne pas en avoir du tout.

Il me prêchait toujours de «viser haut.» Même si je n'arrivais jamais à atteindre tous mes buts, au moins je me donnerais l'occasion de réussir dans la vie. Avec sa sagesse simple, il me préparait pour avoir une meilleure vie que lui. Il voulait que ma vie soit plus facile et plus enrichissante que la sienne.

Puisque je suis né avec du talent pour dessiner, j'ai compté sur ce talent comme moyen par lequel je pourrais améliorer mon niveau d'existence.

En plus, je suis né rêveur. Quand j'étais jeune, je rêvais de devenir inventeur renommé. Je lisais la revue «Popular Mechanics,» qui m'a inspiré de créer plusieurs choses. Je rêvais aussi de devenir auteur, et je créais des personnages et des intrigues dans mon imagination. Puis, je rêvais de devenir artiste. Ce rêve était le plus vif et le plus réaliste, car je savais déjà que je possédais la capacité de créer.

La vision de poursuivre la profession d'artiste a commencé à se cristalliser dans mon idée un jour dans l'onzième année de l'école, lorsque mon professeur d'histoire américaine, Madame Lily Harmon, m'a pris à part et m'a conseillé de penser d'aller à l'université pour avancer mon instruction en beaux-arts. C'était en 1951, la même année que l'on a eu de l'électricité et de l'eau courante dans la maison.

Après beaucoup de vicissitudes, j'ai reçu mon diplôme de l'Université du Sud-Ouest de la Louisiane à Lafayette en 1961, en art commercial. Le Bon Dieu m'a souri, et peu après, j'ai trouvé de l'emploi à Lafayette dans une agence de publicité débutante. J'étais le premier artiste commercial employé à plein temps à Lafayette. J'avais de la chance de pouvoir rester à Lafayette parce que c'était

years in the military, one of which was in Germany, I appreciated my home state – and southwest Louisiana in particular. This is where I wanted to live and start a family.

But being a commercial artist was not what my dreams were about. It didn't take me long to realize that there is a big difference between creating art and creating advertisements. The latter was not what I had envisioned. However, working as a commercial artist expanded my knowledge and abilities, in that I learned more about designing and illustrating. Working for a small agency gave me the opportunity to work in every phase of advertising and public relations. And I learned a great deal about marketing, though my title was art director.

One of the firms the ad agency represented was Southwest Louisiana Electric Membership Co-op (SLEMCO). I was assigned this account. SLEMCO published a 16-page monthly magazine which was sent to their 40,000 customers. I was put in charge of editing, designing and publishing this little magazine. I interviewed for and wrote the stories, took the pictures when necessary, and did as many illustrations as possible. Because of a low budget we printed the magazine in black and white. So I did my illustrations in black and white. Thus, I started to become more proficient with pen-and-ink drawings.

Every day I see a reminder of my work with the ad agency. In 1963 I was asked to re-design the wrapper for Evangeline Maid bread. In doing so I created the young maiden who is on the wrapper. She is still there today. I also designed the giant loaf of Evangeline Maid bread that goes 'round and 'round on a billboard on St. John Street near the bakery in Lafayette.

After eight years of working for the ad agency, I decided to move on. I was disillusioned with the whole commercial art world. I did not know in what direction I was going, much less what my destination was. There was nothing around me that indicated it was possible for me to become a professional artist. I was confused and disappointed. By then I had fallen in love with and married Verlie Gay from Church Point. We had two little boys, Gil and Mark.

In 1968 I quit my job at the ad agency. I accepted a position with the Diocese of Lafayette in the Department of Communica-

bien ici où je voulais vivre. Comme j'avais passé deux ans dans le militaire, avec un an en Allemagne, j'appréciais l'état où je suis né – et le sud-ouest de la Louisiane en particulier. C'est ici où je voulais vivre et commencer ma famille.

Mais mes rêves ne s'agissaient pas d'être artiste commercial. Il ne m'a pas pris longtemps pour me rendre compte qu'il y a une grande différence entre la création de l'art et la création de la publicité. Celle-ci n'était pas ce que j'avais envisagée. Cependant, le travail comme artiste commercial a développé ma connaissance et mes capacités, afin que j'ai beaucoup appris pour le dessin et l'illustration. Le travail à cette petite agence m'a permis de travailler dans chaque phase de la publicité et dans le domaine des relations publiques. Et j'ai appris beaucoup au sujet de la commercialisation, bien que mon titre soit directeur d'art.

L'une des maisons de commerce représentées par notre agence de publicité était le Southwest Louisiana Electric Membership Co-op (SLEMCO). On m'a nommé responsable pour ce compte. SLEMCO faisait publier une revue mensuelle de seize pages destinée aux plus de 40,000 membres de leur association. On m'a donné la responsabilité de rédiger, dessiner et publier cette petite revue. Je faisais les interviews, j'écrivais les articles, je photographiais quand il fallait et je faisais autant d'illustrations que possible. À cause d'un petit budget, on imprimait la revue en noir et blanc. Donc, je faisais mes illustrations en noir et blanc. Alors, je suis devenu plus compétent à dessiner à la plume.

Chaque jour je vois un souvenir de mon travail pour l'agence de publicité. En 1963, on m'a demandé de dessiner à nouveau le sac d'emballage du pain Evangeline Maid. Par conséquent, j'ai créé la jeune demoiselle qui est représentée sur le sac. Elle y est encore. J'ai dessiné aussi le pain gigantesque d'Evangeline Maid qui tourne en rond sur le grand panneau d'affichage dans la rue St-Jean à Layayette, près de la boulangerie.

Après huit ans de travail pour cette agence, j'ai pris la décision de changer d'emploi. Désillusionné de tout aspect du domaine d'art commercial, je ne savais plus où j'allais, ni ce qui était ma destination. Il n'y avait rien autour de moi qui m'indiquait la possibililité de devenir artiste par profession. J'étais confus et déçu. À ce moment-là, j'avais déjà tombé amoureux de Verlie Gay de la

tion as art director for the Catholic newspaper, *The Morning Star*. It was a part-time job; they did not have the budget to give me full-time employment. I worked three days a week for the newspaper. The rest of the time I worked for myself as a free-lance commercial artist. I inherited SLEMCO from the ad agency and worked on their magazine at home.

In 1974 I had to make one of the hardest decisions of my life. The bishop decided to revamp the diocese's administrative departments. At the same time the manager of the newspaper retired, and I was approached by the bishop to take the managerial position. This was a full-time position and meant giving up all my commercial art duties. This was something I genuinely welcomed, because I wasn't going anywhere as an advertising production artist. It also meant giving up my dreams of becoming a professional artist. This saddened me.

So, after much deliberation, I decided I would never realize my dream of being an artist. Nothing was happening. It seemed that I was always headed in the wrong direction. I would never be an artist. By this time we had three boys and a girl, Gil, Mark, Timmy and Annette. Verlie and I decided, all things considered, that I should take the manager's position and the financial security it offered.

In doing so, I inadvertently came to the most important turning point of my life. In order to relieve the stress and burdens of my managerial position, I went home, picked up my drawing pencils, my pens and inks, and set up my drawing board. And I re-discovered art!

It didn't take me long to realize again that I was pretty good with the pen and that I loved drawing. I knew and loved my French-Acadian culture, so this became my primary subject matter. In working hard every night and on weekends, I developed a style of drawing which I called "traditional realism" – a style I still use today.

My dream had returned. Now I felt I was headed in the right direction. I knew what I was doing, and I was doing what I wanted.

In November of 1975, I brought my work out before the public for the first time. I participated in an art show in Lafayette called The Fall Fiesta. I was one of 150 artists and craftspeople exhibiting

Pointe de l'Église, et je l'avais déjà épousée. On avait deux petits garçons, Gil et Mark.

En 1968, j'ai quitté mon emploi à l'agence de publicité. J'ai accepté un poste au Diocèse de Lafayette dans le Département de communications, comme directeur d'art pour le journal catholique, «The Morning Star.» Cet emploi était à mi-temps; il n'y avait pas assez de budget pour m'employer à plein-temps. Je travaillais trois jours par semaine pour ce journal. La balance du temps je travaillais pour moi-même comme artiste commercial freelance. On m'a transmis le compte de SLEMCO de l'agence de publicité et je travaillais sur leur revue chez moi.

En 1974, il fallait prendre une décision qui était la plus difficile de ma vie. L'évêque a décidé de réorganiser les départements administratifs du diocèse. Au même temps, le directeur du journal a pris sa retraite et l'évêque m'a offert ce poste. C'était à plein-temps, ce qui voulait dire qu'il fallait renoncer à toutes mes fonctions en art commercial. Je trouvais cette idée agréable, car je n'allais nulle part comme artiste commercial. Cela voulait dire, aussi, renoncer à mes rêves de devenir artiste par profession. Cela m'attristait.

Alors, après beaucoup de délibération, j'ai décidé que mon rêve de devenir artiste ne serait jamais réalisé. Rien ne se passait. Il me semblait que j'allais toujours dans la mauvaise direction. Je ne serais jamais artiste. À ce temps-là, on avait trois fils et une fille, Gil, Mark, Timmy et Annette. Verlie et moi, on a décidé que je devrais accepter le poste de gérant avec toute sa sécurité financière.

Par conséquent, je suis arrivé inconsciemment au moment décisif le plus important de ma vie. Pour me soulager des pressions et des tensions de mon poste de gérant, je suis rentré chez moi, j'ai repris mes crayons, mes plumes et mon encre et j'ai remonté ma planche à dessin. Et j'ai redécouvert mon art!

Il ne m'a pas pris longtemps pour me rendre compte que je faisais bien avec la plume et que j'adorais dessiner. Je connaissais et j'aimais ma culture cadjinne, alors, elle est devenue ma matière principale. Avec du travail assidu tous les soirs et les fins de semaines, j'ai développé un style de dessin que j'appelais «le réalisme traditionnel» – un style que je continue à employer à présent.

in this show. I was the only artist showing black and white art. This particular exhibition was judged for talent and display. I won first and third place ribbons. This opened my eyes.

In 1978 I made the second-biggest decision of my life. I was holding two full-time jobs: being an artist and being manager of the newspaper. I had to let one go. In discussing it with my wife, she reminded me of my dream of becoming a professional artist. We decided that we should try it for one year and if it didn't work I could always go back to work on another job.

So, on June 15, 1978, at the age of 44, with a wife and four small children, I quit the job at the newspaper and began living my dream of being a full-time, professional artist.

– *Floyd Sonnier*

Mon rêve était revenu. Asteur je me sentais comme si j'allais dans la bonne direction. Je savais ce que je faisais, et je faisais ce que je voulais.

En novembre de 1975, j'ai présenté des oeuvres pour la première fois devant le public. J'ai participé à une exposition à Lafayette qui s'appelait The Fall Fiesta. J'étais un des 150 artistes et artisans inclus dans cette exposition. J'étais le seul artiste qui présentait de l'art en noir et blanc. Nos oeuvres étaient jugées pour le talent et la présentation. J'ai gagné les lauréats de première place et de troisième place. Ceci m'a ouvert les yeux.

En 1978, j'ai pris la deuxième plus grande décision de ma vie. J'avais deux emplois à plein temps, celui d'artiste et celui de gérant du journal. Il fallait en renoncer à un. Je l'ai discuté avec ma femme, qui m'a rappelé de mon rêve de profession d'artiste. On a décidé qu'il fallait l'essayer pour un an et si ça ne marchait pas, je pourrais toujours reprendre un autre emploi.

Donc, le 15 juin, 1978, à l'âge de 44 ans, avec une femme et quatre jeunes enfants, j'ai quitté mon emploi au journal et j'ai commencé à vivre mon rêve de devenir artiste professionnel.

– *Floyd Sonnier*

Preface

The Birth of a Book

When I started exhibiting at art shows in the mid-1970s I carried a special little book with me. It was a journal with about 200 blank pages. I wrote new ideas in it almost every day – notes, random thoughts, rough ideas for stories.

I also used it as a sketch pad, drawing thumbnail sketches for possible new works. I even wrote poems and short stories in it.

One morning I was sitting in my booth at a mall show and staring at a blank page in my journal. Things were slow, and I didn't have much to write. So I came up with an idea and wrote at the top of the page, "Things I remember well." Then I proceeded to write short phrases about whatever popped into my mind from my past. I wrote things like "Mom baking pies…my first day at school…picking blackberries." In a very short time I filled two or three pages with such listings.

The more I wrote, the more the ideas kept flowing. As a result, I was able to recall things I had forgotten for years.

Wanting to do something with these fond memories, I set aside some time for several nights and wrote short stories about them. I liked the stories and wanted to share them. I felt that other people who grew up in the Cajun Country of south Louisiana might like them as well. So I published the first of them as part of my annual Cajun calendar, *My Acadians / Mes Acadiens*, in the mid-1990s.

Shortly after the calendar was issued, I received a phone call from the publisher of a local monthly newspaper for senior citizens. He said he enjoyed my story and wanted permission to publish it in his next edition. He also wanted a drawing to go with it. He later told me the story and drawing were well received by his readers, and he asked me for permission to use another of my stories in his next issue, and his next, and the one after that. This went on for about a year, and he published 10 or 12 of my stories.

Seeing the stories in print reinforced my long-held dream of

Préface

La naissance d'un livre

Quand j'ai commencé à participer aux expositions d'art dans les années 1970, je portais avec moi un petit livre. C'était un cahier d'à peu près 200 pages, qui me servait comme journal dans lequel, tous les jours, j'écrivais des notes, des pensées au hasard, ou des esquisses pour des histoires.

Je l'utilisais aussi comme album de croquis, pour des dessins qui pourraient servir comme thèmes des oeuvres. J'écrivais même des poèmes et des contes là-dedans.

Un matin, j'étais assis dans ma baraque pendant une exposition au centre commercial, en regardant fixement une page vide. Les affaires allaient lentement et je n'avais pas beaucoup à écrire. Alors, une idée m'est venue, et j'ai écrit en haut de la page, «Les choses dont je me souviens bien.» Puis, j'ai commencé à écrire n'importe quoi du passé qui est venu à mon idée. J'ai écrit des choses comme «Mom qui faisait des tartes...ma première journée d'école...ramasser des mûres.» Dans très peu de temps, j'avais rempli deux ou trois pages de telles choses.

Plus que j'écrivais, plus que les idées me venaient. Donc, j'ai pu me rappeler des choses que j'avais oubliées pendant des années.

Puisque je voulais faire quelque chose avec ces chères mémoires, j'ai consacré du temps chaque soir pour écrire des histoires au sujet de ces mémoires. J'aimais ces histoires, et je voulais les partager. Je pensais que d'autres personnes élevées dans le pays cadjin du sud-ouest de la Louisiane s'y intéresseraient. Alors, j'ai publié la première histoire comme partie de mon calendrier cadjin annuel, «Mes Acadiens,» dans les années mi-1990.

Peu après la publication du calendrier, j'ai reçu un appel de téléphone du rédacteur d'un journal mensuel d'informations régionales pour les personnes âgées. Il m'a dit qu'il avait aimé mon histoire, et il m'a demandé la permission de la publier dans le prochain numéro. En plus, il voulait un dessin pour

publishing a book of my works. I had been having this idea for a number of years, since 1990 or 1991, when I began to get requests from customers to put my best work into a book.

Now I was envisioning a book containing not only my art but also some of my stories. Most of my writings are about my life growing up on a French-speaking sharecropper's farm in Acadia Parish in the late 1930s through the mid-1950s. These stories are not only about me, but also about most Cajuns my age or older who grew up in the country. We all had basically the same up-bringing, with similar values and a common heritage and culture.

Being a product of the French-Acadian culture, I felt the text of the book should be translated into French. The titles or sub-titles of most of my drawings are in French. And my calendar has always been bilingual since I started publishing it in 1978. My only directive to the translator was that correct French grammar be used, with an occasional Cajun word or phrase being added where appropriate. I wanted to maintain a certain Cajun ambience in my writing.

So, here it is, the story of my life, drawn and written in English and in French. The art was done over a 25-year period, beginning in the mid-1970s, while the stories were written in the decade of the 1990s.

In addition to focusing on my upbringing in the heart of the Cajun Country, the book also deals in general with Louisiana's French heritage. It is a heritage of which I am immensely proud, as might be obvious from what you will see and read on the following pages.

– F.S.

l'accompagner. Cette histoire et le dessin ont été tellement bien reçus par les lecteurs qu'il m'a demandé la permission d'utiliser une autre de mes histoires dans le prochain numéro, et le prochain, et le prochain, etc. Cela a continué pour à peu près un an, et il a publié dix ou douze de mes histoires.

Voir mes histoires imprimées a renforcé mon rêve de faire publier un livre de mes oeuvres. Je gardais cette idée depuis 1990 ou 1991, lorsque mes meilleurs clients commençaient à me demander de faire un recueil de mes oeuvres préférées.

Asteur j'envisageais un livre qui comprenait, non seulement mes oeuvres, mais aussi mes histoires. La plupart de mes histoires parlent de mon enfance à l'habitation d'un pauvre métayer francophone dans la paroisse d'Acadie pendant les années 1930 jusqu'aux années des mi-1950. Ces histoires ne traitent non seulement de moi, mais aussi de la plupart des Cadjins de mon âge qui ont passé leur enfance à la campagne. On était tous élevés presque de la même façon, avec les mêmes valeurs et avec un héritage et une culture semblables.

Puisque je faisais partie de la culture des Acadiens, je voulais que le texte du livre soit traduit en français. Les titres ou les sous-titres de mes dessins sont en français. Et mon calendrier a toujours été bilingue, depuis que j'ai commencé à le publier en 1978. Ma seule exigence au traducteur était que la grammaire soit correcte et que l'on maintienne une ambiance cadjinne avec des expressions du français cadjin n'importe où c'était convenable.

Alors, voilà, l'histoire de ma vie, dessinée et écrite en anglais et en français. Les dessins ont été faits au cours de vingt-cinq ans, commençant dans les années 1970, tandis que les histoires ont été écrites dans les années 1990.

En plus de mettre au point mon enfance au coeur du pays des Cadjins, le livre traite, en général, de l'héritage français de la Louisiane. C'est un héritage dont je suis énormément fier, ce qui doit être évident par ce que j'ai dessiné et écrit sur les pages suivantes.

– F.S.

Foreword

A Brief History of the Cajun People

Sometime in the late 1990s a young man from West Virginia was doing research for a television documentary on the exile of the Acadians and their resettlement in southern Louisiana. He asked me to help him as an advisor and historian.

He asked me a question that got me to thinking:

"Where did you learn the history of your ancestors?"

I thought about it a few minutes and told him I wasn't sure, because I couldn't remember ever *not* knowing about my ancestors and their history. It seemed that I had known about this subject since I was a young boy. Then I realized that the source of this knowledge was stories told to me by my father and grandfathers, who learned from their fathers and grandfathers. They had no books to consult, only the accounts handed down from generation to generation by word of mouth. And this, too, is how I learned the basic history of my ancestors.

As I grew into adulthood I built upon this oral history not only by reading but also by traveling to the lands of my ancestors – to see for myself and to learn firsthand. I toured Nova Scotia and New Brunswick in 1985 and parts of France half a dozen times beginning in 1990. I found an abundance of evidence that my ancestors came from these areas. I found my roots.

From all of these sources, I can offer the following thumbnail history of the Acadian, or Cajun, people.

The original Acadians were French pioneers who came to the New World in 1604 to establish colonies for fishing and fur trading. They started building first at St. Croix Island, between present-day New Brunswick and Maine, then at Port Royal and Grand Pré in what is now Nova Scotia. By 1670 they had established settlements in a broad area comprised of what is now Nova Scotia, New Brunswick, Prince Edward Island, Cape Breton and

Avant-propos

Une histoire brève du peuple cadjin

Un jour vers la fin des années 1990, un jeune homme de la Virginie de l'Ouest faisait des recherches pour un documentaire de télévision sur l'exil des Acadiens et leur établissement dans le sud de la Louisiane. Il m'a demandé de l'aider comme conseiller et historien.

Il m'a posé une question qui m'a fait réfléchir:

«D'où avez-vous appris l'histoire de vos ancêtres?»

J'ai réfléchi un peu et je lui ai dit que je n'en étais pas certain, car je ne pouvais pas me rappeler de ne pas connaître l'histoire de mes ancêtres. Il me semblait que je la connaissais depuis que j'étais jeune. Puis, je me suis rendu compte que la source de cette connaissance était les contes racontés par mon père et mes grands-pères, qui les avaient entendus de leurs pères et de leurs grands-pères. Ils n'avaient pas de livres à consulter, seulement ce qui était transmis oralement d'une génération à l'autre. Et ceci, aussi, est la façon dont j'ai appris l'histoire de base de mes ancêtres.

En devenant adulte, j'ai développé cette histoire orale non seulement en lisant mais aussi en voyageant aux pays de mes ancêtres – pour voir pour moi-même et pour apprendre de première main. J'ai voyagé en Nouvelle-Écosse et au Nouveau-Brunswick en 1985 et en France une demi-douzaine de fois, commençant en 1990. J'ai trouvé une abondance de preuve que mes ancêtres sont venus de ces endroits. J'ai trouvé mes racines.

De toutes ces sources, je peux offrir l'histoire brève suivante à propos des Acadiens, ou des Cadjins.

Les premiers Acadiens étaient des pionniers français qui sont venus au Nouveau Monde en 1604 pour établir une colonie pour la pêche et pour la traite des fourrures. Ils ont commencé à s'établir, d'abord à l'Île St-Croix entre le Nouveau-Brunswick et le Maine actuels, puis à Port Royal et Grand-Pré, dans ce qui est

parts of the state of Maine. The area became known as *Acadie*, from a Micmac Indian term, *quoddy*, meaning "a tract of land."

Meanwhile, the British were busily at work building colonies of their own along the Eastern Seaboard, as the scramble for footholds in the New World continued at a fevered pitch among various European countries.

Unfortunately for the Acadians, in 1713 most of their homeland was ceded to England by mother France in the Treaty of Utrecht, which ended Queen Anne's War. Thus, the Acadians came under British rule – a situation that proved to be unworkable for all parties concerned.

Both the French and English continued building forts to protect their settlements, the French to the north and the British to the south. The Acadians, now numbering in the thousands, remained neutral, in accordance with the Conventions of 1730, as the fighting between France and England continued.

The year 1753 was a bad one for the Acadians, as Charles Lawrence became governor of Nova Scotia. He was intolerant of the Acadians, thought of them as unmanageable, and considered them to be a military threat to the British.

He demanded that they take an oath of allegiance to Great Britain and renounce their Catholic faith. They refused. So, on July 20, 1755 Lawrence issued orders that they be expelled from *Acadie*. The Acadians were rounded up at gunpoint, loaded onto ships and scattered down the Eastern Seaboard; they were dumped at various ports in Massachusetts, New York, Pennsylvania, Maryland, the Carolinas and Georgia. They were now people without a country and were considered to be undesirables practically everywhere they landed. Hundreds of exiles were sent to England and treated as prisoners of war, while more than 1,000 were sent back to their native France, only to find that they were not particularly welcome there either. In all, some 10,000 Acadians were exiled over an eight-year period.

The Acadian refugees who ended up in the British colonies along the Eastern Seaboard were treated with hostility or indifference by local government authorities and townspeople. Some were turned into indentured servants. Most were generally miserable and longed to be reunited with their loved ones – or at least find a

maintenant la Nouvelle-Écosse. En 1670, leurs établissements se situaient sur un grand territoire qui comprend à présent la Nouvelle-Écosse, le Nouveau-Brunswick, l'Île du Prince Édouard, le Cap Breton et, en partie, l'état du Maine. Cet endroit était connu comme l'Acadie, qui vient du terme «quoddy» des Indiens mi'kmaqs, qui veut dire «une étendue de terre».

En même temps, les Anglais s'occupaient à établir leurs propres colonies le long de la côte est, pendant que la bousculade pour prendre pied dans le Nouveau Monde continuait à toute vitesse parmi des divers pays européens.

Malheureusement pour les Acadiens, la France à cédé la plupart de leur territoire à l'Angleterre en 1713 selon le Traité d'Utrecht, qui a mis fin à la guerre de la Reine Anne. Donc, les Acadiens sont venus sous l'autorité des Anglais, une situation qui se révélait impossible pour tous.

Tous les deux, les Français aussi bien que les Anglais, ont continué à construire des forts pour protéger leurs colonies, les Français au nord et les Anglais au sud. Les Acadiens, maintenant une population des milliers, sont restés neutres, conformément aux Conventions de 1730, pendant que le combat entre la France et l'Angleterre continuait.

L'an 1753 était mauvais pour les Acadiens, puisque Charles Lawrence est devenu gouverneur de la Nouvelle-Écosse. Il ne tolérait pas les Acadiens; il les croyait ingouvernables et les voyait comme une menace militaire aux Anglais.

Lawrence a exigé que les Acadiens prêtent serment à la Grande Bretagne et qu'ils renoncent à leur foi catholique. Ils ont refusé. Donc, le 20 juillet, 1755, Lawrence a donné l'ordre qu'ils soient expulsés de l'Acadie. Les Acadiens ont été rassemblés sous la menace des fusils, embarqués à bord des navires et dispersés le long de la côte est; ils ont été débarqués aux ports divers au Massachusetts, au New York, en Pennsylvanie, au Maryland, aux Carolines et en Georgie. Ils étaient asteur un peuple sans pays et considérés indésirables pratiquement tout partout où ils débarquaient. Des centaines d'exilés étaient envoyées en Angleterre et traitées comme prisonniers de guerre, tandis que plus qu'un mille était renvoyés en France, pour se rendre compte qu'il n'y avait pas d'acceuil pour eux là, non plus. En tout, quelques

place they could call home.

Imagine their joy when they received word that they would be welcomed in Louisiana, which was under the rule of a Spanish government that was friendly toward the French. Subsequently, many of the Acadians wasted no time in beginning their journey to Louisiana.

In all some 3,000 Acadian refugees found their way to Louisiana. They made a new home for themselves in the southern part of the state. For the better part of two centuries, generations of Acadians lived in relative isolation, cut off from the rest of the country by the swamps, bayous and rivers that crisscross the land that is known today as Acadiana – the new *Acadie*. Today French is still spoken by about half of the approximately 400,000 people of Acadian descent who live in south Louisiana.

The present-day descendants of Louisiana's first Acadian settlers are informally referred to as Cajuns. The word "Cajun" is essentially a nickname for Acadian or, more precisely, it is a corruption of the word. It started out as Acadian, then through mispronunciation became 'Cadien then Cajun. So, the 22-parish (county) area of south Louisiana occupied by the modern Acadians is sometimes referred to as Cajun Country.

This is my homeland, the place where I was born and reared. It is this land and these people, my people, who have been the primary subject of my art for my entire career.

– F.S.

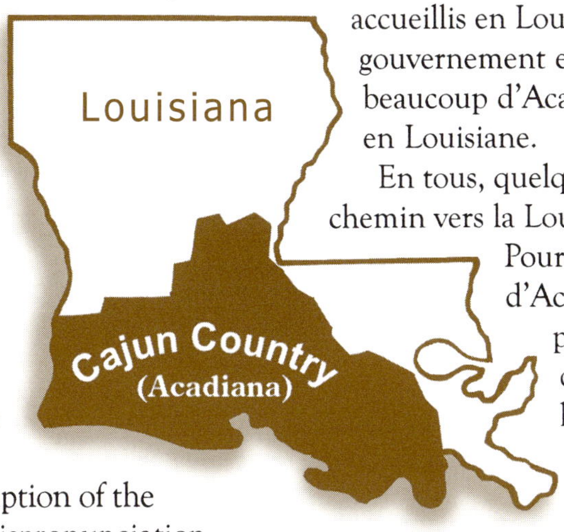

10,000 Acadiens étaient exilés pendant une période de huit ans.

Les réfugiés acadiens qui se sont trouvés dans les colonies anglaises le long de la côte est étaient méprisés par les autorités du gouvernement local et par les citadins. Quelques-uns ont été forcés en servitude d'apprentissage. La plupart étaient misérables et soupiraient pour se réunir avec leurs familles – ou au moins pour trouver un endroit qu'ils pouvaient appeler leur propre pays.

Imaginez-vous leur joie lorsqu'ils ont appris qu'ils seraient accueillis en Louisiane, qui était sous le règne d'un gouvernement espagnol amical envers les Français. Donc, beaucoup d'Acadiens n'ont pas tardé à commencer leur voyage en Louisiane.

En tous, quelques 3000 réfugiés acadiens ont trouvé leur chemin vers la Louisiane. Ils se sont établis dans le sud de l'état. Pour la plupart de deux siècles, des générations d'Acadiens ont vécu presque isolées du reste du pays par les marécages, les bayous et les fleuves qui découpent la terre connue à présent comme l'Acadiana – la nouvelle Acadie. Aujourd'hui, le français est encore parlé par à peu près la moitié de presque 400,000 personnes de descendance acadienne qui habitent au sud de la Louisiane.

Les descendants actuels des premiers colons acadiens de la Louisiane s'appellent des Cadjins. Le mot anglais, «cajun,» est essentiellement un sobriquet pour acadien ou, plus précisément, c'est une dérivation du mot. Il a commencé comme acadien, puis à cause de la malprononciation, est devenu cadjin, puis «cajun». Donc, le territoire des vingt-deux paroisses (comtés) du sud de la Louisiane occupé par les Acadiens d'aujourd'hui est quelquefois appelé le Pays Cadjin.

C'est ma patrie, le pays où je suis né et élevé. C'est cette terre et ce peuple, mon peuple, qui ont été la matière primaire de mon oeuvre pour toute ma carrière entière.

- F.S.

Acknowledgements

Throughout my career as an artist I have enjoyed the support and encouragement of quite a number of people, ranging from family to friends to collectors of my work. Each has contributed to my success in a unique way.

I am eternally grateful to my wife and best friend, Verlie, who was always the first to see my rough drafts and to gently suggest improvements and alterations. She has been encouraging throughout my career. Verlie and our children – Gil, Mark, Tim, and Annette – generously consented to model for several of the drawings in this book.

Thanks to the lady who translated the book into French, Phoebe Beaugh Trotter, a French and English teacher who was born and reared in the same part of Louisiana as I was. I also wish to thank Jolene Adam, director of the Acadian Memorial in St. Martinville, who edited the French text. Thanks are in order, too, to those who proofread portions of the French text and made suggestions for its improvement, namely, Winston de Ville, a professional genealogist from the Ville Platte, La., area; Richard Guidry, Foreign Language Supervisor for the Louisiana Department of Education; Kirby Jambon, a French emersion program teacher in the Lafayette Parish Public School system; and Amanda LaFleur, an LSU French teacher.

I thank the staff of Acadian House Publishing, who edited, proofed and designed the book and handled it with the tender loving care required for such a project.

Finally, I thank God for giving me the talent to draw. It is a special gift that has brought me great satisfaction throughout my life.

Reconnaissances

Pendant toute ma carrière comme artiste, j'ai bénéficié du soutien et de l'encouragement de beaucoup de monde, y compris ma famille, mes amis et des collectionneurs de mes dessins. Chacun a contribué à mon succès dans une façon unique.

Je suis infiniment reconnaissant à ma femme et ma meilleure amie, Verlie, qui a toujours été la première à voir mes ébauches et à suggérer doucement des améliorations et des modifications. Elle m'a encouragé tout le long de ma carrière. Verlie et nos enfants – Gil, Mark, Tim et Annette, ont tous consenti avec plaisir de poser pour plusieurs des dessins dans ce livre.

Merci à la dame qui a traduit le texte en français, Phoebe Beaugh Trotter, prof de français et d'anglais, née et élévée dans la même région en Louisiane que moi. Je veux aussi remercier Jolène Adam, directrice du Monument Acadien dans la Ville de St-Martin, qui a corrigé le texte en français. De plus, je dois faire mes remerciements à ceux qui ont offert des suggestions pour améliorer le texte en français, c'est à dire, Winston de Ville, généalogiste par profession de la région de la Ville Platte; Richard Guidry, conseiller pédagogique au Département d'éducation de l'état de Louisiane; Kirby Jambon, enseignant pour le programme d'immersion française du conseil scolaire de la paroisse de Lafayette; et Amanda LaFleur, professeur de français à l'Université de l'État de la Louisiane.

Je remercie les gens de la maison d'édition, Acadian House Publishing, qui ont fait l'édition, les corrections et la mise en page. Ils se sont occupés du livre avec le soin requis pour un tel projet.

Enfin, je remercie le Bon Dieu pour m'avoir donné du talent pour dessiner. C'est un don spécial qui m'a apporté énormément de satisfaction pendant toute ma vie.

To my Mom and Dad,
Virgie and David,
for their love and sacrifices,
their vision and perseverance

À ma mère et mon père,
Virgie et David,
pour leur amour et leurs sacrifices,
leur vision et leur ténacité

Table of Contents

Table des matières

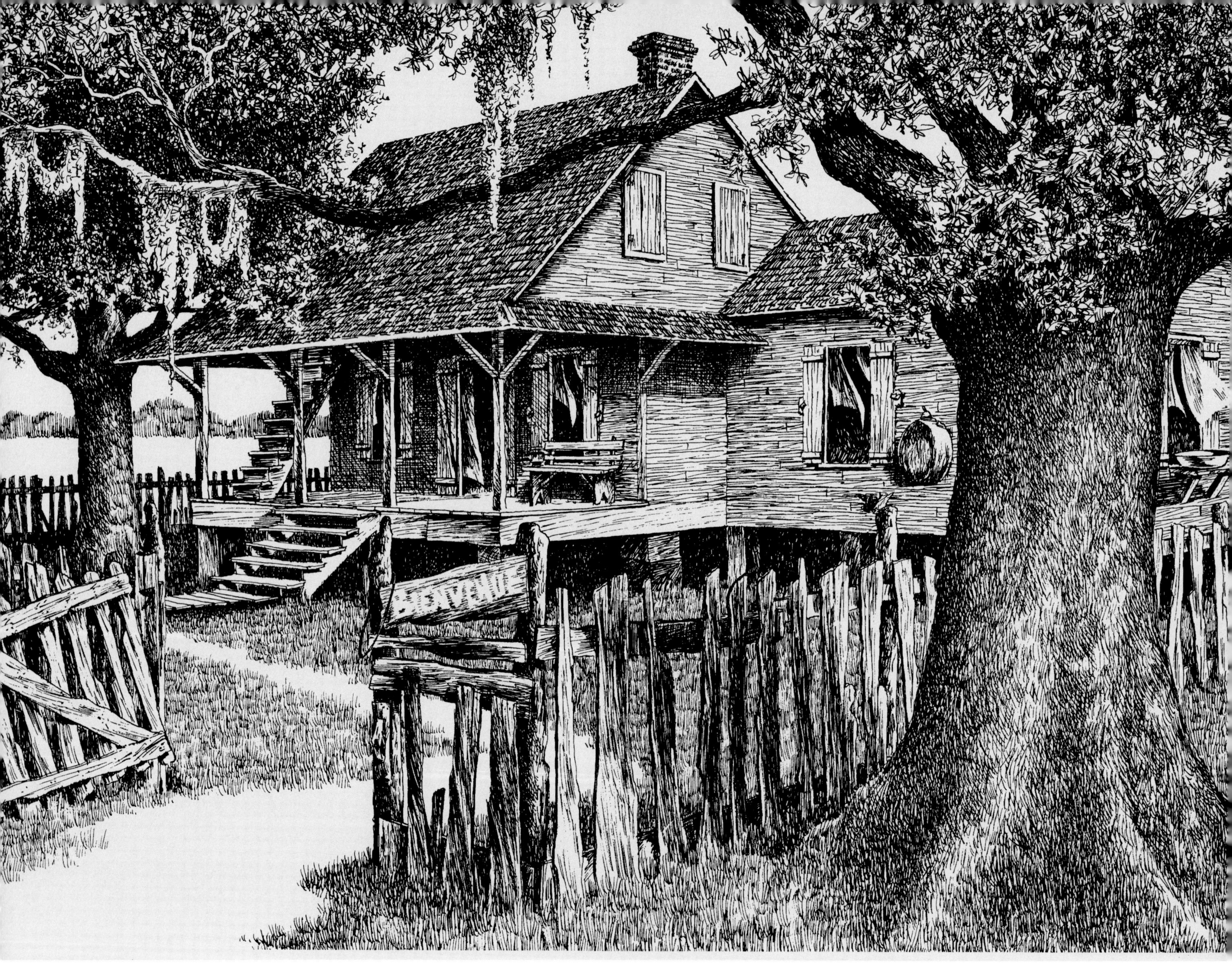

Welcome / *Bienvenue*

From Small Bits of Charcoal

The Life & Works of a Cajun Artist

♦

De petits morceaux de charbon

La vie et l'oeuvre d'un artiste cadjin

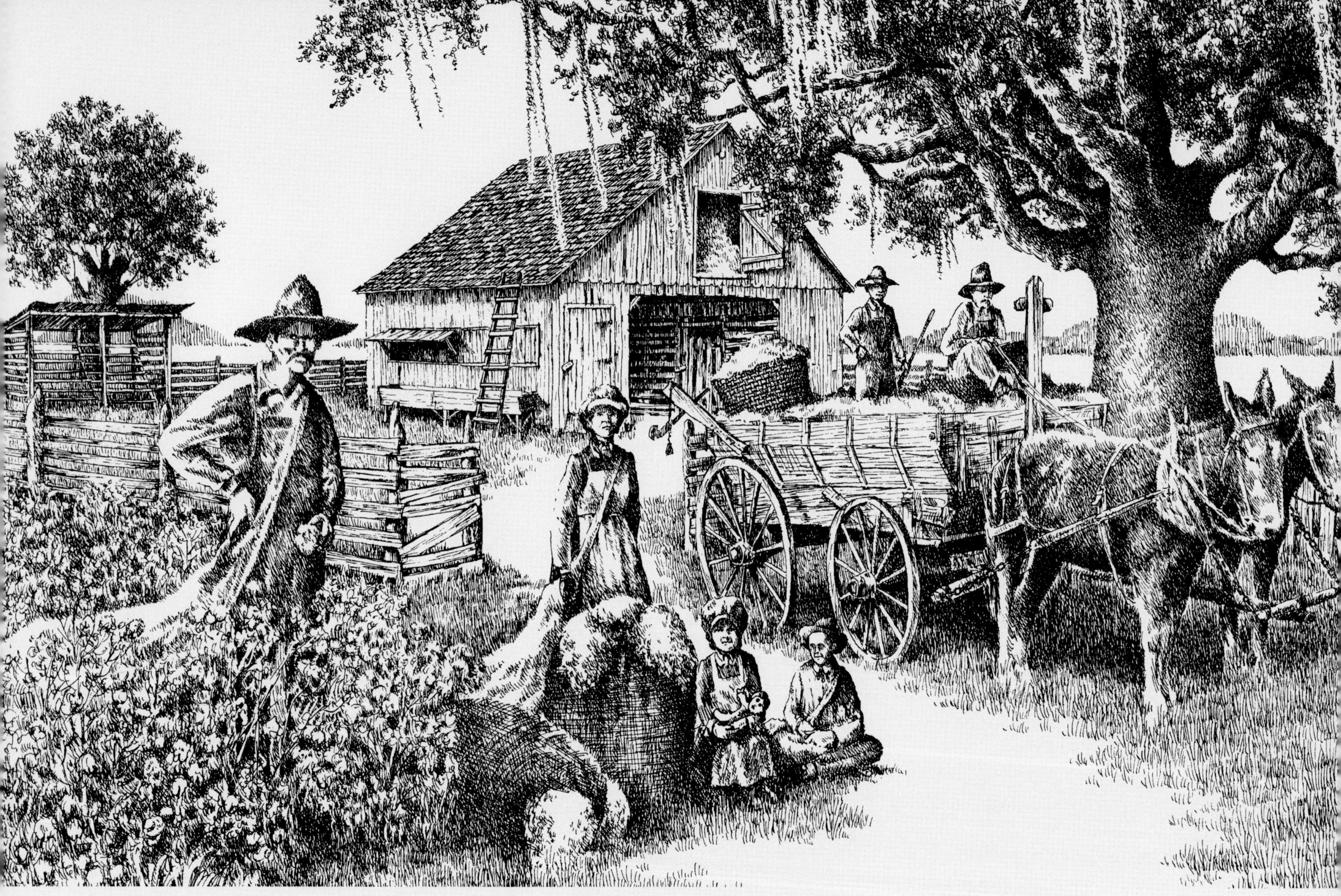

Papa Cotton / *Papa Coton*

Being reared on a farm in the l940s in southwest Louisiana usually meant you picked a lot of cotton. Most of us farm kids came from poor families, and we all had to carry our own weight around the house and in the fields. Every member of the family picked cotton except the little ones. Even they came into the fields with their toys and spent much of the day in the shade of a tree or wagon.

Si vous étiez élevé sur une ferme pendant les années 1940 au sud-ouest de la Louisiane, ça voulait dire ramasser un tas de coton. La plupart des enfants des habitants venaient des familles pauvres, et il fallait tous se mettre à la besogne dans la maison et dans les clos. Chaque membre de la famille ramassait du coton sauf les petits; eux, ils accompagnaient la famille aux clos avec leurs jouets et passaient la journée à l'ombrage d'un arbre ou d'un wagon.

1

I Remember Well

All my life, even as a boy, I have been intrigued by my heritage and ancestry. I continue to have a deep interest in the history and culture of the French-Acadian, or Cajun, people. I guess this is due to the fact that I am a product of the Cajun culture.

I grew up in the 1940s and '50s on a sharecropper's farm in a small community called Pointe Noire, in Acadia Parish, in the heart of south Louisiana's Cajun country. I was the oldest of five children. We spoke Cajun French and English.

I have many fond memories of my youth, beginning with my first day of school. My young mother and father had anticipated this day with joy. You see, my parents had very little formal education, and they suffered in various ways because of it. They wanted their children to have an easier life, so they were determined to see that we were educated – the girls as well as the boys.

I remember picking blackberries every spring and early summer. Our farm was near the woods, where there were blackberry bushes galore. On a small farm next to ours lived a wonderful black lady, Mrs. Theresa Charlot, and her children. I remember my mother giving my brother, Mervin, my sister, Irma, and me each an empty gallon syrup can and sending us off across the fields to meet Mrs. Charlot. We would all go to the woods to pick blackberries. Under Mrs. Charlot's supervision, we would fill our cans with the berries, the older pickers helping the younger ones. When we were through picking, my brother and sister and I would head for home. The next day Mrs. Charlot would hitch her horse to her buggy, load the cans of berries into the buggy, and go to town, to Church Point, and sell them. When she returned she'd

Je me souviens bien

Toute ma vie, même pendant mon enfance, j'étais intrigué par mon héritage et mes ancêtres. Je continue à m'intéresser à l'histoire et la culture du peuple acadien francophone, ou cadjin. Je suppose que c'est parce que je suis le produit de cette culture cadjinne.

J'ai été élevé pendant les années 1940 et 1950 sur la ferme d'un habitant à la part (métayer) dans la petite communauté appelée la Pointe Noire, au coeur du pays cadjin du sud de la Louisiane. J'étais l'aîné de cinq enfants. On parlait français cadjin et anglais.

De mon enfance, j'ai plein de mémoires affectueuses, à partir de ma première journée d'école. Ma jeune mère et mon père avaient anticipé joyeusement cette journée. Voyez-vous, mes parents avaient très peu d'instruction formelle, et ils ont beaucoup souffert à cause de cela. Ils voulaient une vie plus facile pour leurs enfants, donc, ils étaient résolus de nous donner une éducation – aux filles aussi bien qu'aux garçons.

Je me souviens de ramasser ou de cueillir des mûres chaque printemps et au début de l'été. Notre habitation se trouvait près du bois, où il y avait des talles d'éronces, c'est à dire, des vignes, tout partout. Sur une petite ferme à côté de la nôtre habitait une merveilleuse femme noire, Madame Theresa Charlot et ses enfants. Je me souviens que ma mère nous donnait chacun, à mon frère Mervin, ma soeur Irma et moi, une boîte vide de sirop, d'un gallon américain. Puis, elle nous envoyait à travers les clos (champs) pour rejoindre Mme Charlot. On allait tous au bois pour cueillir des mûres. Sous la surveillance de Mme Charlot, on remplissait nos boîtes de mûres, les aînés à l'aide des cadets. Quand on avait fini de cueillir, mon frère, ma soeur et moi, on se dirigeait pour la maison. Le lendemain, Mme Charlot attelait son cheval à son boghei, puis elle chargeait le boghei des boîtes de mûres, puis elle allait au village, la Pointe de l'Église,

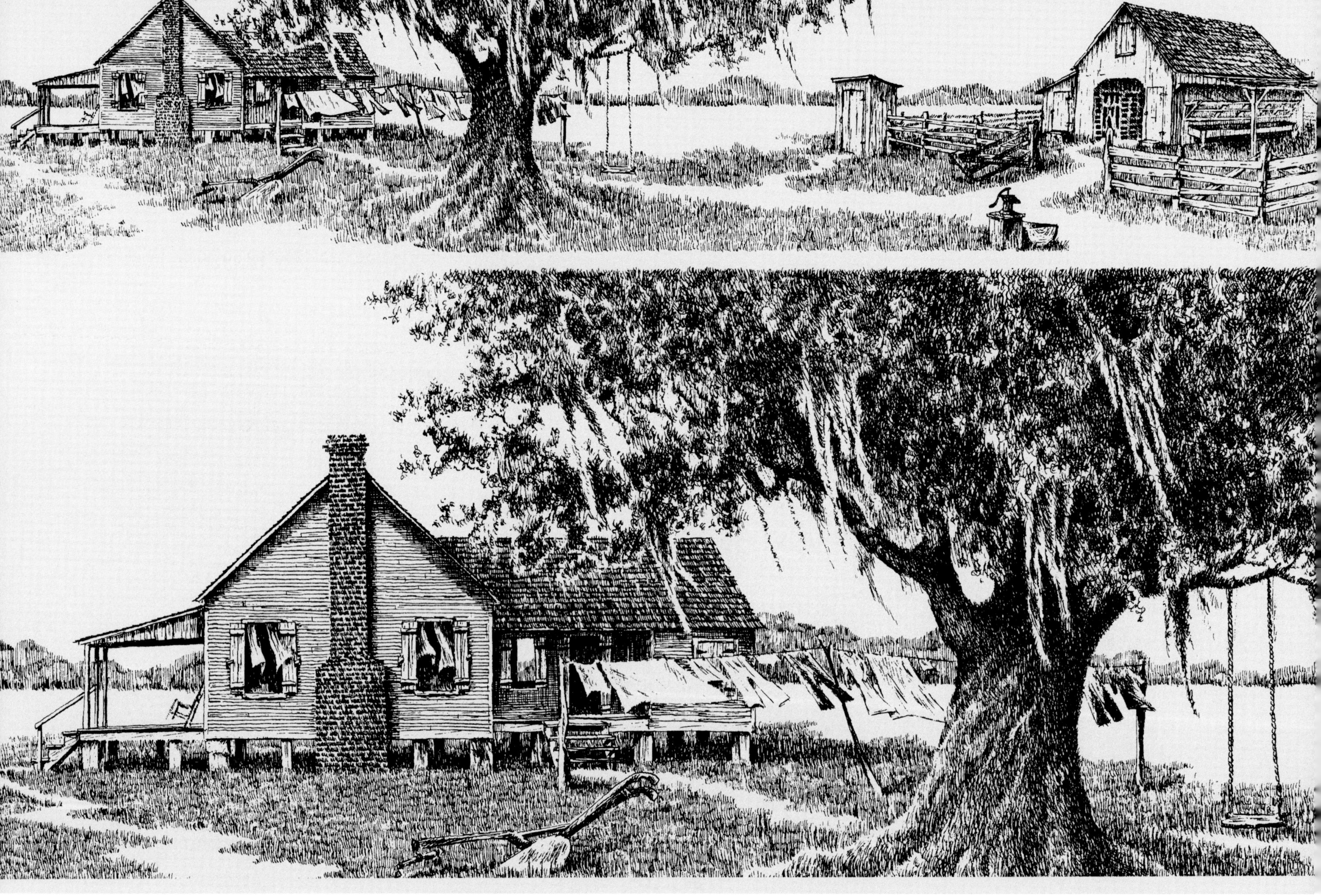

Sharecropper / *Habitant à la part (Métayer)*

The first 18 years of my life were spent on a sharecropper's farm in the community of Pointe Noire, near Church Point, La. Though they were hard years, I have many fond memories of the good times I enjoyed with family and friends. My career as an artist began on this farm.

J'ai passé les dix-huit premiers ans de ma vie sur la ferme d'un habitant à la part dans la communauté de la Pointe Noire, près de la Pointe de l'Église, en Louisiane. Quoiqu'elles étaient des années difficiles, j'ai beaucoup de bonnes mémoires de tous les bons temps que j'ai passés avec ma famille et mes amis. Ma carrière d'artiste a commencé sur cette ferme.

bring us our share of the money, 15 cents per can.

I remember going fishing with my father. He would catch fish without a pole, bait or hook. He fished with his hands. He would dive into the bayou, search out an old cypress stump or log, and find a hollow. With his hands he would feel inside the hole for catfish. It was exciting watching from the banks as my father brought up the large fish. Sometimes he would come up with a turtle. I remember the admiration I felt for my father for having the courage to do this.

I remember my mother's homemade pies. Sometimes she would make 10 or 12 at a time. There were blackberry pies, fig pies, *bouillie au lait* pies, all made with sweet dough. I would come home from school and find pies all over the place.

I remember going to the cotton gin with my father. Except for the very small children, we would all pick cotton. My father always knew when we had enough cotton to fill the wagon. The night before he brought the cotton to the gin, we would all pitch in and help load the wagon. At about two o'clock in the morning he would wake one of us whose turn it was to go with him to the gin. Each kid, usually the boys, had a turn. We left home so early in order to beat the crowd of farmers who would have to get in line to have their cotton ginned and baled. We got there a few hours before the ginning started and slept on the cotton while waiting.

I can still remember the long line of mules hitched to wagons full of cotton; the farmers waiting their turns as they stood around in groups talking about what farmers talk

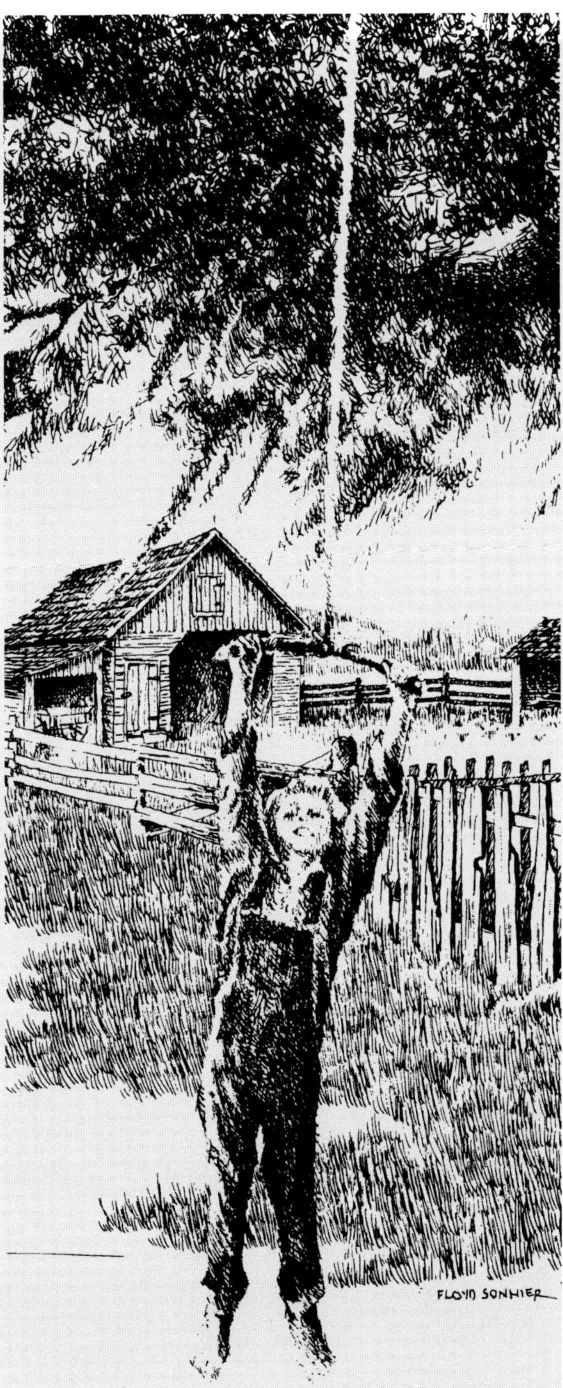

Rufus (Detail) / *Rufus (Détail)*

pour les vendre. Quand elle rentrait, elle nous rapportait notre part de l'argent, 15 sous la boîte.

Je me souviens d'aller à la pêche avec mon père. Il attrapait du poisson sans canne à pêche, sans appât, sans hameçon. Il pêchait avec ses mains. Il plongeait dans le bayou, puis il cherchait une vieille souche ou bûche de cipre avec un creux. Avec ses mains il tâtonnait dans le creux pour des goujons. J'adorais regarder du bord du bayou lorsque mon père ressortait de l'eau avec un grand poisson. Quelquefois il ressortait avec une tortue. Je me souviens de mon admiration pour mon père parce qu'il avait le courage de faire cela.

Je me souviens des tartes de ma mère. Quelquefois elle en faisait dix ou douze à la fois. Il y avait des tartes aux mûres, des tartes aux figues, des tartes à la bouillie, toutes faites avec la pâte douce. Je rentrais de l'école pour trouver des tartes tout partout.

Je me souviens d'aller au moulin à coton avec mon père. Sauf les très petits enfants, on ramassait tous du coton. Mon père savait toujours quand il y avait assez de coton pour remplir le wagon (la charrette). Le soir avant d'apporter le coton au moulin, on se mettait tous à la besogne de charger le wagon. Vers deux heures du matin, il réveillait celui qui prenait son tour pour l'accompagner au moulin. Chaque enfant, d'habitude les garçons, avait son tour. On quittait la maison très tôt pour pouvoir arriver avant tous les fermiers qui faisaient la queue pour faire égrener et emballer leur coton. On arrivait quelques heures avant que ça commence et on dormait sur le coton en attendant.

Je me souviens de la grande queue de mulets

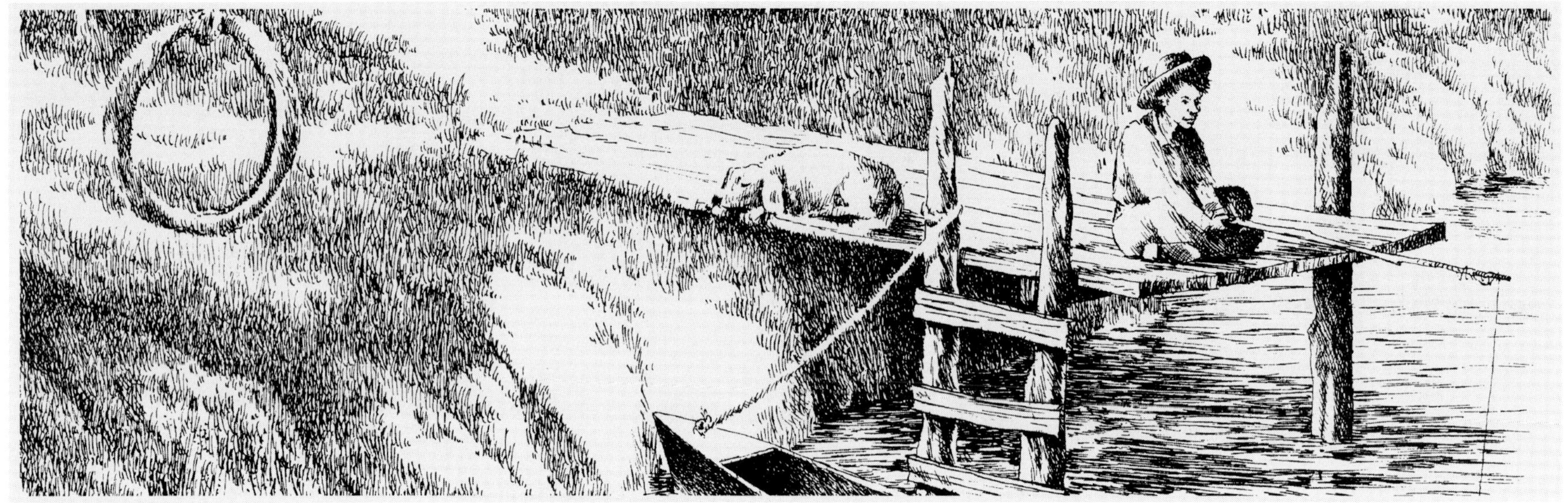

Fun in the Sun (Detail) / *S'amuser au soleil (Détail)*

about; and all the sleepy-eyed young boys happy about not having to pick cotton that day. I vividly recall the noise of the huge cotton presses pressing the cotton into bales. And I recall the long rides home in the empty wagon holding a grocery bag with a jar of peanut butter, a box of corn flakes, and packs of sugar candies or some other treat my father wanted to bring to the family. Cotton picking had its bright moments.

I remember helping my mother by washing clothes with a washboard in a No. 2 washtub. Being the oldest sometimes meant growing up a little faster. I'll never forget my father teaching me how to drive his car, a blue 1928 Model A Ford.

Nor will I ever forget the feelings of well-being I enjoyed on cold, rainy Sunday afternoons when my father and mother would make peanut pralines. I can still smell the peanuts roasting on the old wood stove.

attelés aux wagons chargés de coton; les fermiers attendant leur tour, debout, discutant en groupes ce que les fermiers discutent; et tous les jeunes garçons somnolents, heureux de ne pas être obligés de ramasser du coton ce jour-là. Je me souviens vivement du bruit des grandes machines qui pressaient le coton en balles. Et je me souviens du long trajet de retour dans le wagon vide, tenant un sac de provisions avec une jarre de beurre de pistache (d'arachide), une boîte de cornflakes et des paquets de bon-bons ou de quelque chose d'autre comme surprise pour rendre plaisir à la famille. Ramasser du coton avait ses bons moments.

Je me souviens d'aider ma mère à laver le linge avec un frottoir dans une baille à laver numéro 2. Puisque j'étais l'aîné, il fallait accepter de la responsabilité. Je n'oublierai jamais comment mon père m'a appris à conduire le char (la voiture), une Ford Modèle A bleu de 1928.

Ni oublierai-je le sentiment de bien-être sur les après-midis de dimanche quand ça mouillait (pleuvait), lorsque mon père et ma mère faisaient des pralines de pistaches. Je peux toujours sentir les pistaches en train de griller sur le vieux poêle à bois.

Map showing the area of South Louisiana where the artist grew up

Carte de la région du sud de la Louisiane où l'artiste a passé son enfance

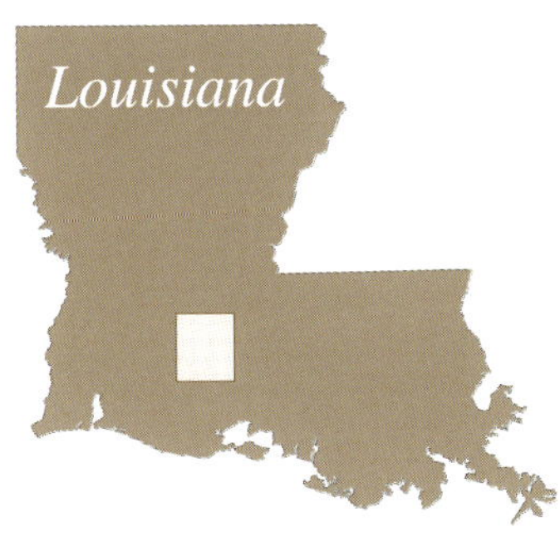

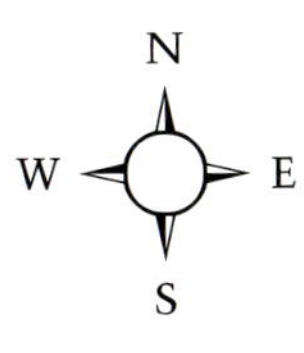

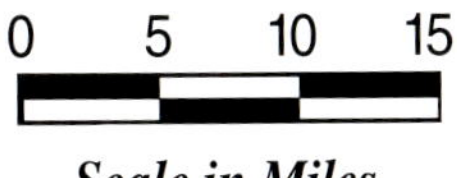

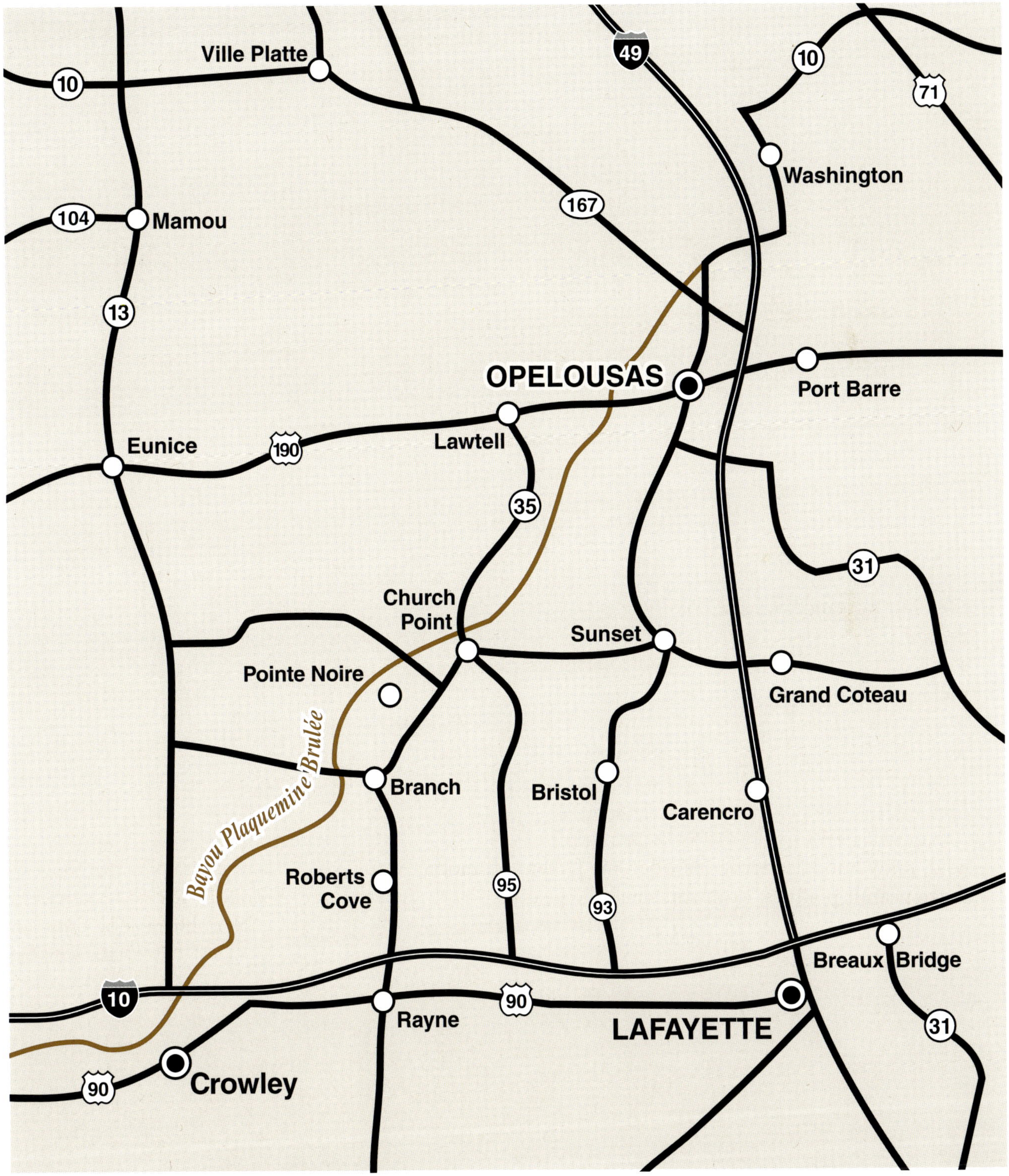

Scale in Miles

Ville Platte
Mamou
Eunice
Washington
OPELOUSAS
Port Barre
Lawtell
Church Point
Sunset
Grand Coteau
Pointe Noire
Branch
Bristol
Carencro
Bayou Plaquemine Brulée
Roberts Cove
Breaux Bridge
Rayne
LAFAYETTE
Crowley
10 104 13 190 35 167 49 10 71 31 95 93 90 10 90 31

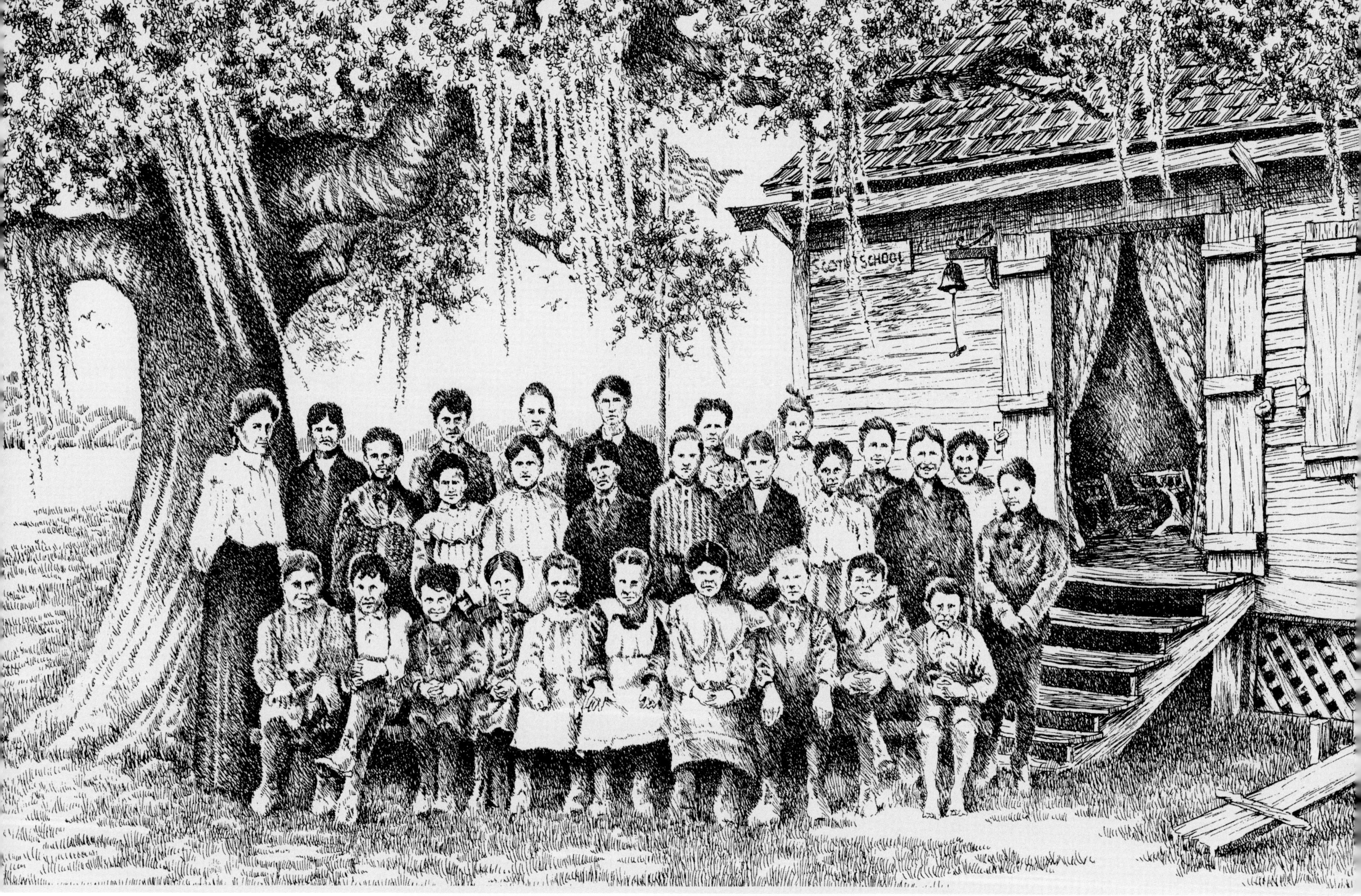

Miss Annie Bell's Class / *La classe de Mlle Annie Bell*

In a simpler day and age, children were taught the basics of reading, writing and arithmetic. Many schools were a single room, such as this one. Discipline problems were minimal. This drawing is based on an old photograph loaned to me by Scott resident Louie Delhomme; it shows his class at Scott School circa 1904.

Une fois, quand les choses étaient plus simples, on enseignait aux enfants les principes de base de la lecture, de l'écriture et des mathématiques. Beaucoup d'écoles n'étaient qu'une seule salle, comme celle-ci. Les problèmes de discipline n'existaient presque pas. Ce dessin est basé sur une vieille photographie qui m'a été prêtée par Louie Delhomme de Scott; elle démontre sa classe à l'école de Scott vers 1904.

2

School Days, School Days

The first day of school was a giant step for this little Cajun boy. I remember the excitement and the anticipation – and the intimidation – I felt as I sat on the bus that was headed for school. I was entering the first grade at Our Lady of the Sacred Heart School in Church Point.

On the morning of this first day I stuck close to my cousin, Mildred, as my mother had instructed me to do. I followed Mildred around the school yard and, when the bell rang, into her classroom. She was in the second grade. Sister Mary Charles seated everyone by height, the smallest in the front. There I was, seated in the front row, when the nun discovered I was in the wrong room. She moved me to the first grade room, next door.

I went to school barefooted in the late spring and early fall. This was common in country schools in those days. In the fall I wore overalls with pockets on the vest. This is where I kept my pencils. I always rolled up my pants.

The winter coats and shirts my mom made for us did not look very good but they served their purpose. The material she used came from cotton sacks that had been used for fertilizer and seed. She would dye the material different colors.

Mom would make sandwiches for me with homemade bread, homemade syrup mixed with cocoa, and fried eggs. I loved those fried egg sandwiches. I carried them to school in a little lunch bucket.

My mother made after-school snacks for us nearly every day. She would bake homemade bread in muffin pans. I would punch a

Les journées d'école, les journées d'école

La première journée d'école était un pas géant pour ce petit garçon cadjin. Je me souviens de l'impatience – et de l'intimidation – que j'ai éprouvées lorsque je me suis assis dans le bus qui se dirigeait vers l'école. Je rentrais dans la première année de l'École du Sacré Coeur à la Pointe de l'Église.

Le matin de cette première journée d'école, je suis resté près de ma cousine, Mildred, comme ma mère m'avait dit de faire. J'ai suivi Mildred autour de la cour de l'école et, quand la cloche a sonné, dans sa salle de classe. Elle était dans sa deuxième année. La Soeur Mary Charles a placé tout le monde selon leur hauteur, les plus petits en avant. Me voilà, assis dans le premier rang, lorsque la soeur a découvert que j'étais dans la mauvaise classe. Elle m'a placé dans la première classe, à côté.

J'allais à l'école nu-pieds à la fin du printemps et tôt en automne. C'était la coutume dans les écoles de la campagne à l'époque. En automne je portais une salopette avec des poches en haut. C'est là où je portais mes crayons. Je roulais toujours les jambes de mes culottes.

Les capots (manteaux) et les chemises d'hiver que ma mère nous faisait n'étaient pas très élégants, mais ils nous servaient bien. Elle utilisait de l'étoffe des sacs en coton qui avaient contenu du fumier (engrais) et des graines. Elle les colorait avec de la teinture.

Mom me préparait des sandwichs avec du pain fait à la maison, du sirop mêlé avec du cacao et des oeufs frits. J'adorais ces sandwichs d'oeufs frits. Je les portais à l'école dans un petit

hole in the bread and pour syrup in it and eat this on my way to the fields. When we children came of age we were expected to help our father in the fields after school.

The nuns would organize Christmas plays to be performed the day before the holidays began. One year my brother, Mervin, and I were asked to be shepherds. My father went into the woods and cut long, straight branches from pecan trees. He made a crook on the small end of the branch, tying it with a strong string and soaking it in boiling water. When he removed the string the crook remained. We had the best shepherds' staffs in the play.

Mervin and I helped the nuns clean the floors and the blackboards after school. I still remember the wooden floors in the classrooms and the smell of the sawdust we used as an agent to pick up the dust and dirt on the floors. I remember the smell of the chalk dust outside where we would hit the blackboard erasers against each other to get rid of the dust. Our reward for helping was religious medals and pictures.

My brother and I were always the first to arrive at school in the morning and the last to leave in the afternoon. It was while waiting for the bus in the afternoon that we helped with the cleaning of the classrooms.

I remember the 4-H Club rallies and field days that were held in Crowley, a town south of Church Point. We practiced certain competitive yells for weeks, then practiced again on the bus ride to Crowley. We all wore uniforms of white shirts and khaki pants. I especially remember the colorful ribbons we would win.

We graduated at the end of the eighth grade. We wore blue gowns with tassels hanging from the caps. My whole family was there for my graduation. My father and mother gave me my first camera as a graduation gift. It was a Kodak Brownie. I still have the camera.

seau de dîner.

Ma mère nous préparait des goûters pour après l'école presque tous les jours. Elle cuisait du pain au four dans des casseroles de petits pains ronds. Je faisais un trou dans le pain et j'y vidais du sirop et je le mangeais en allant aux clos. Lorsqu'on devenait assez grand, il fallait aider notre père dans les clos après l'école.

Les soeurs organisaient des spectacles de Noël pour le dernier jour de l'école avant les fêtes. Une année, on a demandé à moi et mon frère Mervin de jouer le rôle des bergers. Mon père est allé au bois où il a coupé de longues branches droites des pacaniers. Il les a courbées sur un bout, en les amarrant (nouant) d'une ficelle forte et en les trempant dans de l'eau bouillante. Quand il a enlevé la ficelle, la houlette est resté ferme. On avait les meilleures houlettes de berger de tous les acteurs.

Mervin et moi, on aidait les soeurs à nettoyer les planchers et les tableaux après l'école. Je me souviens des planchers de bois dans les salles de classe et de l'odeur de la sciure de bois que l'on utilisait pour enlever la poussière et la terre des planchers. Je me souviens de l'odeur de la poussière de craie quand on frappait les brosses, l'une contre l'autre, pour enlever la poussière. Notre récompense pour avoir aidé était des médailles et des images religieuses.

Mon frère et moi, on était toujours les premiers pour arriver à l'école le matin, et les derniers pour partir l'après-midi. C'était en attendant le bus l'après-midi que l'on aidait à nettoyer les salles de classe.

Je me souviens des réunions du club 4-H et les jours de rassemblement à Crowley, un village au sud de la Pointe de l'Église. On répétait des acclamations pendant des semaines, et puis on les répétait encore pendant le trajet en bus à Crowley. On portait tous comme uniforme des chemises blanches et des pantalons kakis. Je me souviens surtout des rubans de couleurs brillantes que l'on gagnait.

On recevait notre diplôme à la fin du huitième livre. On portait des robes bleues et des chapeaux avec des glands. Toute ma famille y était. Mon père et ma mère m'ont donné mon premier appareil-photo comme cadeau. C'était un Kodak Brownie. Je l'ai toujours.

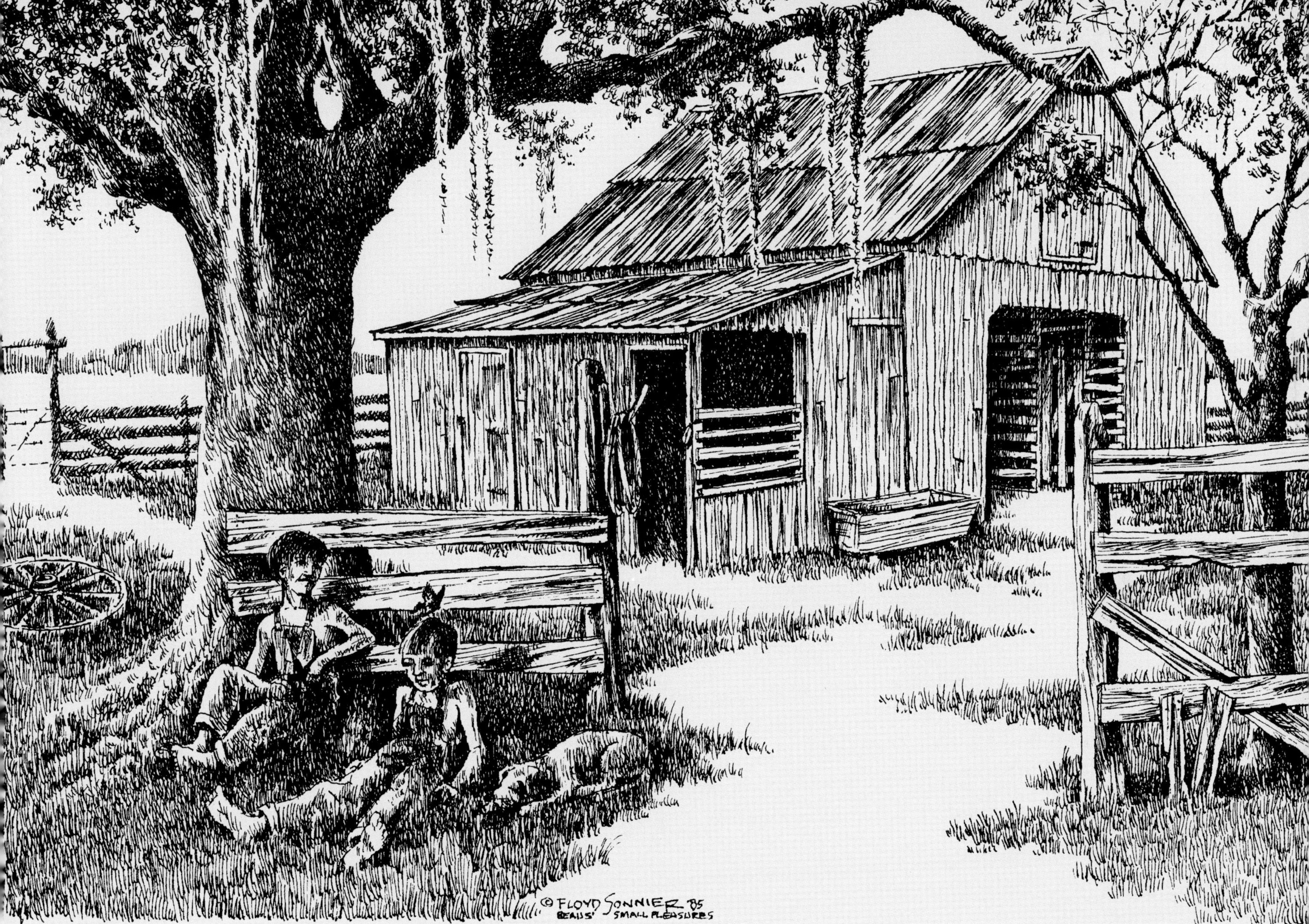

Beaus' Small Pleasures / *Les petits plaisirs des Beau*

My brother, Mervin, and I called each other the same nickname, Beau, when we were growing up. We were constant companions and good friends. My closeness to and affection for him inspired me to do this drawing.

Mon frère Mervin et moi, on s'appelait par le même 'tit nom (sobriquet), Beau, quand on était jeune. On était toujours ensemble et bons amis. Notre rapport affectueux m'a inspiré de faire ce dessin.

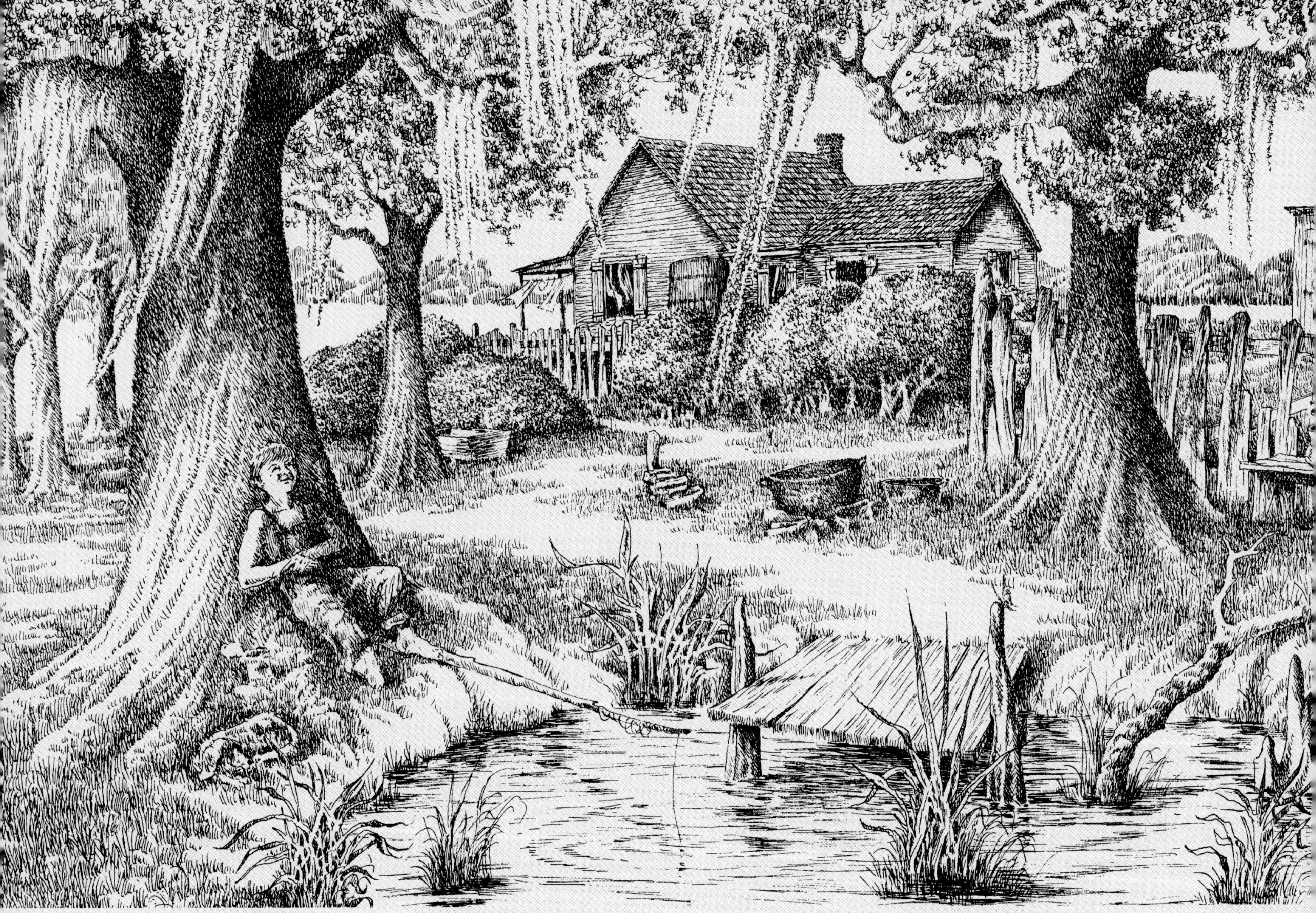

Lazy Fish / *Poisson paresseux*

When I was a boy I spent many hours fishing in little ponds and streams near my house. When the fish weren't biting – which was at least half the time – I would daydream until my imagination would take flight and carry me to faraway places.

Quand j'étais jeune, je passais beaucoup de temps à pêcher dans les étangs et les coulées près de chez moi. Quand les poissons ne mordaient pas – ce qui était au moins la moitié du temps – je rêvais en plein jour jusqu'à ce que mon imagination s'envole et m'emporte au loin.

3

The Budding Artist

I can't remember a time when I wasn't an artist. My parents told me I started drawing when I was about six years old.

They were proud of my artistic talent and referred to it as "a gift from God." Their constant encouragement helped stimulate my appetite for expressing myself artistically with pen and pencil.

Much of my time as a youngster was spent developing my ability to draw. My favorite subjects were horses and people. I had drawings of horses all over the place when I was a boy. When I became a man I preferred drawing people and scenery.

As a young boy growing up in rural south Louisiana I, like most kids my age, had to find my own entertainment. It was easy for me. A pencil, a piece of charcoal and a piece of paper brought many hours of enjoyment. For most of us, our lives were relatively simple. We worked on the farm, sometimes very hard, but we also had our times for play. The things that children of today have to entertain themselves were not available to most of us. Our pastimes were usually shared with brothers and sisters, cousins and neighbors.

We often turned to nature for our entertainment. I remember exploring for hours in the woods behind our home, swimming in the bayou, searching the fields for butterflies, always feeding the curiosity, building knowledge, playing with the imagination. I figured out later in life that curiosity builds knowledge; knowledge begets imagination; imagination teases creativity; and creativity is what produces the artist.

My years as a child were filled with an unrelenting curiosity, a thirst for knowledge, an active imagination.

Among the ways I exercised my imagination as a boy was playing

L'Artiste en herbe

Je ne me souviens pas d'un temps que je n'étais pas artiste. Mes parents m'ont dit que j'ai commencé à dessiner quand j'avais à peu près trois ans.

Ils étaient fiers de mon talent artistique et ils le croyaient un «don de Dieu.» Leur soutien constant a aidé à stimuler mon appétit pour m'exprimer d'une façon artistique avec la plume et le crayon.

J'ai passé beaucoup de temps dans mon enfance à développer mon talent pour le dessin. Mes sujets favoris étaient les chevaux et les personnes. J'avais des dessins des chevaux tout partout quand j'étais petit. Comme adulte, je préfère dessiner les gens et le paysage.

Comme jeune garçon de la campagne du sud de la Louisiane, comme la plupart des jeunes de mon âge, j'avais la tâche de m'amuser. C'était facile pour moi. Un crayon, un morceau de charbon et une feuille de papier me donnaient des heures de joie. Pour la plupart d'entre nous, la vie était vraiment simple. On travaillait sur la ferme, quelquefois très dur, mais on avait aussi le temps pour s'amuser. Les choses que les enfants d'aujourd'hui ont pour s'amuser n'existaient pas pour nous. Nos passe-temps se partageaient avec les frères et les soeurs, les cousins et les voisins.

On se tournait souvent à la nature pour s'amuser. Je me souviens des heures à explorer le bois derrière notre maison, à nager dans le bayou, à chercher les papillons dans les clos, toujours en nourissant la curiosité, en fondant une connaissance, en jouant avec l'imagination. J'ai compris plus tard dans la vie que la curiosité mène à la connaissance; la connaissance fait place à l'imagination; l'imagination taquine l'esprit de créer; et c'est l'esprit de créer qui produit l'artiste.

Mes années d'enfance étaient remplies de curiosité implacable, de soif pour la connaissance, d'imagination active.

make-believe games, usually alone. I would go up to the loft of the barn, pretending that the barnyard was a ship and that I was the captain, steering it through turbulent water in search of ships lost at sea. I pretended that the lone pigeon that hung around our barn was a seagull. Like the seagull, my imagination would fly around wildly.

I remember picking cotton and always being the one who was the slowest and farthest behind. My father would fuss at me and sometimes even accuse me of being lazy. I lagged behind because I was daydreaming. I spent a lot of time imagining I was a fictitious person in fictitious places. Day after day I made up stories about my life as this unreal person. There was no limit to what I could imagine. This served as an escape from the drudgery and slow pace of farm life. I remember feeling good about my stories.

While in school I had plenty of opportunities to use my imagination. In seventh grade my teacher had contests for the best designed Valentine and Christmas card. I won both contests. In high school the advisor for our school paper, *The Bear Facts*, recognized my talent and put me on the staff as artist and cartoonist. Every Christmas season I was asked to draw Christmas scenes with colored chalks on the blackboards in several classrooms.

Being the school artist gave me a claim to fame, an identity. I wasn't interested in participating in sports, but I was known for my drawings. Sharing this art with my schoolmates gave me a sense of worthiness, of importance.

Today, as an artist, imagination is still a big part of my thought process. Every drawing I create, every idea I come up with, is a product of my imagination – as is the case with all artists. My creative abilities, which are fed by my imagination, reach out from my soul to enable me to produce drawings that I hope will stimulate the emotions of the viewer. At least, this is my goal every time I sit down to create a piece of art.

Parmi les façons dont j'ai exercé mon imagination comme enfant était de jouer à faire semblant, d'habitude tout seul. J'allais dans le grenier du magasin (grange), en faisant semblant que la basse-cour était un navire et que j'étais capitaine, le naviguant à travers des eaux turbulentes en cherchant d'autres navires perdus à la mer. Je faisais semblant que le seul pigeon qui fréquentait notre magasin était une mouette. Comme la mouette, mon imagination voltigeait librement.

Je me souviens de ramasser du coton, étant toujours celui qui le faisait le plus lentement et celui qui traînait toujours en arrière des autres. Mon père me grondait, en m'accusant d'être paresseux. Je restais en arrière car je rêvais en plein jour. Je passais beaucoup de temps à imaginer que j'étais une personne fictive dans des endroits fictifs. Tous les jours je composais des intrigues au sujet de ma vie comme cette personne fictive. Il n'y avait pas de limite à mon imagination. Elle me permettait de m'échapper au travail pénible et le pas lent de la vie du récolteur. Je me souviens d'éprouver beaucoup de satisfaction de mes contes.

À l'école, je n'avais pas mal d'occasions d'utiliser mon imagination. Dans le septième livre, ma maîtresse d'école préparait des concours pour la meilleure carte de voeux de Noël et de jour du Saint-Valentin. J'ai gagné les deux concours. À l'école secondaire, notre professeur qui était conseiller du journal scolaire, «The Bear Facts,» a reconnu mon talent et m'a nommé artiste et caricaturiste. Chaque saison de Noël, on me demandait de dessiner des images de Noël avec des morceaux de craie colorée aux tableaux des salles de classe.

Comme artiste de l'école j'étais renommé; cela m'a donné une identité. Je ne m'intéressais pas aux sports, mais on me connaissait pour mes dessins. Partager cet art avec mes camarades de classe m'a donné un sens de valeur, d'importance.

Aujourd'hui, comme artiste, je sais que l'imagination est encore une grande partie de mon procédé. Chaque dessin que je fais, chaque idée que j'ai, c'est un produit de mon imagination – comme chez tous les artistes. Mes dons créatifs, qui sont nourris par mon imagination, s'étendent de mon âme pour me rendre capable de produire les dessins qui, j'espère, vont stimuler les émotions des spectateurs. Au moins, c'est mon but chaque fois que je m'assis pour créer une oeuvre d'art.

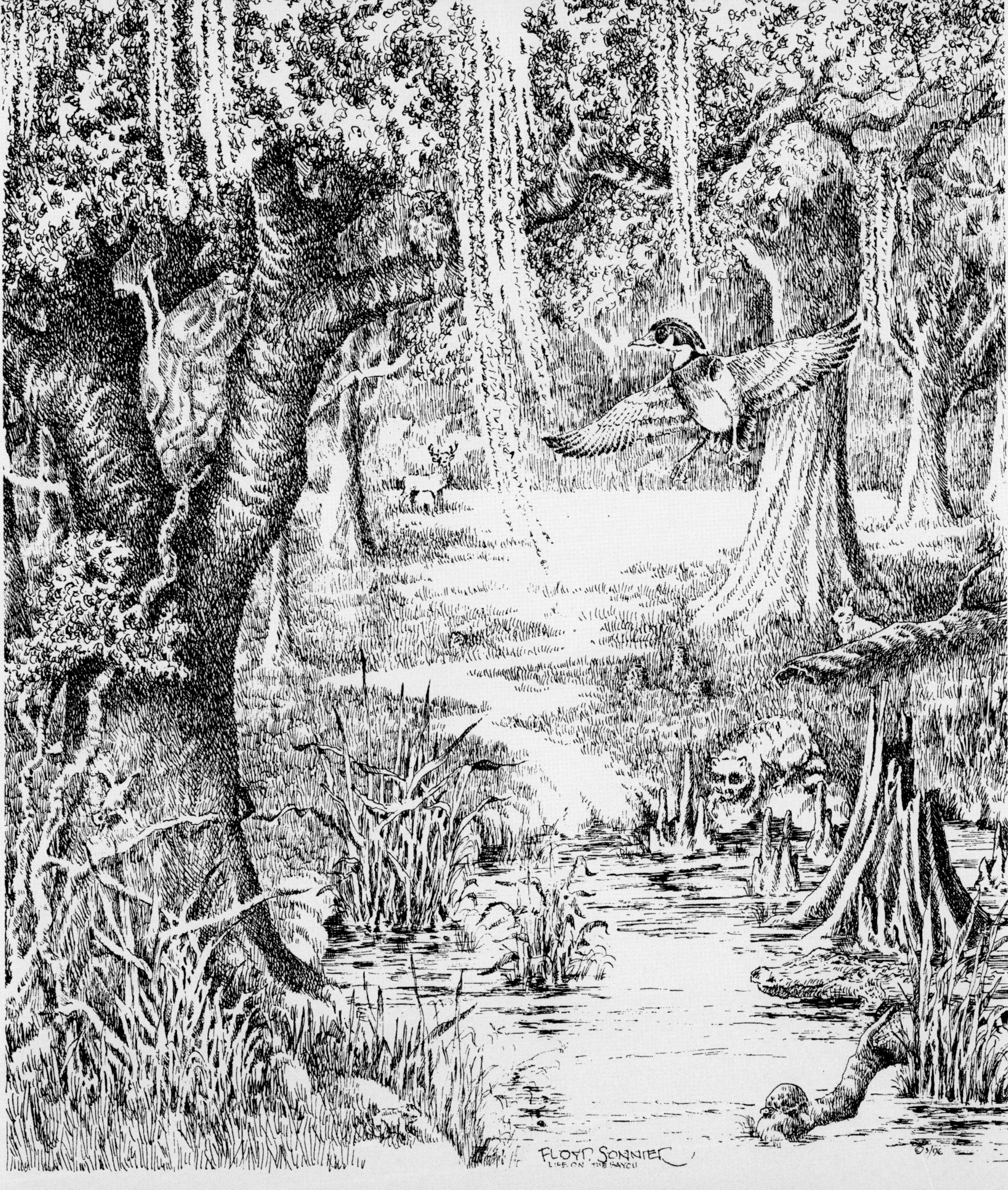

Life on the Bayou

The wooded area near our house was fertile ground for the imagination of a boy who aspired to become an artist. I marveled at the different animals and insects and came to think of them as unique and beautiful creations of God.

La vie sur le bayou

La terre de bois près de notre maison était terre fertile pour l'imagination d'un garçon qui voulait devenir artiste.
Je m'émerveillais de différents animaux et des insectes et je les trouvais de belles créations uniques du Bon Dieu.

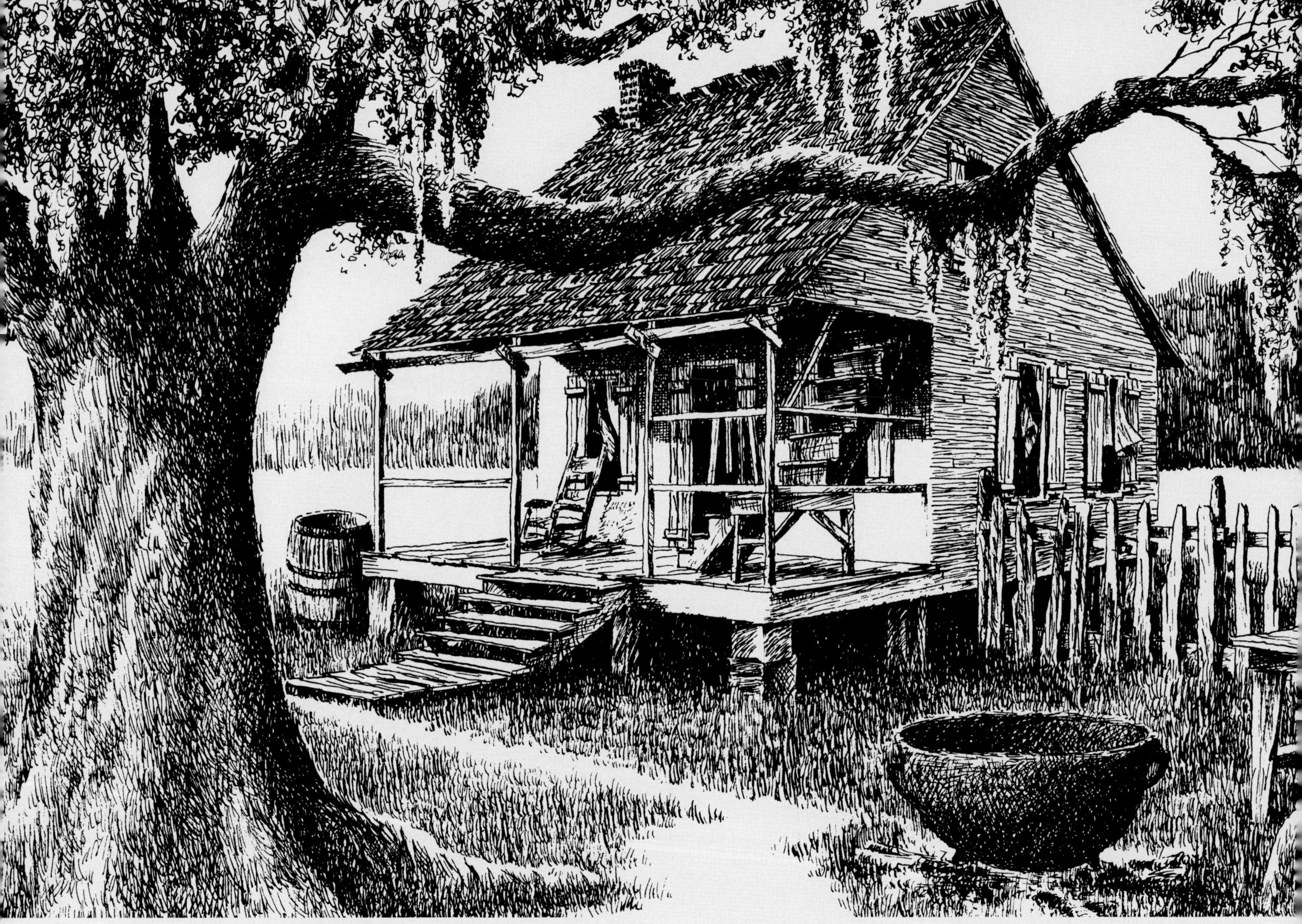

Yesterday's Butchery / *La boucherie d'hier*

The charcoal I used for my earliest drawings came from under a black iron pot such as this one that had been used in a boucherie *the day before.*

Le charbon dont je me servais pour mes premiers dessins venait d'en bas d'une chaudière noire comme celle-ci, qui avait servi pour faire la boucherie la veille.

4

From Small Bits of Charcoal

One sunny winter morning when I was a young boy I got up early, went into our backyard and sifted through the ashes around an old black pot that had been used in a *boucherie* on the previous day. I picked pieces of charcoal from the ashes and carefully put them in a small wooden box that I brought with me. I intended to use this charcoal to draw something.

Little did I realize at the time that these small bits of charcoal would play a big part in launching my career as an artist. They were my first tools of the trade. Later, I used pencils – and charcoal.

My workplace was the farm, wherever I could find space to draw. Any surface would do: an old board, the side of the barn, a piece of paper, the underside of the kitchen table, wherever.

Subject matter was plentiful; it was all around me. On the side of the barn I did drawings of nearly life-size horses; on the bottom of the kitchen table I drew pictures of my brothers and sisters; on the old fireplace chimney outside I made little drawings on each brick. Sometimes my drawings would get me in trouble, like when my mother found some of my art on her bedroom wallpaper.

Even at an early age, I would see an interesting-looking object or animal and wonder about its form, its shape, its origin. I would examine it, study it, then draw it. And because of this inborn curiosity I learned early on to really see what I was looking at, to pay close attention to minute details. I was able to reproduce what I saw even after it was no longer in front of me.

This curiosity about the form and shape of animals and inanimate objects gave rise to a growing awareness of myself, my relatives, my culture. I became conscious of how my parents worked so hard. I

De petits morceaux de charbon

Un matin ensoleillé d'hiver quand j'étais jeune, je me suis réveillé tôt pour aller dans la cour en arrière, pour fouiller dans les cendres autour d'une vieille chaudière utilisée pour la boucherie du jour précédent. Des cendres j'ai ramassé des morceaux de charbon et je les ai mis soigneusement dans une petite boîte en bois. J'avais l'intention d'utiliser ce charbon pour dessiner quelque chose.

J'ignorais à ce moment que ces petits morceaux de charbon seraient si importants dans le lancement de ma carrière d'artiste. Ils étaient mes premiers outils de profession. Plus tard, j'ai utilisé des crayons – et du charbon.

Mon atelier était la ferme, partout où je pouvais trouver de l'espace pour un dessin. N'importe quelle surface me servait: une vieille planche, le mur du magasin, une feuille de papier, le dessous de la table de la cuisine, n'importe quoi.

Les thèmes étaient nombreux; ils étaient tout partout autour de moi. Sur le mur du magasin j'ai dessiné des chevaux, presque la grandeur de nature; à l'en-dessous de la table de la cuisine j'ai dessiné mes frères et ma soeur; sur la cheminée dehors j'ai fait de petits dessins sur chaque brique. Quelquefois mes dessins m'ont mis dans le tracas, comme lorsque ma mère a trouvé des dessins sur la tapisserie de sa chambre à coucher.

Même très jeune je voyais un objet ou un animal qui m'intéressait et je m'émerveillais de sa forme et de son origine. Je l'examinais, je l'étudiais, puis je le dessinais. À cause de cette curiosité innée, j'ai appris très tôt à bien voir ce que je regardais, à remarquer les petits détails. Je pouvais reproduire ce que je voyais même lorsqu'il n'était plus devant moi.

Cette curiosité envers la forme des animaux et des objets inanimés a

Creole Belle

The Creole Belle coffee logo was painted on the sides of barns, stores and buildings of all kinds in south Louisiana during the time when I was growing up. Sporting a bright blue package, Creole Belle was one of the first ground and roasted coffees on the market in our area. Before that, Cajun families would roast and grind their own.

Creole Belle

Le logo pour le café Creole Belle était peint sur les magasins, les boutiques et les bâtiments de toutes sortes au sud de la Louisiane quand j'étais jeune. Emballé dans un paquet bleu vif, ce café était un des premiers cafés déjà moulus et torréfiés mis sur le marché chez nous. Avant cela, il fallait moudre et griller les grains soi-même.

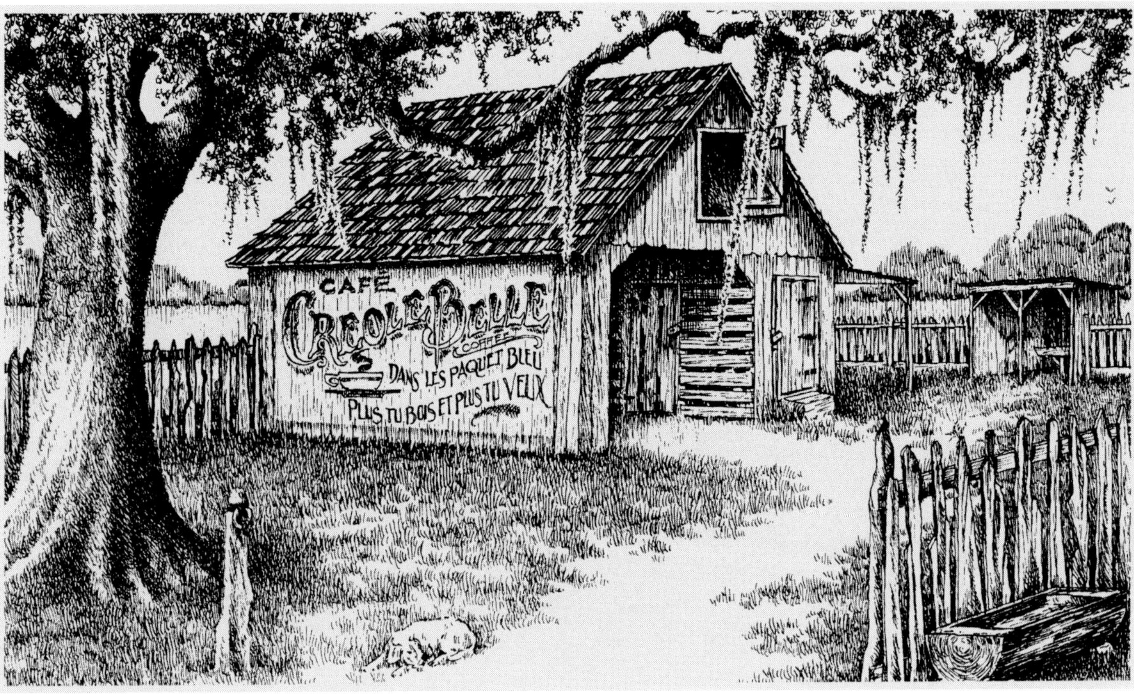

became aware of the fact that we spoke two languages. I became aware of my French-Acadian heritage.

It was about this same time that one of my grandfathers and two of the nuns at school were trying hard to make us forget about our French language and to speak only English in their presence. But I did not want to forget about my first language. The more they tried to make me speak only English, the more curious I became about my French heritage. This curiosity became keener and keener and led to my learning more about my heritage. The more I learned, the more I loved it and embraced it. This love continues today. It compels me to dedicate my art to the preservation of this proud heritage and culture.

In the art that I create today I strive to show life as it was in south Louisiana's French-Acadian culture between 1900 and 1950. To facilitate this, I gather information by studying old photographs, by remembering things my parents and grandparents taught me, by researching old magazines and reference books, and by studying the actual architecture of houses and other buildings of this period in time.

When I create, no artistic restriction enters into my thinking other

donné naissance à une conscience de moi-même, de ma famille, de ma culture. J'ai pris conscience de la façon dont mes parents travaillaient dur. J'ai pris conscience du fait que nous parlions deux langues. J'ai pris conscience de mon héritage acadien francophone.

C'était à cette époque que mon grand-père et les soeurs religieuses à l'école essayaient de nous faire oublier notre langue française et de ne parler que l'anglais dans leur présence. Mais je ne voulais pas oublier ma première langue. Leur détermination de me forcer à ne parler que l'anglais n'a servi qu'à me rendre plus curieux envers mon héritage français. Cette curiosité est devenue de plus en plus passionnante et m'a mené à l'étude de mon héritage. Plus j'apprenais, plus je l'aimais et je l'embrassais. Cet amour continue aujourd'hui. Il m'oblige de dédier mon ouvrage à la préservation de cet héritage et de cette culture.

Dans mes dessins aujourd'hui, je m'efforce de montrer la vie telle qu'elle était dans la culture acadienne francophone du sud de la Louisiane, entre les années 1900 et 1950. Pour accomplir ceci, je m'informe en étudiant de vieilles photographies, en me souvenant des choses que mes parents et mes grands-parents m'ont apprises, en recherchant dans de vieilles revues et de livres scolaires, et en étudiant l'architecture des maisons et des bâtiments de cette époque.

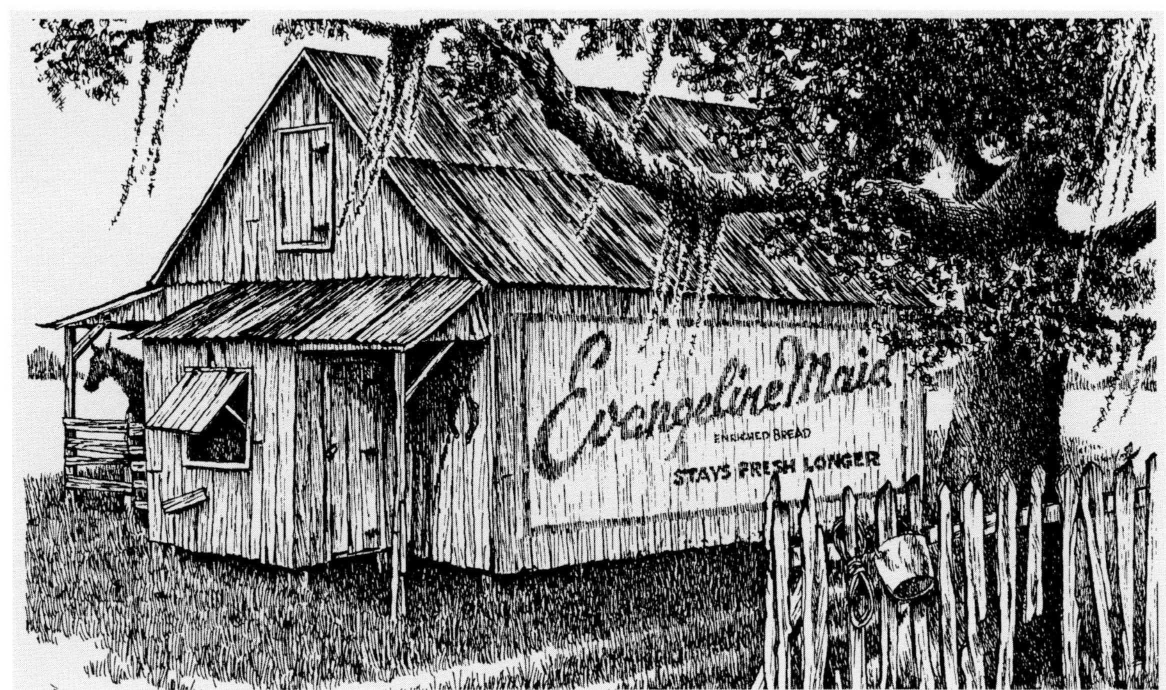

Stays Fresh Longer

The title for this drawing is borrowed from the slogan used on Evangeline Maid bread, which is baked in Lafayette. When I was growing up I'd see Evangeline Maid signs painted on the sides of buildings along the highways all over south Louisiana.

Reste frais plus longtemps

Le titre pour ce dessin vient du slogan du pain Evangeline Maid, qui est fait à Lafayette. Quand j'étais jeune, je voyais des enseignes d'Evangeline Maid peintes aux murs des bâtiments tout le long des routes au sud de la Louisiane.

than being accurate historically. The work at hand receives my undivided attention; I have to give of myself completely no matter how small or large or complex the drawing. I spend a lot of time, sometimes many hours, thinking about an idea that will develop into a drawing. This is the only way I know: to be dedicated to the work.

I love to draw people. To incorporate people into my drawings is exciting and essential. They bring life to the drawings. I spend a lot of time planning the people I want in a particular drawing. Each person must have his or her own personality, and to help accomplish this I use photos of people for reference.

When all the thinking and research are brought together, a sketch is made on paper, or perhaps a series of sketches. When I'm satisfied that the proper direction is achieved through the sketches, I begin working directly on the illustration board with a soft lead pencil. I make a complete pencil drawing of the subject. After all this is done satisfactorily, the inking begins.

The whole creative process is satisfying, but the deepest sense of gratification comes from knowing that I have created something where nothing existed before. An image that wasn't there before is now there forever.

Lorsque je crée, la seule contrainte artistique qui entre dans mon esprit est la fidélité historique. Je m'adonne complètement à l'oeuvre sous la main, quels que soient les dimensions ou le degré d'élaboration du dessin. Je passe beaucoup de temps, quelquefois des heures, à penser à une idée d'où sortira un dessin. C'est la seule façon que je connais: de se dédier au travail.

J'adore dessiner les gens. Inclure des personnages dans mes dessins est passionnant et essentiel. Ils les animent. Je passe beaucoup de temps à prévoir les personnages pour un certain dessin. Chaque individu doit avoir sa propre personnalité, et, pour réaliser cet effet, je me réfère aux photographies.

Lorsque la réflexion et la recherche se rencontrent, je fais une esquisse sur papier, ou peut-être une série d'esquisses. Satisfait de la bonne direction achevée à travers les esquisses, je commence à travailler directement sur la planche à dessin avec un crayon tendre. Je fais un dessin complet du sujet. Après que tout ceci est fait à ma satisfaction, je commence à l'encrer.

Tout le processus artistique me satisfait, mais la plus grande récompense est de savoir que j'ai réussi à créer quelque chose qui n'existait pas auparavant. Une image qui n'existait pas avant est là pour toujours.

My First Four Prints

In 1978, when I decided to try to make a living as a full-time artist, I drew and had prints made of four simple scenes of old homes in the Cajun Country. The four limited editions sold out in 11 months, providing me the means with which to continue in a career that had been a life-long dream. The drawings are reproduced on these two pages.

En 1976, lorsque j'ai décidé d'essayer de gagner une vie comme artiste à plein temps, j'ai dessiné quatre scènes simples de vieilles maisons au Pays Cadjin, et puis, j'en ai fait faire des estampes. Les quatre éditions à tirage limité ont été épuisées après onze mois, ce qui m'a fourni les moyens financiers de suivre cette carrière qui était le rêve de toute ma vie. Les dessins sont réproduits sur ces deux pages.

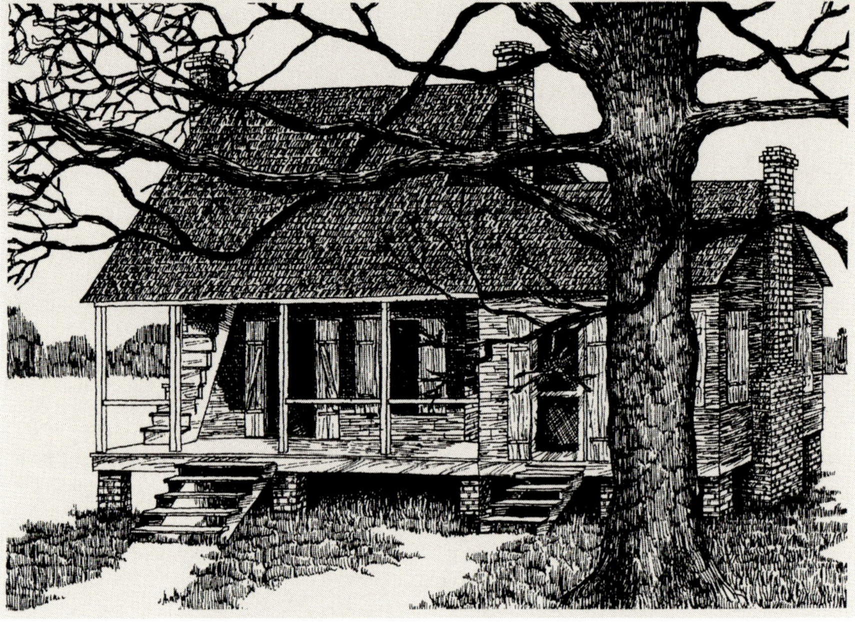

The Cajun House / *La maison cadjinne*

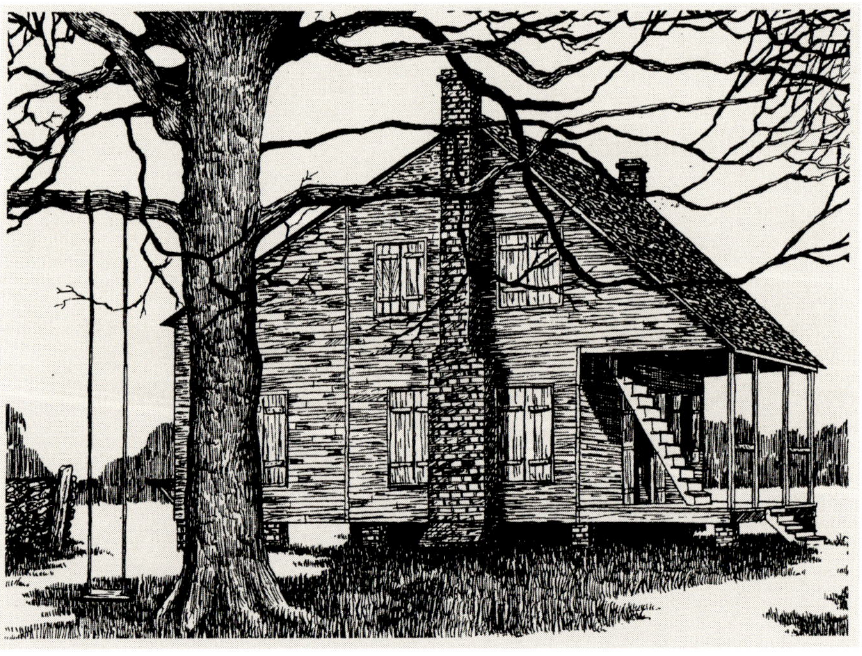

The Acadian House / *La maison acadienne*

Mes quatre premières estampes

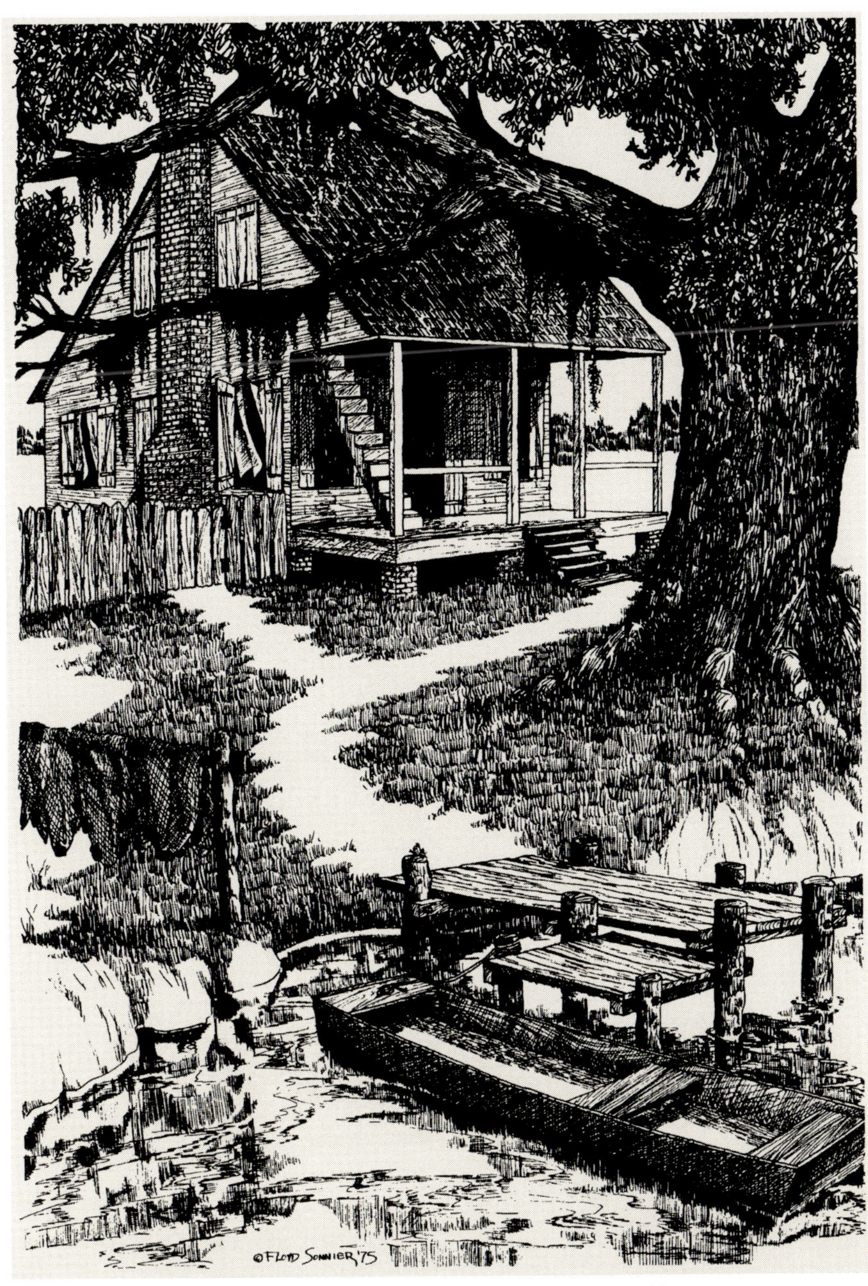

The Trapper's House / ***La maison du piégeur***

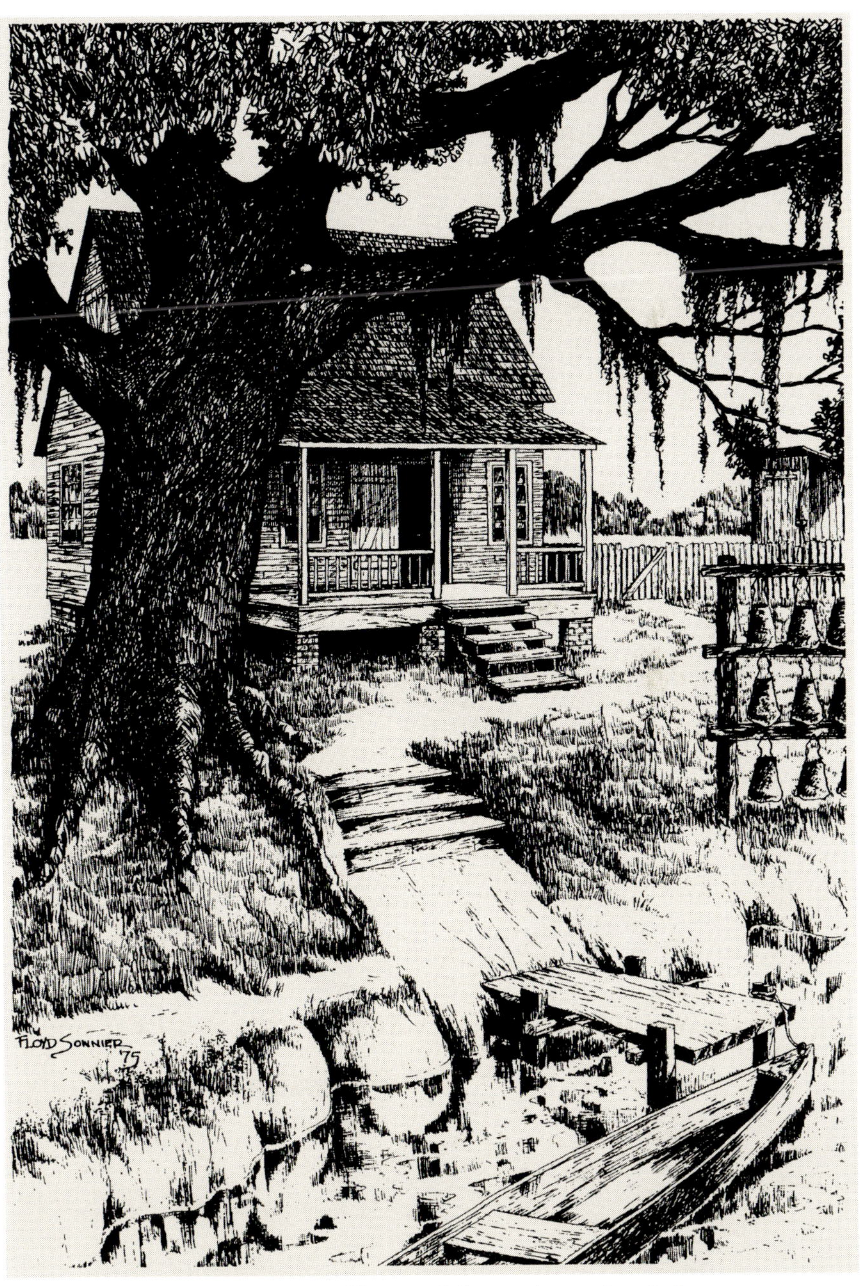

The Fisherman's House / ***La maison du pêcheur***

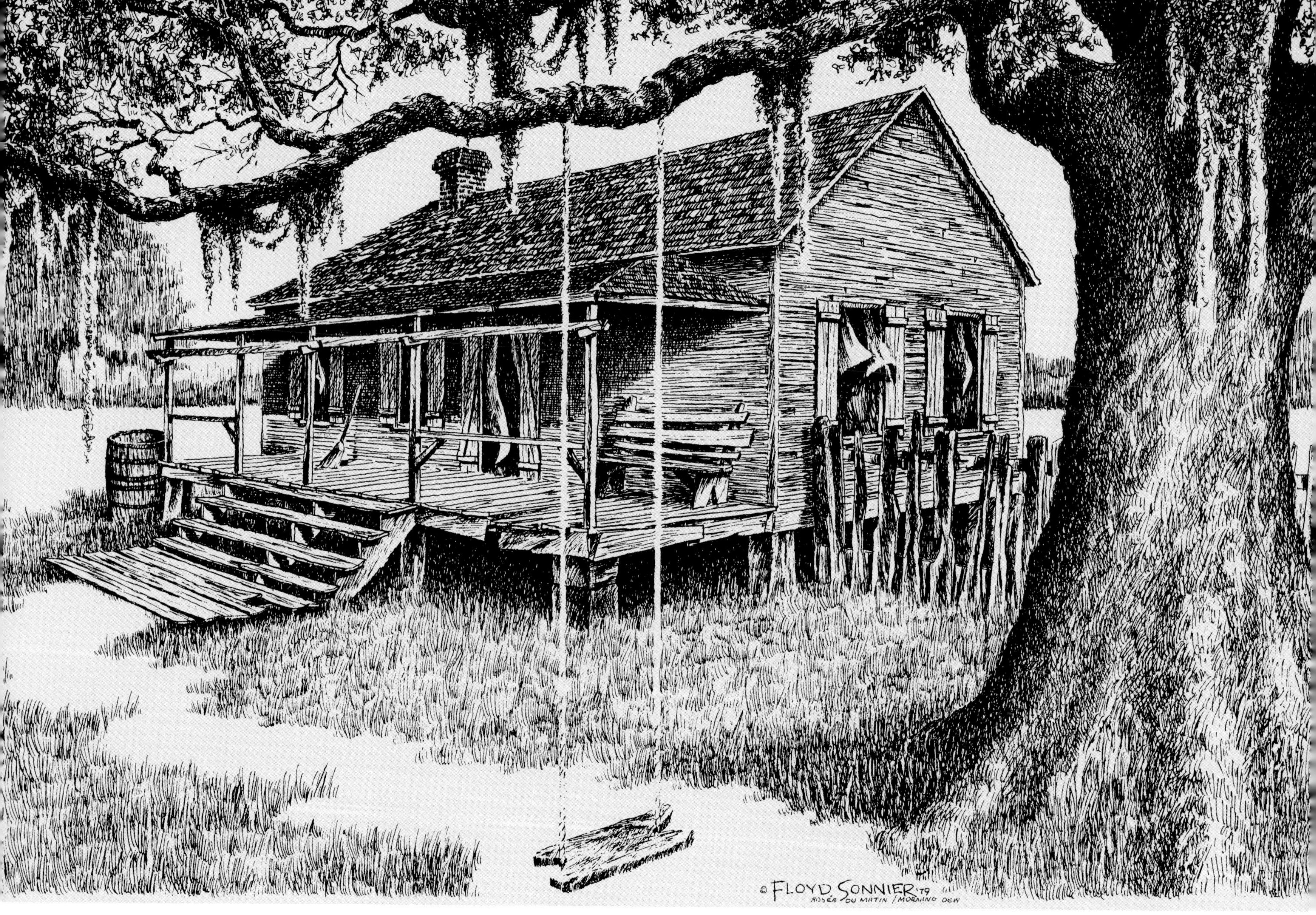

Morning Dew / *La rosée du matin*

I drew this scene to go with a poem I wrote to honor my mother. It's titled "Mama Washed Our Socks in the Morning Dew." *(See page 41.)* *Mom was a loving, nurturing person with a great sense of humor. We were close.*

J'ai dessiné ceci pour illustrer un poème que j'ai écrit pour honorer ma mère. Le poème s'intitule «Maman lavait nos chaussettes dans la rosée du matin.» *(Voir page 41).* *Mom était une personne affectueuse et nourrissante, avec un grand sens de l'humour. On était proche, moi et elle.*

5

Mama Was An Angel

Abraham Lincoln once said, "All that I am, or hope to be, I owe to my angel mother." And I feel pretty much the same way about my mom.

My "angel mother" was Virgie, the oldest of three daughters of Joseph V. Thibodeaux and Elozia Daigle of Lawtell, a small community just eight miles north of Church Point, in St. Landry Parish. My mother gave birth to six children. (The youngest died at birth.) I am the oldest. With the exception of the one who died, we were all born in her bedroom. Mom passed away on February 18, 1980, at the young age of 67.

She showed me love in everything she did or said. She gave all of her children love in many different ways, unselfishly.

One of my oldest memories of Mom goes back to my first day of school. It had rained the night before. We lived about a mile down a dirt road, and when it rained the school bus would not come down the road because the driver feared the bus would get stuck in the mud.

Mom kneeled on the kitchen floor in front of me, buttoning my shirt while giving me instructions on what to do and what not to do at school. With my lunch bucket in my hand, she picked me up and placed me on the handlebars of my dad's bicycle. He then took me to the end of the road, where the bus was waiting. My older cousins rode the bus, too, and together we went to school at Our Lady of the Sacred Heart in Church Point, which was just a few miles from our house.

My mom worked alongside my dad in the cotton fields. She would leave the fields early and go home to cook our noon meal. When it was cooked she would hang a white cloth on the edge of

Maman était un ange

Abraham Lincoln a dit, «Tout ce que je suis, ou espère d'être, je dois à ma mère-ange.» J'éprouve le même sentiment envers ma mère.

Ma «mère-ange» était Virgie, l'aînée des trois filles de Joseph V. Thibodeaux et Elozia Daigle de Lawtell, un petit voisinage juste huit miles au nord de la Pointe de l'Église, dans la paroisse St-Landry. Ma mère a donné naissance à six enfants. (Le plus jeune est mort à sa naissance.) Je suis l'aîné. Autre que celui qui est mort, on était tous nés dans la chambre de Maman. Maman est morte le 18 février, 1980, à l'âge de soixante-sept ans.

Elle m'a montré l'amour dans tout ce qu'elle faisait et disait. À tous ses enfants, elle donnait l'amour de beaucoup de différentes façons, librement.

Un de mes plus vieux souvenirs de Maman se rapporte à ma première journée d'école. Il avait mouillé (plu) toute la veille. On demeurait à peu près un mile au bout d'un chemin de terre, et quand il mouillait, le transfert (l'autobus scolaire) ne prenait pas le chemin car le chauffeur avait peur de s'embourber.

Mom s'est mise à genoux dans la cuisine devant moi pour boutonner ma chemise, en me donnant des conseils à quoi faire et à quoi de ne pas faire à l'école. Avec mon seau de dîner à la main, elle m'a pris dans les bras et m'a posé sur le guidon de la bicyclette de mon père. Il m'a conduit jusqu'au bout du chemin, où attendait le transfert. Mes cousins aînés prenaient le transfert, eux aussi, et nous allions ensemble à l'école de Notre Dame du Sacré Coeur à la Pointe de l'Église, qui se situait pas très loin de chez nous.

Ma mère travaillait à côté de mon père dans les clos de coton. Elle quittait le clos de bonne heure et rentrait chez nous pour préparer notre repas du midi. Quand le repas était prêt, elle mettait un linge

the roof over the back porch, signaling us to come in. A welcome signal, I must say.

I remember a lot about my mom: her large vegetable gardens; her yard full of beautiful flowers; her pie-baking days when she would bake a dozen or so pies at one time; her stuffing the bottoms of doors and windows with old rags and newspapers to keep the cold out; her fretting over us when we had the flu or the mumps or whatever; her keeping the house immaculately clean even though she shared in the chores of the fields; her sweeping the ground under the chinaball trees so we could play in the summer shade; and her reading romance stories every night in bed before going to sleep. Most of all, I remember her joyous sense of humor and how easy it was for me to make her laugh.

Mom and I spent many hours just talking. We would share memories from the past and feelings of the present. And we would talk about the future. She knew I had some talent as an artist, and she wanted me to further my education.

She encouraged me to go on to college, even though this would mean a hardship on her and my dad. She would never let me in on this, but I knew. I knew how much she cared, my dear "angel mother."

blanc sur le toit de la galerie (le porche), pour nous signaler de rentrer. Un signal agréable, il faut dire.

Je me souviens de beaucoup au sujet de ma mère: son grand jardin de légumes; sa cour pleine de belles fleurs; les journées où elle faisait une douzaine de tartes à la fois; les occasions où elle bourrait les seuils et les rebords avec de vieux linges et des papiers de gazette pour empêcher le froid; ses soucis pour nous-autres quand on avait la grippe ou les oreillons ou n'importe quoi; son ménage de la maison, qu'elle gardait toujours bien propre quoiqu'elle partage le travail dans les clos; son balayage de la terre sous les lilas pour nous permettre de jouer à leur ombrage d'été; et sa lecture des contes d'amour chaque soir avant de se coucher. Surtout je me souviens de sa joyeuse disposition et comment je pouvais facilement la faire rire.

Mom et moi, on passait plein d'heures simplement à bavarder. On parlait des souvenirs du passé et des sentiments du présent. Et on parlait du futur. Elle se rendait compte de mon talent artistique, et elle voulait que je continue mon éducation.

Elle m'a encouragé d'aller à l'université, même si cela voulait dire beaucoup de sacrifices pour elle et pour mon père. Elle ne me le disait jamais, mais je le savais. Je savais comment elle m'aimait, ma chère «mère-ange.»

Tree Fun

My mom would not allow us kids to play in the sun during the summer, but we could play in the shade. Our favorite tree had a swing made of rope and a cypress board. When Mom wasn't looking, we'd climb the tree and play in the branches.

S'amuser avec les arbres

Ma mère ne nous permettait pas de jouer en plein soleil pendant l'été, mais elle nous permettait de jouer à l'ombrage. Notre arbre préféré avait une galance faite de la corde et d'une planche de cipre. Quand Maman ne nous voyait pas, on grimpait l'arbre et on jouait sur les branches.

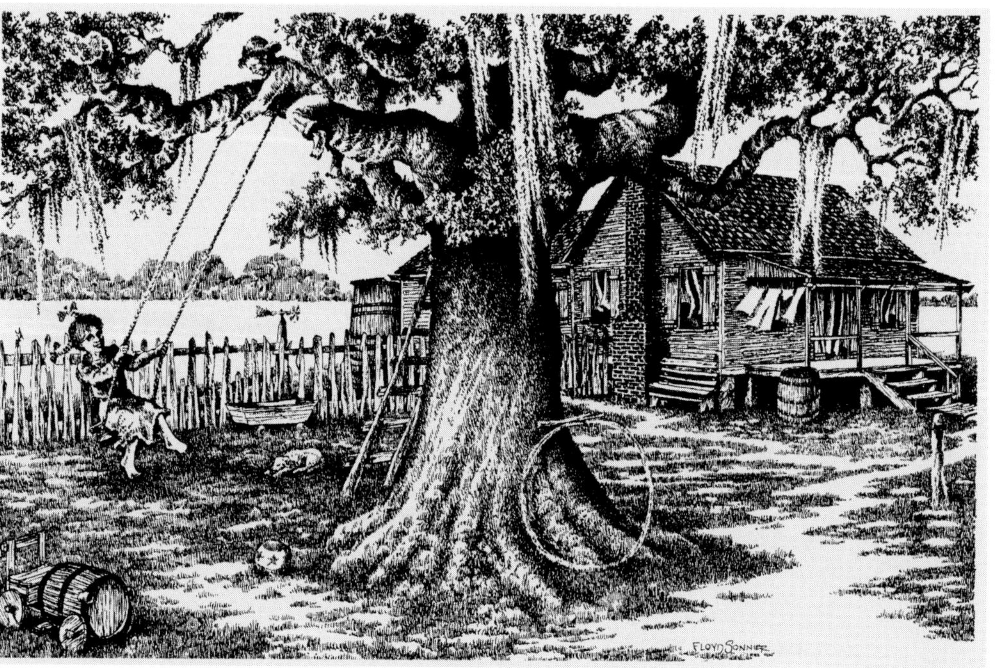

Mama Washed Our Socks In the Morning Dew

Mama washed our socks in the morning dew,
She painted our skies with clear water blue,
She bathed our minds
with radiant sunshine,
Mama washed our socks in the morning dew.

Mama kissed away our sleep with softness
and brought us down from dreamy aloftness
She sprinkled our ears
with soft laughter and tears,
Mama washed our socks in the morning dew.

Mama whispered gently of bright butterflies,
and cool summer winds and noonday lullabies,
of green smelling trees,
and of far off by the seas,
Mama washed our socks in the morning dew.

Mama's ever soft smile would brighten our way
like the warm sun on a new Spring day
Our nighttime sorrow she'd caress
with soft words and a kiss,
For Mama washed our socks in the morning dew.

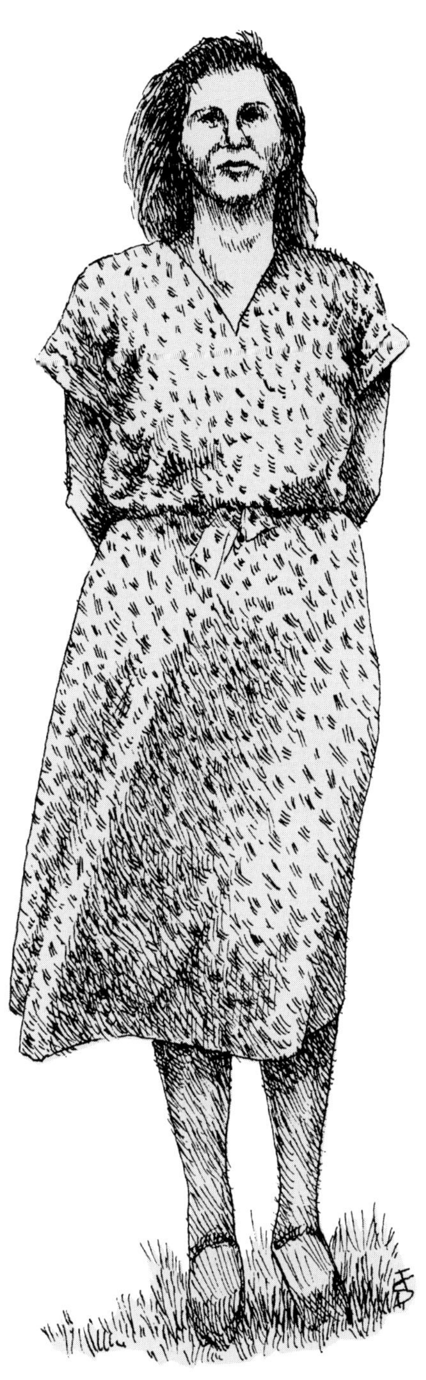

My mom, Virgie T. Sonnier / *Ma mère, Virgie T. Sonnier*

Maman lavait nos chaussettes dans la rosée du matin

Maman lavait nos chaussettes dans la rosée du matin
Elle peinturait nos cieux avec de l'eau bleue claire,
Elle baignait nos idées
avec du soleil brillant.
Maman lavait nos chaussettes dans la rosée du matin.

Maman renvoyait notre sommeil avec
des baisers de tendressse
et elle nous remmenait de nos rêves là-haut.
Elle parsemait nos oreilles
de ses larmes et de son rire doux.
Maman lavait nos chaussettes dans la rosée du matin.

Maman chuchotait doucement des papillons brillants
et des vents frais d'été et des berceuses du midi,
des arbres d'odeur de verdure et des océans lointains.
Maman lavait nos chaussettes dans la rosée du matin.

Le sourire doux de Maman éclairait notre chemin
comme le bon soleil tiède d'une journée de printemps.
Notre douleur du soir elle caressait
avec des mots doux et un baiser,
car Maman lavait nos chaussettes dans la rosée du matin.

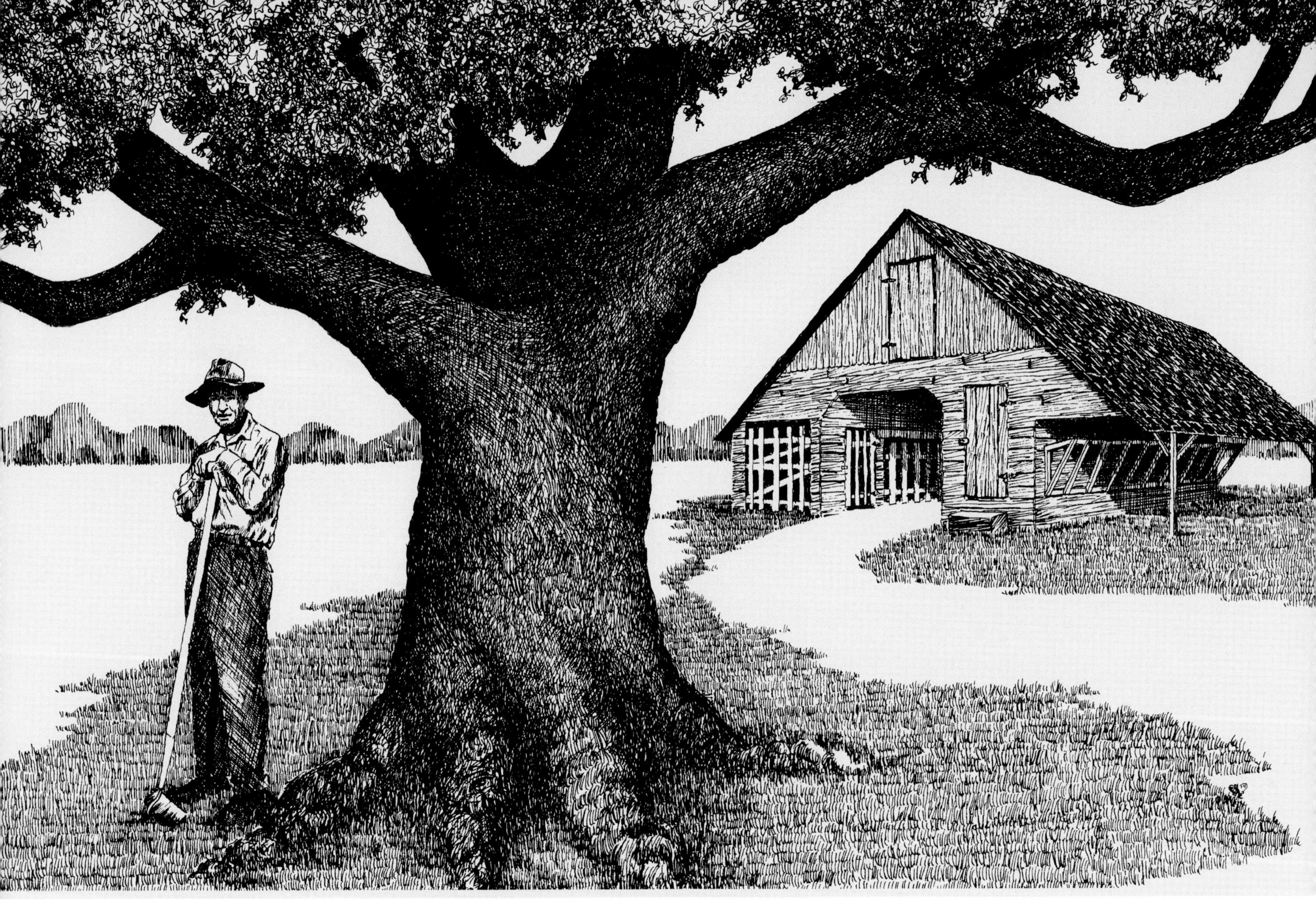

One Hundred Percent to God / *Cent pour cent à Dieu*

I did this drawing to go with a poem I wrote to honor my father. Like the drawing, the poem is titled "One Hundred Percent to God." (See page 45.) Dad was a man of considerable wisdom, though very little formal education. He was a tough, hard-working farmer with strong religious principles.

J'ai fait ce dessin pour accompagner un poème qui j'ai écrit pour honorer mon père. Comme le dessin, le poème s'intitule «Cent pour cent à Dieu.» (Voir page 45.) Papa était un homme bien sage, mais de très peu d'instruction formelle. Il était fermier, bon travailleur, gaillard, avec des principes religieux bien fermes.

6

Papa Was A Wise Man

Back in the early 1970s, I wrote a poem about my father, David Sonnier. In the poem is a line that reads: "He gave one-third to the man, two-thirds to us and one hundred percent to God." I named the poem "One Hundred Percent to God."

My father was a sharecropper on the same farm for 32 years. He and my mother reared five of us on this farm. All of us graduated from high school. Three of us graduated from the university in Lafayette. Our education was an accomplishment of which my parents were always proud.

I remember my dad telling us many times that the surest way to move off the farm was through education. I think his and my mom's main goal was to get us properly educated so we could rise above the hardships of sharecropping and enjoy a better life. To be successful, Dad used to tell me, is to learn to do something well and then find someone who will buy it from you.

He recognized my artistic talent at an early age. He was fascinated with my ability to take a pencil and paper and "copy" things or people. Even though he was uneducated, he had the wisdom to foresee my future as an artist. I remember him telling me so and always encouraging me to pursue a career as an artist. I think he would have spent his last dollar to make sure I went to college. He taught me to make my own decisions and to stand by them. He taught me values and encouraged me to live by them.

I remember my early life on the farm, my first 18 years. I was involved in every aspect of the farm. I was taught to milk cows and to shuck corn for the chickens.

Papa était un homme sage

Au début des années soixante-dix, j'ai écrit un poème au sujet de mon père, David Sonnier. Il y a une ligne du poème qui dit: «Il donnait un tiers à l'homme, deux tiers à nous et cent pour cent à Dieu.» J'ai intitulé le poème «Cent pour cent à Dieu.»

Mon père était habitant à la part sur la même ferme pour trente-deux ans. Ma mère et lui ont élevé cinq enfants sur cette habitation. Nous avons tous reçu notre diplôme du secondaire. Trois de nous sont diplômés de l'université à Lafayette. Notre éducation était un accomplissement dont mes parents ont toujours été fiers.

Je me souviens que mon père nous disait souvent que la seule manière de sortir de la vie de fermier était par l'instruction. Je pense que le but le plus important de mes parents était de nous donner une éducation convenable pour nous permettre une meilleure vie, au dessus des misères de la vie de l'habitant à la part. Pour réussir, Papa me disait, il faut apprendre à produire quelque chose bien et puis, trouver quelqu'un pour l'acheter.

Il a reconnu mes talents artistiques quand j'étais bien jeune. Il était fasciné par ma capacité de prendre un crayon et un papier et copier des choses et des personnes. Bien qu'il ne soit pas instruit, il avait la sagesse d'envisager mon futur comme artiste. Je me souviens qu'il me disait ainsi, et qu'il m'encourageait toujours à poursuivre la carrière d'artiste. Je crois qu'il aurait dépensé sa dernière piastre pour m'envoyer à l'université. Il m'a montré à prendre mes propres décisions et de m'y tenir. Il m'a donné des

Dad also showed me how to hitch mules to a plow, how to plow cotton, how to butcher hogs, how to treat diseases in chickens, how to drive a buggy, how to cut sugarcane, and how to clean and dry peanuts. From him I learned how to care for living things and to recognize the beautiful creations of God, which are all around us.

I remember my father's frustrations and disappointments when the crops were harmed by bad weather or insects. His life was hard. I tried my best to make it easier for him.

Coupled with the hard times, of course, were the happy times, which were just as numerous.

One of the lighter moments in my early life involved my dad's pet goat. I think he got the goat to keep the grass down in the yard around the house.

One hot Sunday afternoon, as was our family's custom in those days, we were away from home visiting at my grandparents' house. When we returned we found the screen door to the kitchen torn open and the kitchen a wreck. The usually covered bowl of milk on the table was empty and turned over. My dad found the goat sleeping in his bed! The next day the goat was gone forever. "Macaroni" was its name. We never again had a pet goat. I remember my father being in a bad mood every time he had to cut the grass around the house.

My father gave me love; he gave me the ambition to be what I am today; he gave me values to guide me through life; he helped to build my faith in God. I am grateful for the way he reared me, for the things he taught me, for the life he gave me. He died in November of 1975 at the age of 65.

valeurs et m'a encouragé de faire honneur à ces valeurs.

Je me souviens bien de mon enfance sur l'habitation, de mes dix-huit premiers ans. J'étais impliqué dans toutes les opérations de la ferme. J'ai appris à traire les vaches et à égrener le maïs pour les poules.

Papa m'a appris à atteler les mulets à la charrue, à labourer le coton, à faire la boucherie des cochons, à traiter les maladies aux poules, à conduire le boghei, à couper les cannes à sucre, à nettoyer et sécher les pistaches (cacahuètes). De lui, j'ai appris à soigner les choses vivantes et à reconnaître tout partout la beauté des créations du Bon Dieu.

Je me souviens de la déception et de la frustration de mon père lorsque la récolte était menacée par le mauvais temps ou par les insectes. Sa vie était difficile. J'essayais de mon mieux de la rendre plus facile pour lui.

À côté de tous ces temps durs, bien entendu, il y avait autant de temps heureux. L'un des moments amusants de ma jeunesse concernait le cabri favori de mon père. Je crois qu'il a obtenu le cabri pour manger l'herbe autour de la maison.

Un dimanche après-midi chaud, comme d'habitude, on rendait visite chez mes grands-parents. À notre retour, on a trouvé la porte en grille de la cuisine toute cassée et la cuisine en ruines. Le bol de lait, qui était toujours couvert sur la table, était vide et renversé. Mon père a trouvé le cabri endormi sur son lit! Le lendemain, le cabri était parti pour toujours. On l'appellait «Macaroni.» On n'a jamais plus réeu de cabri chez nous. Je me souviens que mon père était toujours de mauvaise humeur chaque fois qu'il fallait couper l'herbe autour de la maison.

Mon père m'a donné de l'amour; il m'a donné l'ambition pour devenir ce que je suis aujourd'hui; il m'a donné des valeurs pour me guider à travers la vie; il m'a aidé à former ma foi envers le Bon Dieu. Je lui suis reconnaissant de la façon dont il m'a élevé, pour les choses qu'il m'a montrées, pour la vie qu'il m'a donnée. Il est mort en novembre 1975 à l'âge de 65 ans.

One Hundred Percent to God

My daddy was a farmer,
for in farming he knew how to excel.
He worked the soil with endurance,
sweat and a gentleness as well.

But more so he cultivated our lives
with understanding and love,
And showed us patience, honor,
and an allegiance to our Lord above.

My daddy was a farmer,
and he did best what he best knew how,
And from a small plot of land
and the sweat off his brow,
He gave what he got from the dust and hard sod,
One-third to the man, two-thirds to us,
and one hundred percent to God.

He taught us from the animals,
the plants, and the trees
The beauty of God's nature
and the desires to be free.

My daddy's simple wisdom
would guide us through the years,
With love and laughter
and sometimes a few tears.

Now I see my daddy getting old
before his time,
For he struggled all his life
for nickels and dimes.

And as the sun goes down
in the evening of his life,
His reward lies in the lives of
his children and his wife.

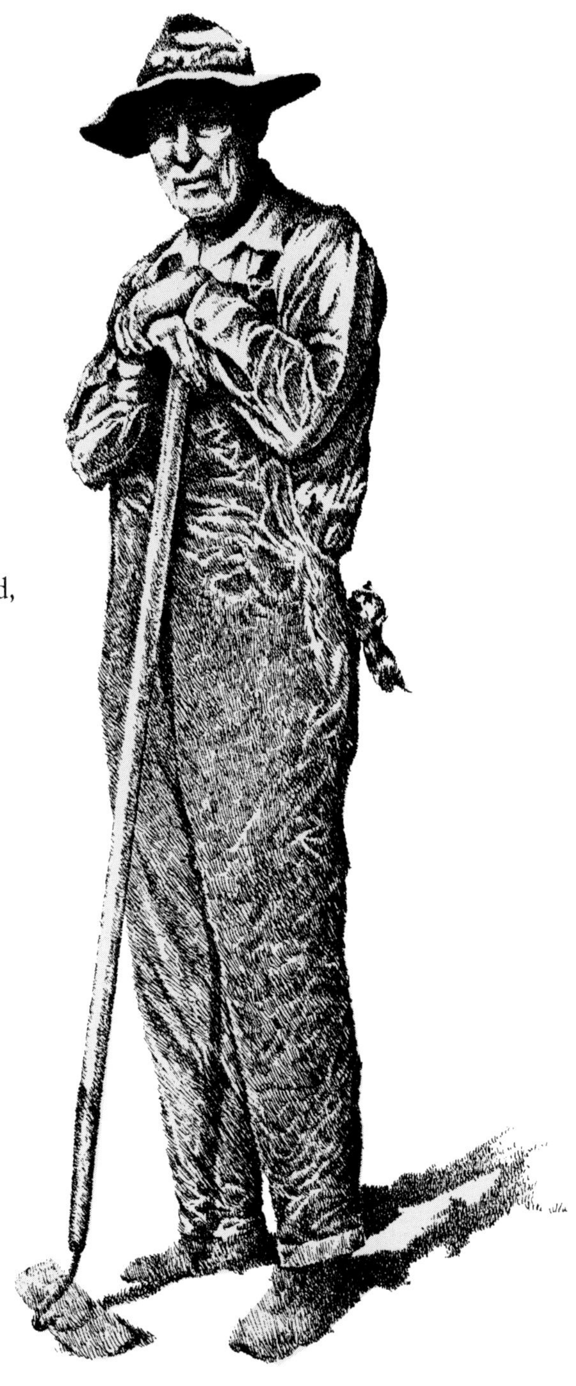

My dad, David Sonnier / *Mon père, David Sonnier*

Cent pour cent à Dieu

Mon père était fermier,
car en faisant récolte il savait se distinguer.
Il travaillait la terre
avec de la sueur et avec une gentillesse, aussi.

Mais, plus que ça, il cultivait nos vies
avec de l'intélligence et de l'amour
et il nous montrait la patience, l'honneur
et la fidélité à notre Seigneur là-haut.

Mon père était fermier
qui faisait le mieux ce qu'il savait le mieux
et, d'un petit morceau de terre,
par la sueur de son front,
il donnait ce qu'il arrachait
de la poussière et de la terre dure,
un tiers à l'homme, deux tiers à nous-autres
et cent pour cent à Dieu.

Il nous a montré, à partir des animaux,
des plantes et des arbres,
la beauté de la nature de Dieu,
et le désir d'être libre.

La sagesse simple de mon papa
nous guiderait au cours des années,
avec de l'amour et des rires
et des fois quelques larmes.

Asteur, je vois mon père
qui vieillit avant son temps,
car il a lutté toute sa vie
pour des cinq-sous et des dix-sous

Et quand le soleil se couche
à la brune de sa vie,
sa récompense se trouve
dans les vies de ses enfants et de sa femme.

Drawing portraits of friends, family and even generic characters is something I have always enjoyed.

Dessiner des portraits des amis, de la famille et même des personnages génériques m'a toujours fait plaisir.

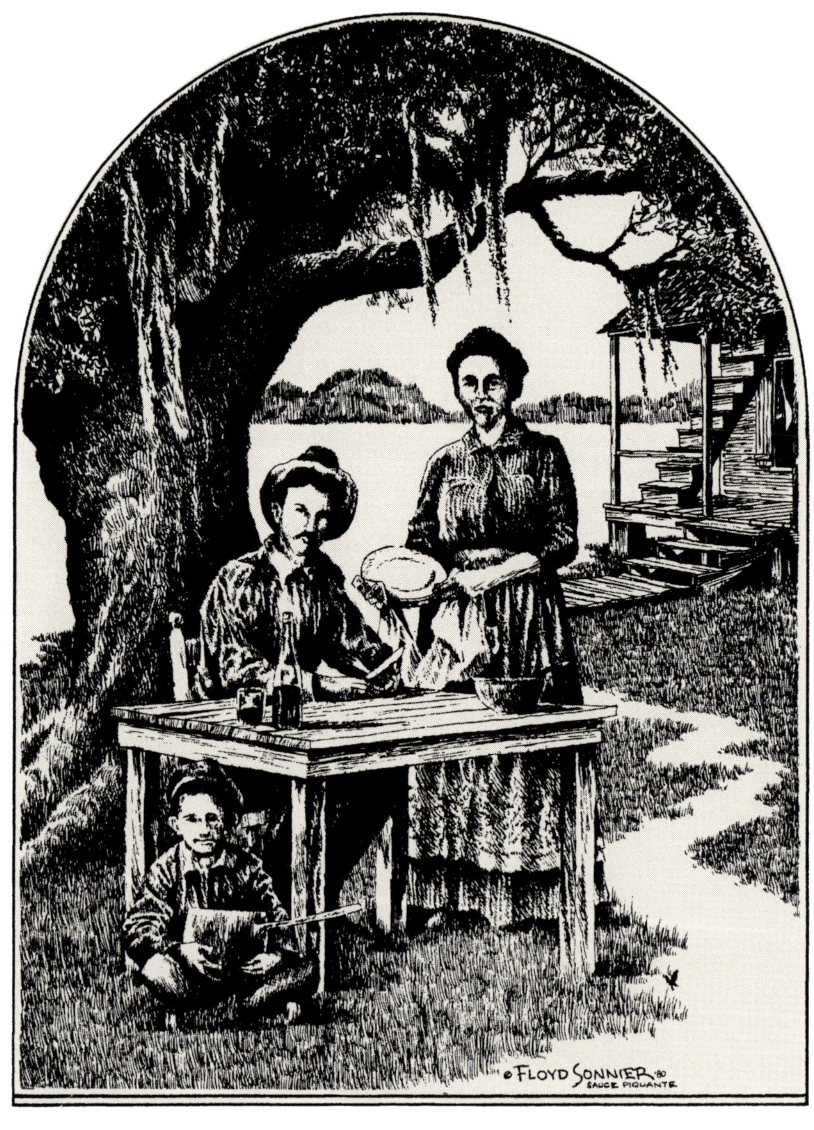

Sauce Piquante / *La sauce piquante*

This portrait of a Cajun family was featured in a poster for Festivals Acadiens.

Ce portrait d'une famille cadjinne se trouve sur une affiche que j'ai faite pour les Festivals Acadiens.

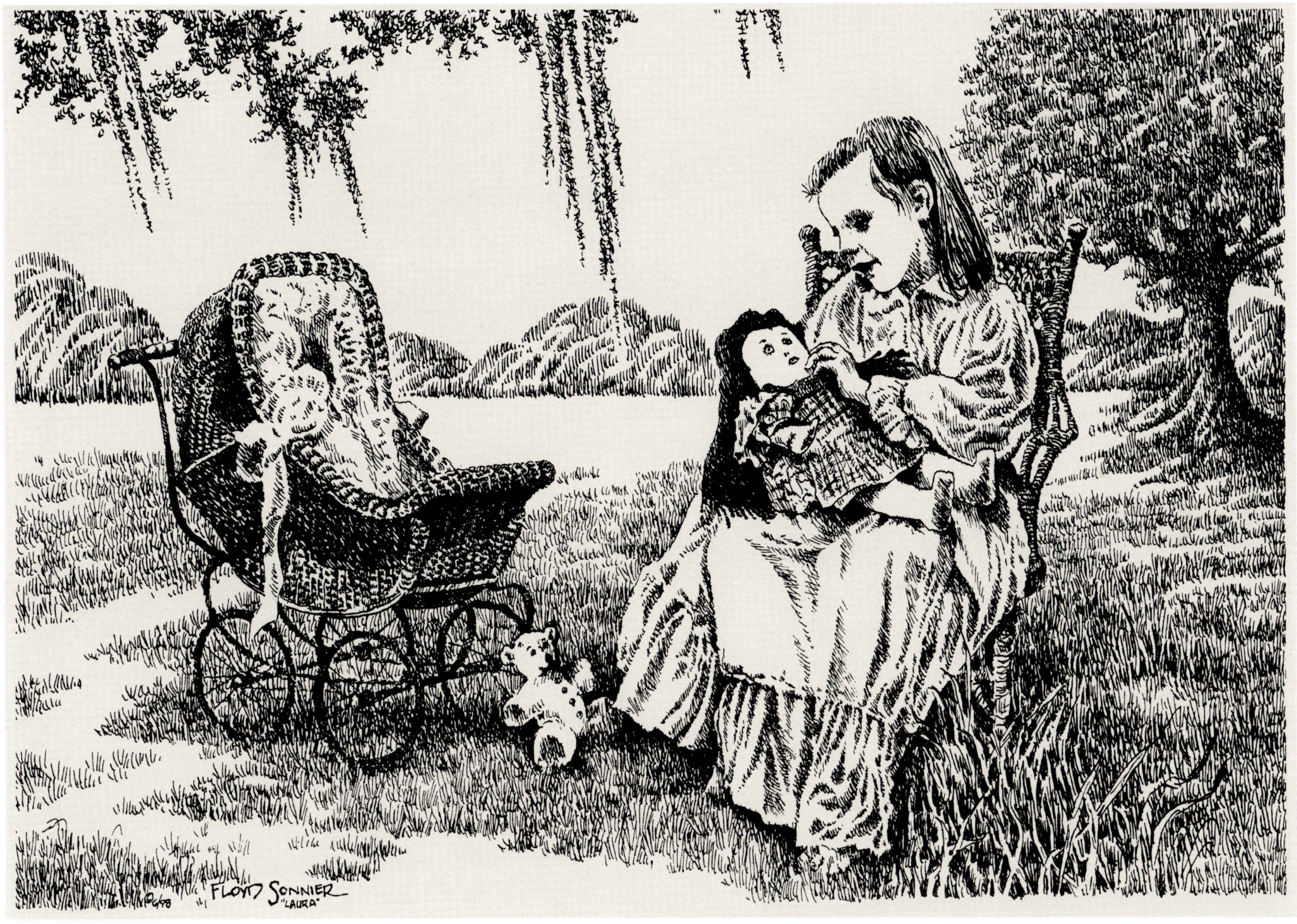

Laura

Laura Alexander, daughter of Tim and Ashley Alexander of Lafayette, plays with a rag doll that once belonged to her great-great-grandmother.

Laura Alexander, la fille de Tim et Ashley Alexander de Lafayette, joue avec une poupée de chiffon qui appartenait autrefois à sa grand-grand-grand-mère.

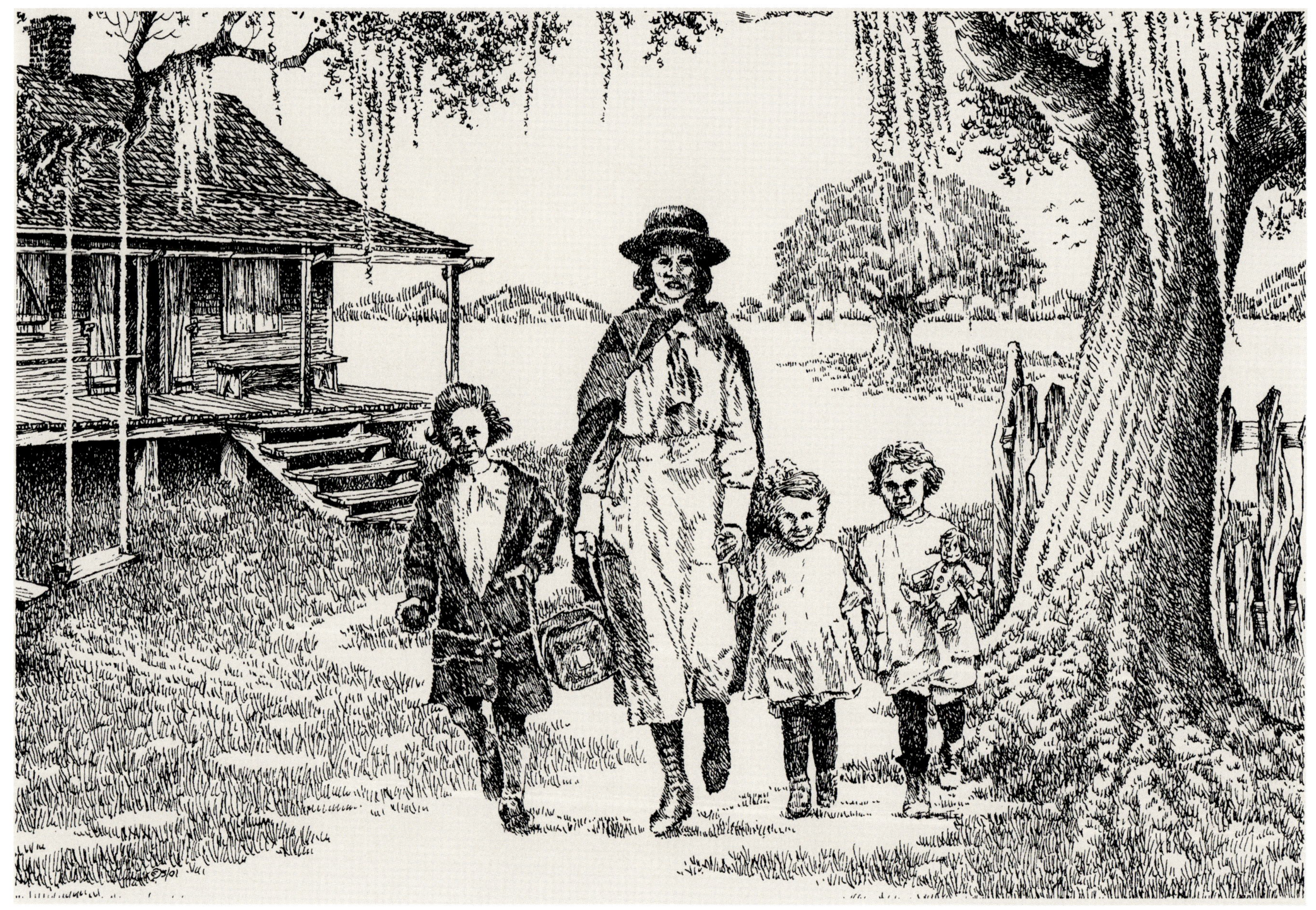

Angel of Mercy / *L'Ange de miséricorde*

After visiting a sick mom in the country, a nurse is escorted back to her buggy by the children of her patient. This drawing honors the vocation of nursing around the turn of the past century. The model for the nurse is Jeannine Babineaux, a nurse who lives in Lake Charles.

Après avoir rendu visite à une mère malade à la campagne, une infirmière est accompagnée à son boghei par les enfants de la malade. Ce dessin rend hommage à la vocation d'infirmière à la fin du siècle dernier. C'est l'infirmière Jeannine Babineaux du Lac Charles qui a posé pour ce dessin.

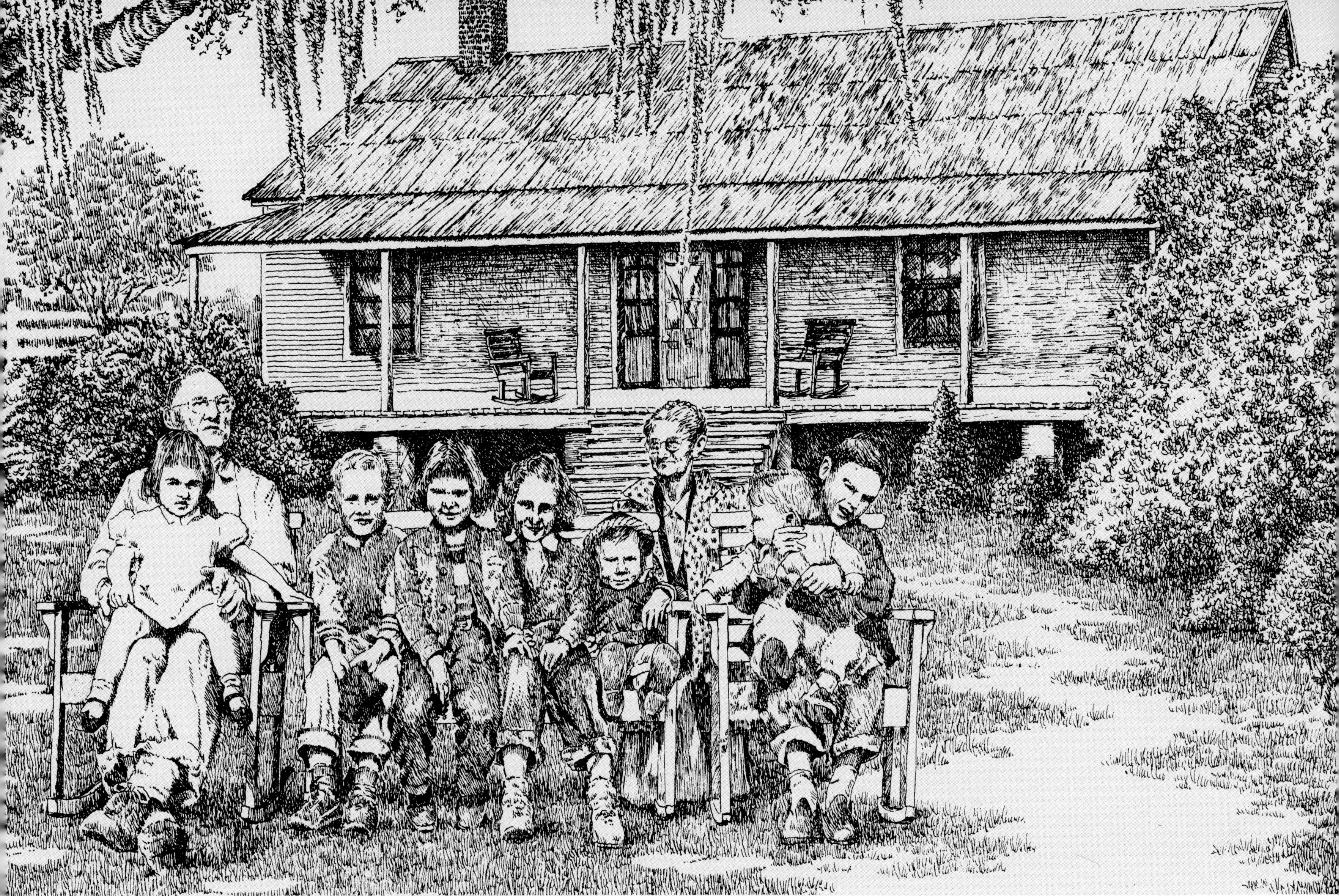

Papa's and Mama's Treasures / *Le trésor de Papa et Maman*

Partly because of my interest in family history and genealogy, I've always enjoyed drawing family portraits. This one – set in the early 1950s and done using old photos for reference – features George and Martha Whittington of Lafayette, La., with their grandchildren. From left to right are Grandpa George, Brenda (in Grandpa's lap), Edward, Laura, Martha, Johnny, Grandma Martha, Tommy (the baby), and James Jr.

Le fait que je m'intéresse à l'histoire et à la généalogie explique en partie pourquoi j'ai toujours aimé dessiner des portaits des familles. Voici une scène du début des années 1950s dessinée à partir de vielles photos, qui montre George et Martha Whittington de Lafayette, Louisiane et leurs petits-enfants. De gauche à droite sont Grand-père George, Brenda (sur les genoux de Grand-père), Edward, Laura, Martha, Johnny, Grand-mère Martha, Tommy (le bébé), et James Jr.

Angelle and Alexandre / *Angelle et Alexandre*

Angelle and Alexandre Savoie, my wife's godparents, shortly after their wedding.

Angelle et Alexandre Savoie, la marraine et le parrain de ma femme, peu après leur mariage.

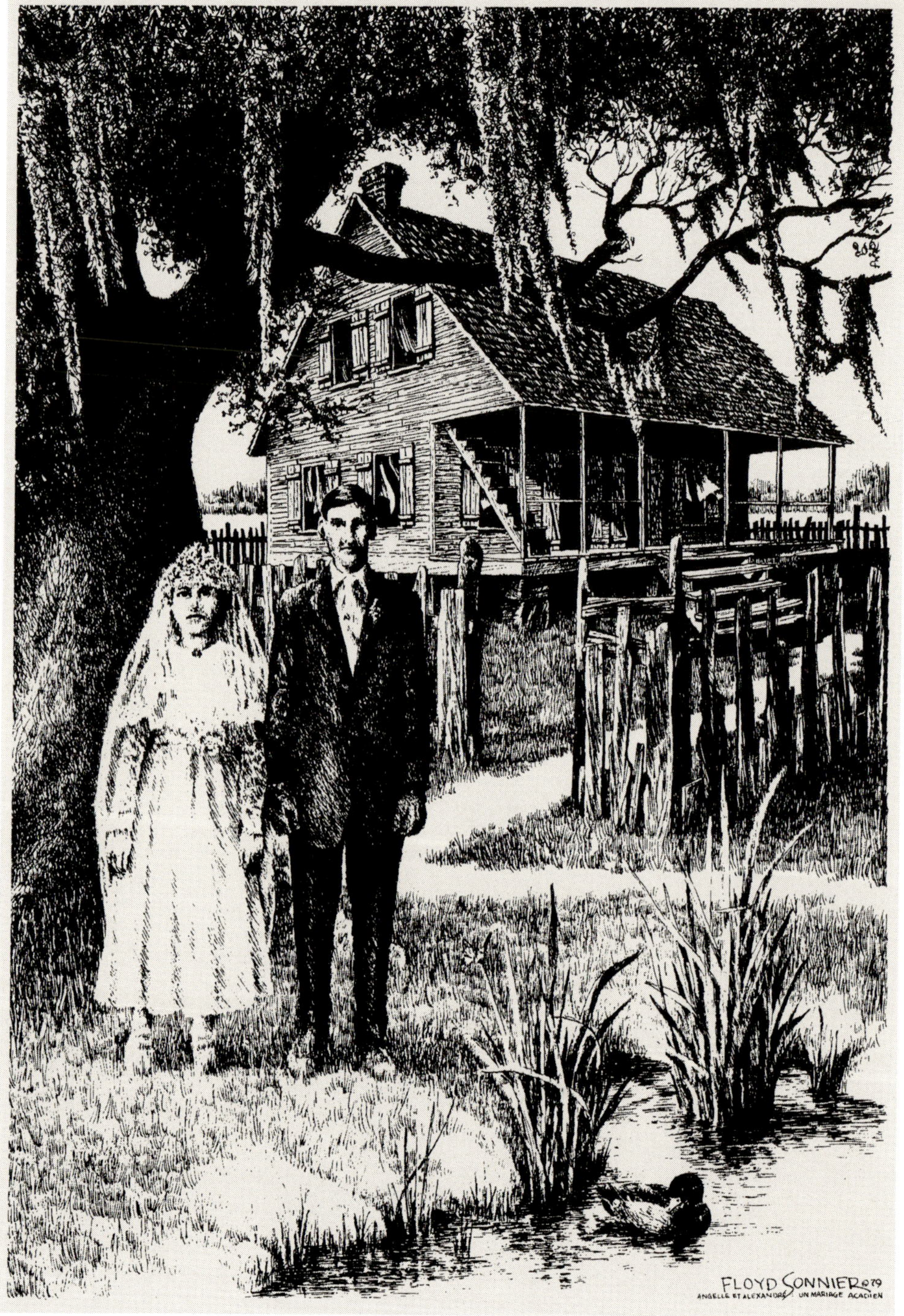

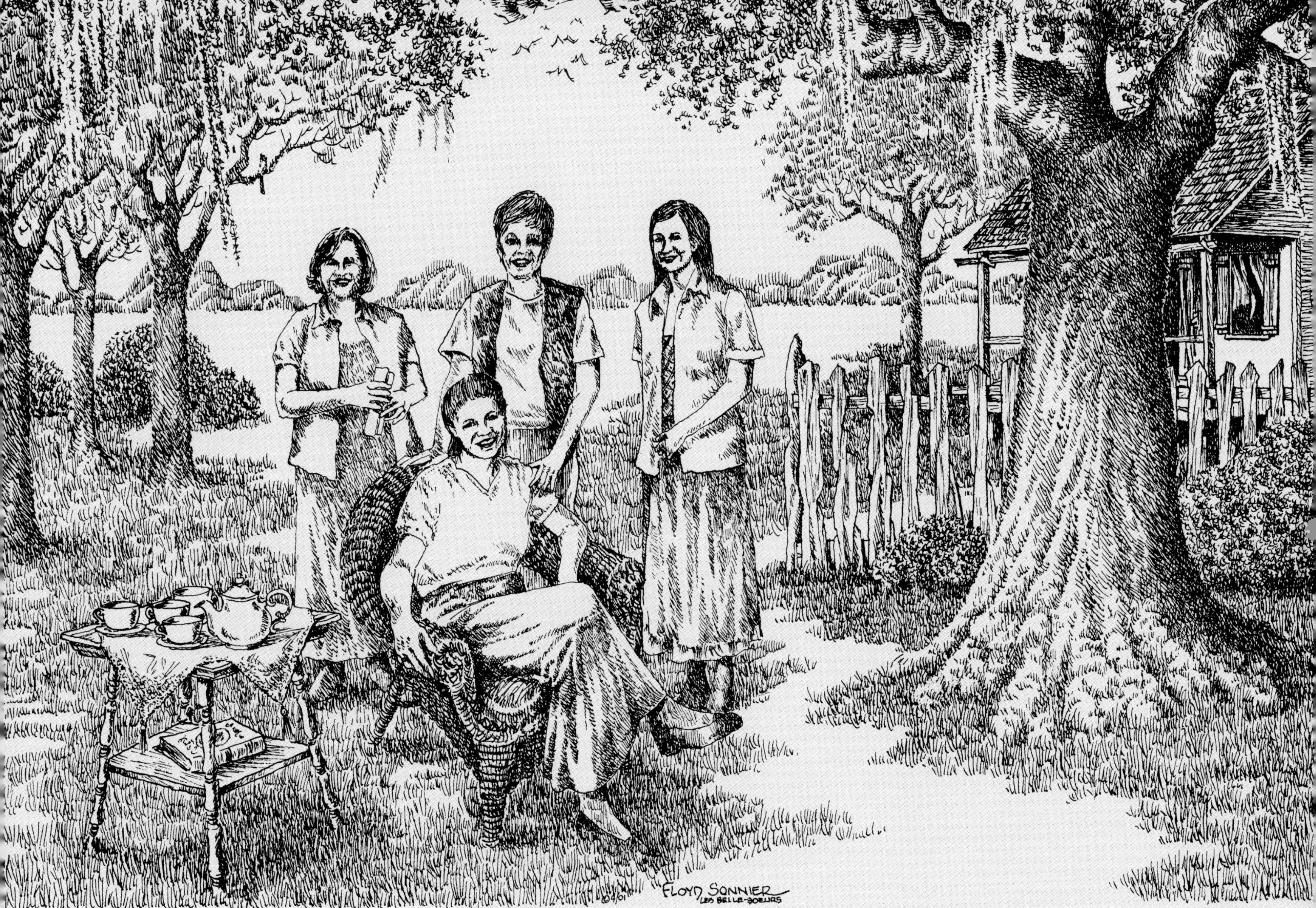

Sisters-in-Law / *Les belles-soeurs*

My daughter and daughters-in-law enjoy coffee and visiting in the backyard. Standing, left to right, are: Annette (my daughter), Tina (Mark's wife), and Lauren (Tim's wife). Seated is Lisa (Gil's wife).

Ma fille et mes belles-filles prennent du café et bavardent dans la cour en arrière. Debout, de gauche à droite, sont: Annette (ma fille), Tina (la femme de Mark), et Lauren (la femme de Tim). Celle qui est assise est Lisa (la femme de Gil).

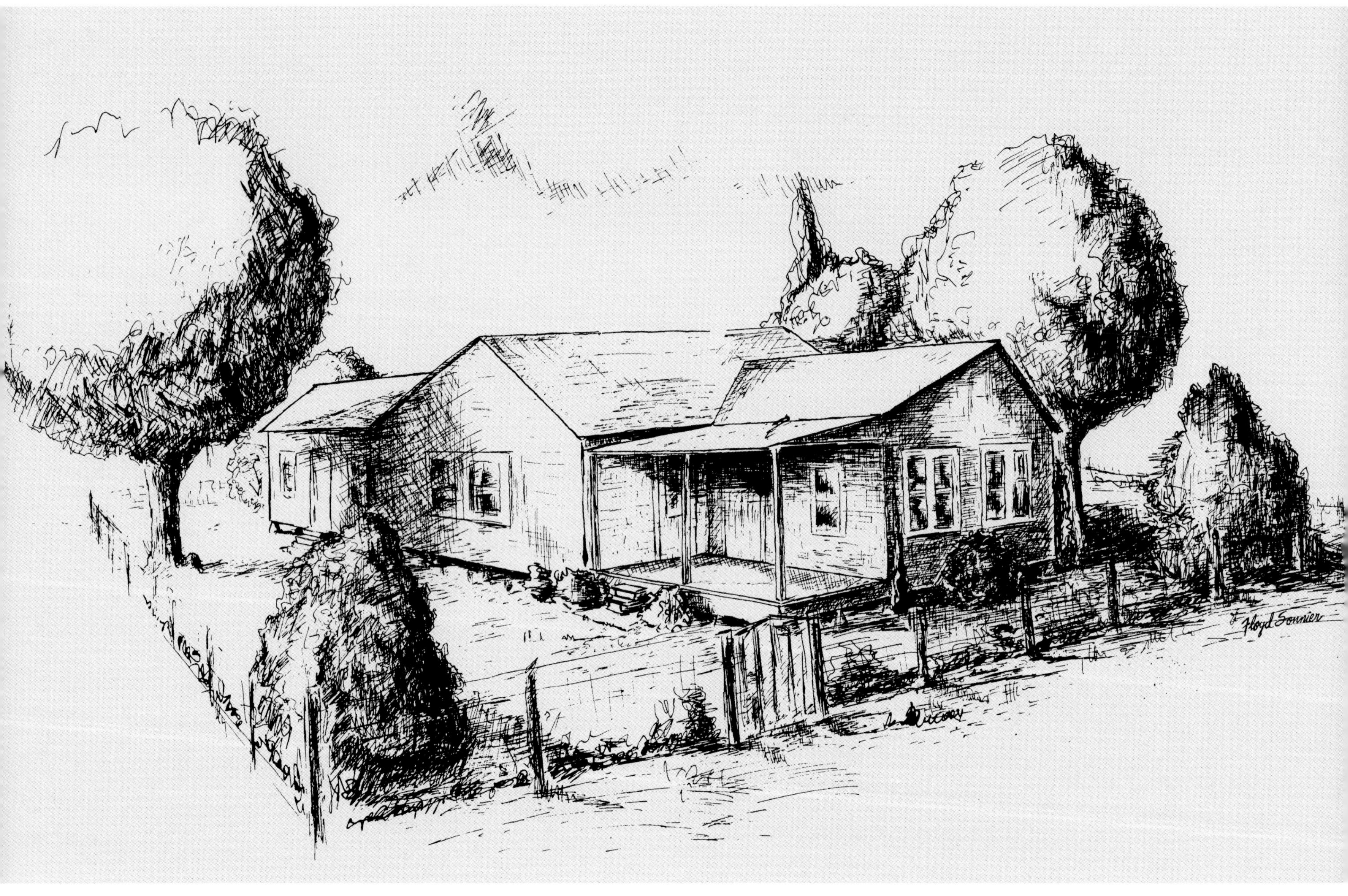

This Old House / *Cette vieille maison*

This is where I grew up, the place where I spent the first 18 years of my life.

Voici la maison où j'ai été élevé, où j'ai passé les premières dix-huit années de ma vie.

7

This Old House

Some of the happiest times of my life took place in the old house in which my brothers and sisters and I were reared. There were five of us children (three boys and two girls) plus Mom and Dad.

I remember playing marbles under the chinaball tree in the corner of the yard by the kitchen. The other players were usually my brothers, Mervin, who is 15 months younger than me, and David Jr., who is the youngest of the boys.

In the summer we were not allowed to stray away from the shade of the chinaball tree. My mother feared sunburns and heat strokes.

On one of the low branches of this tree hung our food box, used to keep cooked food cool and fresh. It was constructed of fine screen with a wood bottom about 12 inches by 12 inches. The screen allowed cool air to pass through the box and at the same time kept flies and other insects out.

My mother had a small icebox in the kitchen to keep food cool. Every Saturday my father would go to town, to Church Point, to purchase a block of ice, which would last until about Tuesday. When the ice was melted Mom would move some of the food to the hanging box.

I remember the first day we got electricity in our house. It was in the spring of 1951. What excitement! I was in the eleventh grade at Church Point High. Up until then we had used kerosene (commonly called "coal oil") lamps for lights; we used wood in our stove for cooking and heating. The electricity not only provided brighter light in our house, but also power to run pumps for deep water wells. This, in turn, brought running water into the house,

Cette vieille maison

Les moments les plus joyeux de ma vie ont eu lieu dans cette vieille maison où on était élevé, mes frères, mes soeurs et moi. Il y avait cinq de nous enfants (trois garçons et deux filles), en plus Maman et Papa.

Je me souviens de jouer aux caniques sous le lilas au coin de la cour près de la cuisine. Les autres joueurs étaient, d'habitude, mes frères, Mervin, qui est mon cadet de quinze mois, et David Junior, qui est le cadet des trois.

En été on n'était pas permis de s'éloigner de l'ombre du lilas. Ma mère avait peur des coups de soleil et de chaleur.

Notre boîte de manger était suspendue d'une des branches basses, où elle servait de tenir au frais notre manger cuit. Cette boîte était construite de grillage fin avec le fond en bois de douze pouces en carré. Ce grillage laissait passer de l'air frais et, en même temps, protégeait contre les mouches et d'autres insectes.

Dans la cuisine, ma mère avait une petite glacière, qui gardait le manger au frais. Le samedi, mon père allait au village de la Pointe de l'Église pour acheter de la glace en bloc, qui nous durait jusqu'au mardi. Quand la glace fondait, Mom transférait le manger à la boîte.

Je me souviens de la première journée que l'on a eu de l'électricité chez nous. C'était le printemps de 1951. Quelle excitation! J'étais dans l'onzième année à l'école secondaire de la Pointe de l'Église. Avant ça, on utilisait des lampes de coal oil (de pétrole lampant) pour l'éclairage; on utilisait du bois dans le poêle pour cuire et pour chauffer la maison. L'électricité a éclairé la maison et nous a fourni le pouvoir de faire marcher des pompes pour les puits d'eau. Là, on avait de l'eau courante dans la maison,

Shady Comfort

In the days before running water, everyone in our part of the world had an outhouse, sometimes referred to as an outdoor toilet or commode.

Le confort ombragé

À l'époque avant l'eau dans la maison, tout le monde dans notre coin du monde avait des cabinets extérieurs.

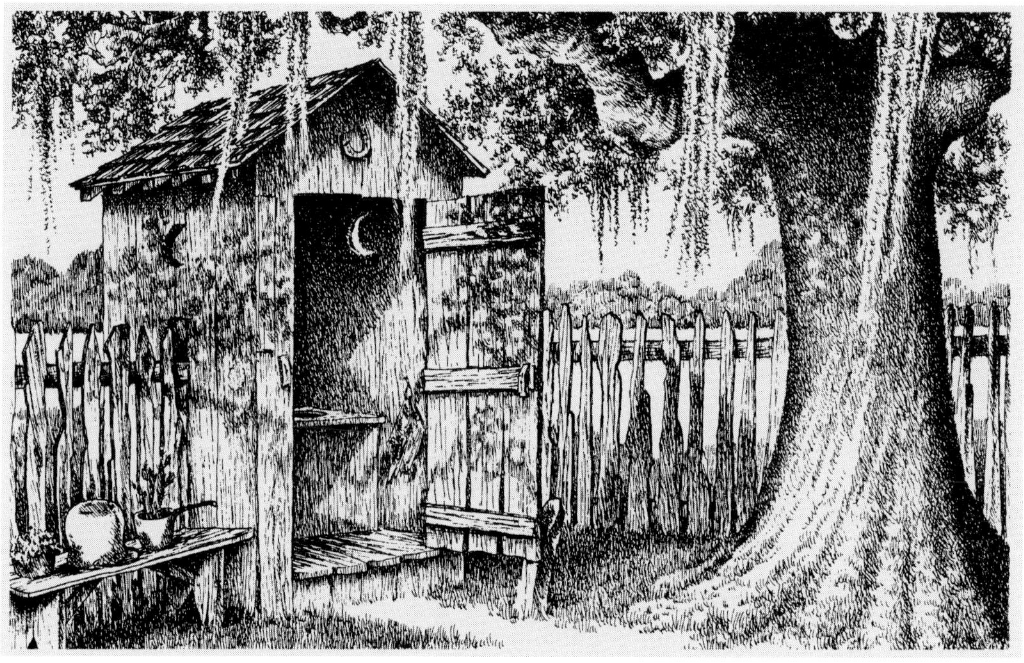

which meant we now had indoor toilets. So, 1951 was a very big year for us; it was the year we moved into the modern world.

I remember well the house in which I grew up, my home for the first 18 years of my life. I remember many of the happy moments shared with my brothers, my sisters, my mom and my dad, and the love we had for each other.

I remember the wonderful meals my mom prepared, and the warmth of the wood stove and the fireplace, and the welcome cool breezes through open windows on warm summer nights. I recall with fondness the uncompromising concern for our well-being by parents who were wise and caring and always there for us when we needed them.

qui voulait dire des cabinets intérieurs. Donc, l'année de 1951 était importante pour nous; c'était l'année que l'on est devenu moderne.

Je me souviens bien de la maison où j'ai été élevé, où j'ai vécu pour les premières dix-huit années de ma vie. Je me souviens de nombreux moments heureux passés avec mes frères, mes soeurs, ma mère et mon père et de l'amour que l'on partageait.

Je me souviens des repas magnifiques préparés par ma mère, de la chaleur du poêle et du feu du foyer et de la brise fraîche à travers les fenêtres ouvertes les nuits chaudes d'été. Je me souviens affectueusement du souci sans compromis pour notre bien-être des parents sages et aimants et toujours présents quand on avait besoin d'eux.

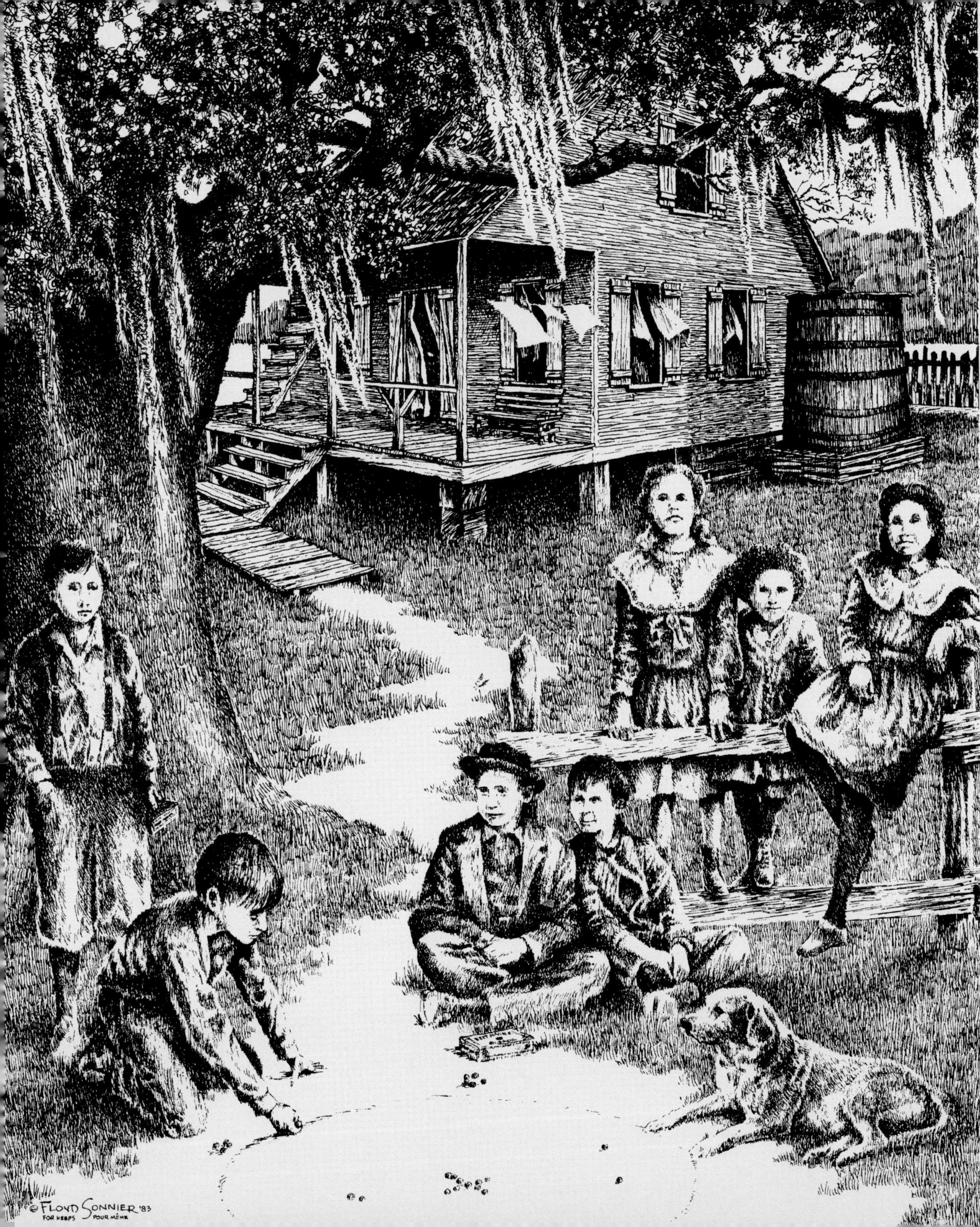

For Keeps

My brothers, cousins, neighbors and I spent hours at a time playing marbles in the shade at our house. This game was one of our most popular pastimes.

Garder pour toujours

Mes frères, mes cousins, mes voisins et moi, on passait des heures à la fois à jouer aux caniques à l'ombrage chez nous. Ce jeu était un de nos passe-temps préférés.

Farewell to an Old Stove

It wasn't much to look at, but the old wood stove cooked our food and produced welcome heat on cold winter mornings. It was replaced in the late 1940s by a kerosene stove.

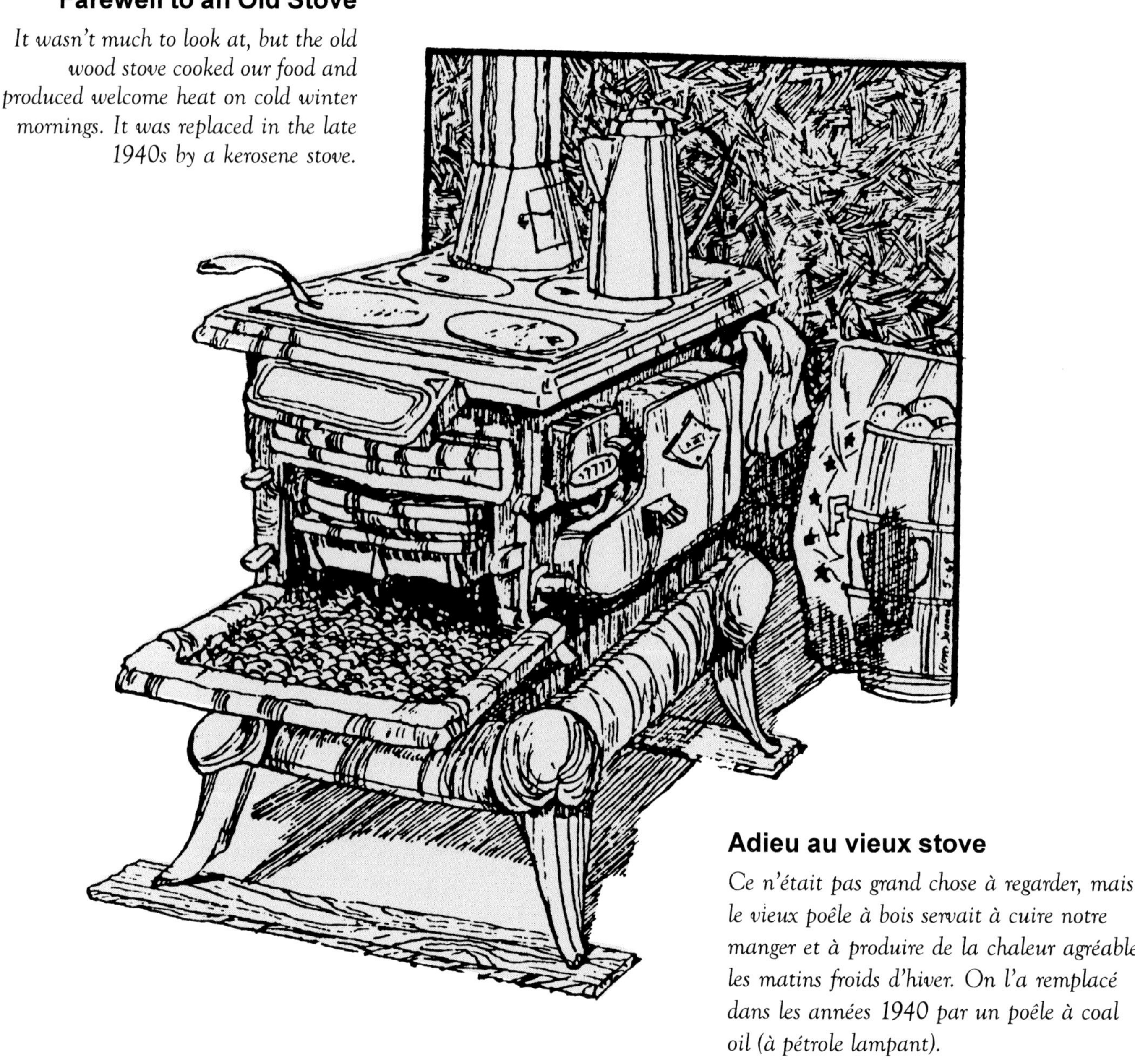

Adieu au vieux stove

Ce n'était pas grand chose à regarder, mais le vieux poêle à bois servait à cuire notre manger et à produire de la chaleur agréable les matins froids d'hiver. On l'a remplacé dans les années 1940 par un poêle à coal oil (à pétrole lampant).

8

Mom's Old Wood Stove

Hot, puffy corn bread in a cast iron skillet...round steak cooking in a dark brown gravy...strong, black French-dripped coffee in a pot that sits in a shallow pan of hot water. These are a few of the things that were always on my mom's wood stove.

The stove, rather large and black and made of cast iron, was the center of activity in our small kitchen. It served many purposes, primarily, of course, the cooking of food for our family. The second and almost as important use of this appliance was to keep the kitchen warm during the winter.

However, during the hot summer months, Mom had to endure not only the heat of the season but also the heat of the stove. For a long time we had no electricity, therefore we had no air conditioning and no fans. Mom worked in this heat without complaining; at least I didn't hear her complain if she ever did.

I remember Mom stirring the hot pots, holding the handles with the bottom of her apron. I recall her reaching behind the stove where the wood box was and adding another piece of wood to keep the fire going.

She would sometimes have pots on all four openings on top of the stove. I remember the rice steaming; the spicy, dark gravy from the natural juices of an oven-cooked steak or roast; fresh butter beans simmering away; and, of course, the fluffy corn bread baking in the oven. I get hungry every time I think about it.

On cold winter nights we sat close to the stove with both feet propped on the front of it, listening to the old battery-operated radio. The programs I remember are "The Lone Ranger and Tonto," "The

Le vieux stove à bois de Maman

Des pains de maïs chauds et bouffis dans une chaudière noire...du bifteck cuit dans une sauce presque noire...du café, noir et fort, égouté dans une grègue à café (cafetière) posée dans l'eau chaude. Voici un peu des choses qui étaient toujours sur le stove, c'est à dire le poêle, de ma mère.

Le stove, assez grand et noir et fait en fer de fonte, était le centre d'activité de notre petite cuisine. Il servait à plusieurs usages; principalement, à préparer le manger pour la famille. Le deuxième usage, presque aussi important, était de rechauffer la cuisine pendant l'hiver.

Cependant, pendant les mois chauds de l'été, Maman endurait non seulement la chaleur de la saison, mais aussi la chaleur du poêle. Pour longtemps, on n'avait pas d'électricité, donc, pas de climatisation et pas d'éventails électriques. Maman travaillait dans cette chaleur sans se plaindre; au moins, je ne l'ai jamais entendu se plaindre si elle l'a fait.

Je me souviens que Maman brassait dans les chaudières chaudes, en tenant les manches avec le bas de son tablier. Je me souviens qu'elle tendait la main dèrriere le stove où était la boîte de bois pour ajouter un autre morceau de bois au feu.

Quelquefois elle avait des chaudières sur chaque feu du poêle. Je me souviens de la vapeur du riz; de la sauce rouillée du jus de rôti ou de bifteck cuit au four; des fèves fraîches et bouillantes; et, bien sûr, le pain de maïs qui cuisait dans le four. J'ai faim chaque fois que je pense à ces choses.

Les nuits froides d'hiver, on se mettait près du stove, les deux pieds posés sur le devant, pour écouter la vieille radio à piles. Les programmes dont je me souviens sont «The Lone Ranger and Tonto,»

Green Hornet," "The Shadow," and "Amos and Andy." I remember well closing my eyes while listening to these wonderful escapes from reality and picturing in my mind everything I was hearing. I would let my imagination flow with the stories. Even as a young boy, I had a graphic imagination and the ability to see what I was hearing. At noon my mom would listen to her favorite program, one of the first soap operas, "The Romances of Helen Trent." My father sat next to the radio every evening and listened to the news of the day.

We took baths next to the old black stove. Mom would bring in the No. 2 washtub and add hot water from the kettle on the stove. I remember the sensation of slowly sitting in the hot water and letting my back gently touch the side of the tub, which was cool.

The wood we burned in the stove came from the woods in back of our house. My father, one of my brothers and I would go out to the woods and cut down young oak and pecan trees. We would chop the wood and stack it behind the kitchen. My brothers and I had the daily chore of keeping the wood box full.

I would not want to go back to the days of the old wood stove, but I treasure the memories. Sometimes I close my eyes and I do go back in my imagination for a little while.

«The Green Hornet,» «The Shadow» et «Amos and Andy.» Je fermais les yeux en écoutant ces évasions de réalité, et j'envisageais tout ce que j'entendais. Je laissais couler mon imagination avec ces histoires. Même très jeune, j'avais l'imagination très vive et la capacité de voir ce que j'entendais. À midi, ma mère écoutait son programme préféré, un des premiers mélos, «The Romances of Helen Trent.» Chaque soir, mon père s'asseyait à côté de la radio pour écouter le reportage des nouvelles du jour.

On se baignait à côté du vieux poêle noir. Maman apportait la baille numéro 2 et ajoutait de l'eau chaude du bouilloire. Je me souviens de la sensation de m'assir lentement dans l'eau chaude et de laisser mon dos toucher légèrement le côté froid de la baille.

Le bois que l'on brûlait dans le poêle venait du bois derrière notre maison. Mon père, un de mes frères et moi, on allait au bois pour couper des jeunes chênes et des pacaniers. On coupait le bois en morceaux et on le mettait en cordons derrière la cuisine. C'était notre responsabilité, mon frère et moi, de remplir la boîte tous les jours.

Je ne voudrais pas retourner aux jours du vieux stove de bois, mais je tiens beaucoup à ces mémoires. Quelquefois, je ferme les yeux et j'y retourne dans mes pensées pour un peu de temps.

Pierre Lavergne's Cistern

Wooden cisterns, such as the one at the corner of this old house near Church Point, were used to collect rain water for bathing, cooking and drinking. This one belonged to Pierre Lavergne, my wife's grandfather.

La citerne de Pierre Lavergne

Des citernes en bois, comme celle-ci au coin de cette vieille maison près de la Pointe de l'Église, servaient de reservoir d'eau dont on se servait pour se baigner, cuire et boire. Celle-ci appartenait à Pierre Lavergne, le grand-père de ma femme.

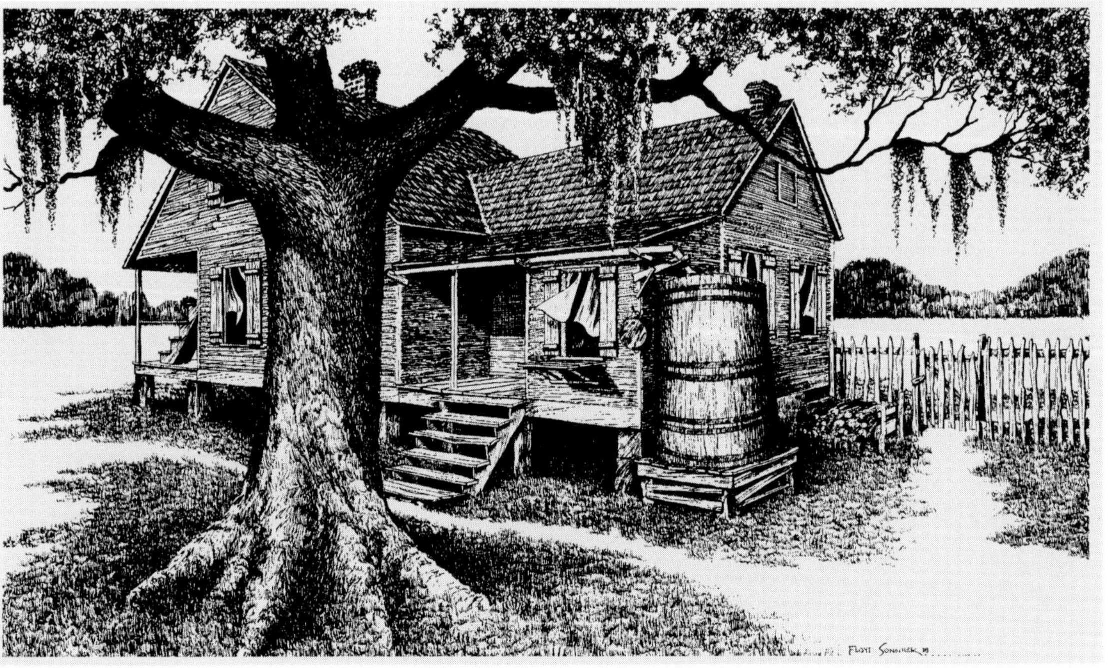

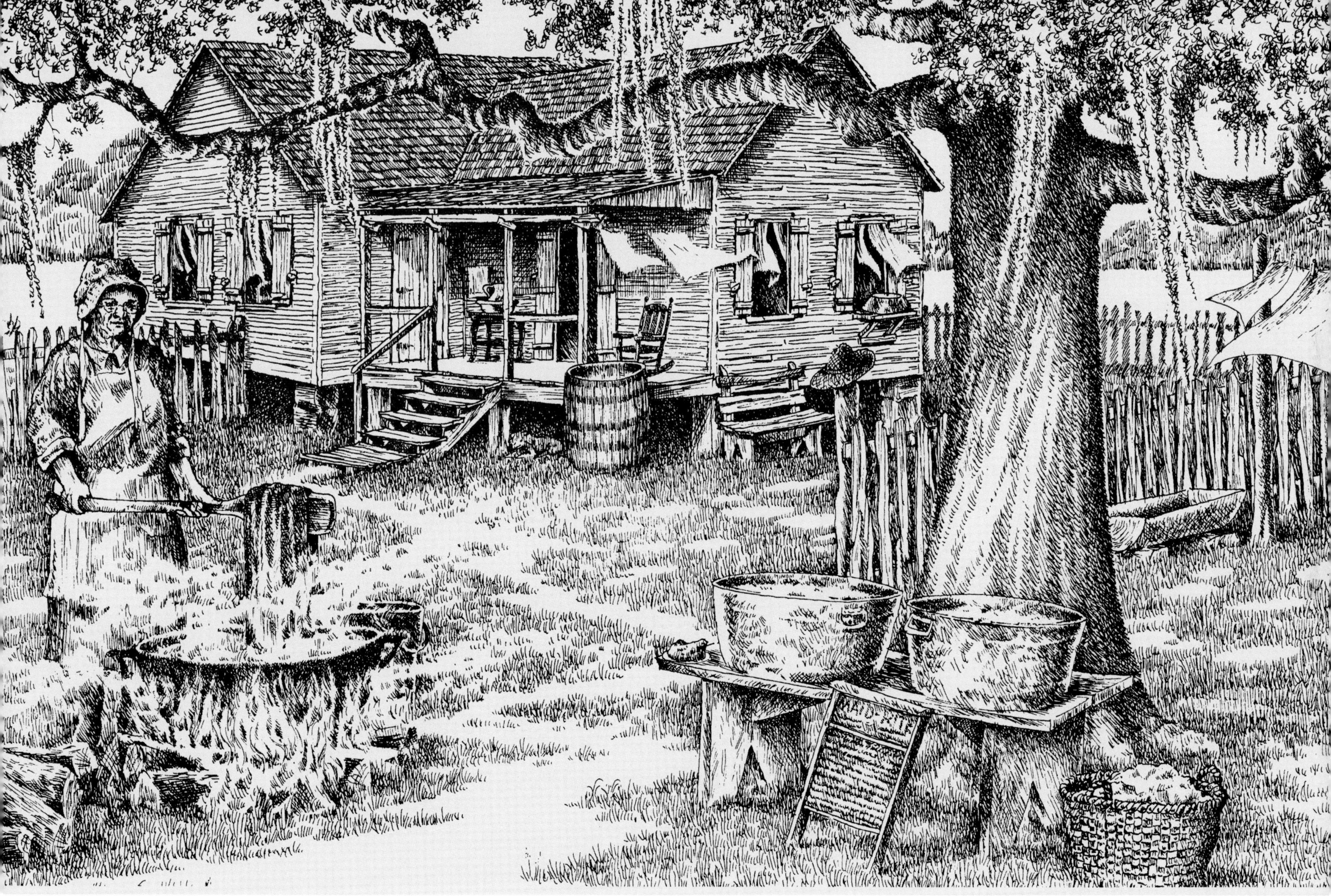

Monday Wash / *Le lavage du lundi*

Monday was wash day on the farm. Mom would light a fire under the black iron kettle that had been filled with water. She'd heat the water to simmering, add chips of homemade lye soap, toss in the heavy work clothes, and stir until they were thoroughly cleaned. Then she'd rinse the clothes in a washtub and hang them on a clothesline to dry. As I was the oldest of the five children, I was often called on to help.

Lundi était le jour de la lessive à la ferme. Maman allumait un feu sous la chaudière à laver remplie d'eau. Elle chauffait l'eau à bouillir doucement et elle ajoutait des copeaux de savon de lye fait maison (lessive) et les habits de travail, puis elle brassait jusqu'à ce qu'ils soient bien propres. Ensuite, elle rinsait les habits dans la baille à laver et les étendait sur la corde à linge pour sécher. Puisque j'étais l'aîné de cinq, on m'appelait souvent pour donner un coup de main.

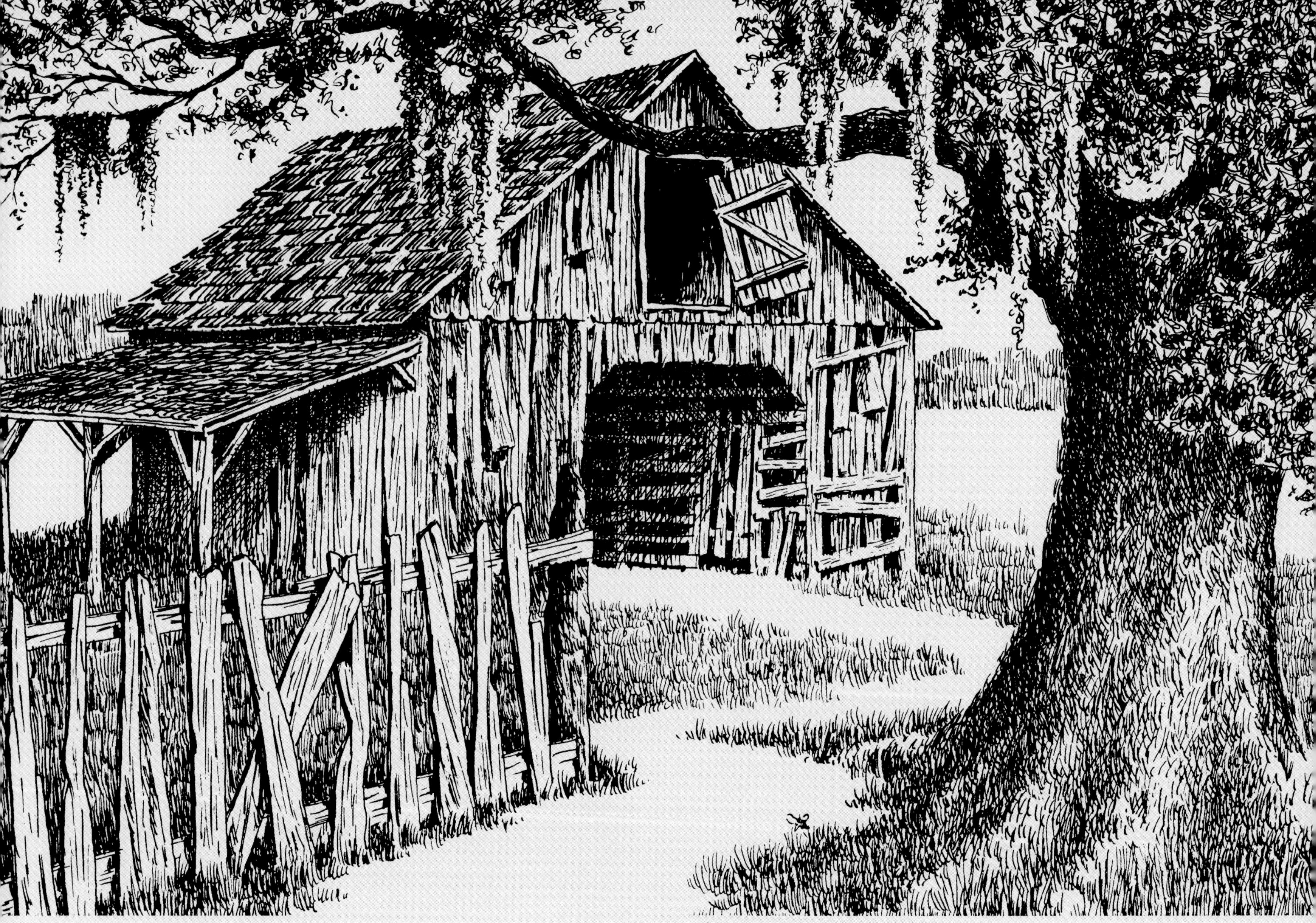

David's / *Chez David*

The barn was the center of farm life. It was used to store hay and corn for the animals; to shelter dairy cows, horses and pigs; and to protect farm equipment and tools from the weather. It was also a great place to play, especially for the boys.

Le magasin était le centre de la ferme. Il servait d'endroit d'entreposage du foin et du maïs pour les animaux; d'abri pour les vaches, les chevaux et les cochons; et pour garder l'équipement et les outils au sec. C'était aussi une bonne place pour jouer, surtout pour les garçons.

9

The Old Barn

Much of my life growing up on the farm was spent around my dad's old barn. It was a place for storage and a home for the animals. It was also, for me, an entertainment center where I spent many hours at play.

My dad built the barn using cypress. Like most barns, it was divided into different compartments, each serving a specific purpose. The attic, or loft, was for storing hay during the winter. Many hard hours were spent hauling the hay from the fields and carefully stacking it in the attic.

In the late summer, before the new hay was cut, the loft was cleaned out to make room for the freshly picked cotton. When we had accumulated enough cotton it was loaded into the wagon and brought to the gin. We spent many hours on rainy days playing in the cotton in the loft. I can still hear the loud noise of the rain falling on the barn's tin roof.

The right side of the barn downstairs had a floor and was used to store corn and other feed. We had to shuck and shell corn for the chickens (a daily chore) and for cornmeal, so my mom could make her corn bread.

Also on the right side my dad built a lean-to, which housed some of his tools and farm equipment. I had to clean and oil the plows, hoes and shovels. Dad was very strict about taking good care of his tools.

The left side of the barn was divided into sections to feed each dairy cow individually. During the winter they were housed there at night. When we had nothing else to do my dad would have us go into these stables and shovel out the manure. It was not a pleasant task.

Le vieux magasin

J'ai passé beaucoup de ma jeunesse autour du vieux magasin de mon père. C'était l'endroit d'entreposage et de l'abri pour les animaux. C'était aussi, pour moi, l'endroit où je passais plein d'heures à jouer et à m'amuser.

Mon père avait construit le magasin du cipre. Comme la plupart des magasins, il était divisé en compartiments différents, chacun ayant son propre usage. Dans le grenier on mettait du foin en réserve pour l'hiver. Il fallait bien des heures du travail dur pour transporter le foin des clos et pour l'entasser dans le grenier.

Vers la fin d'été, avant que le nouveau foin soit coupé, on nettoyait le grenier pour y mettre le coton que l'on venait de ramasser. Quand on avait accumulé assez de coton au grenier, on l'entassait sur le wagon et on l'apportait au moulin à coton. On passait bien des heures, les jours qu'il mouillait, en jouant dans le coton dans le grenier. Je peux encore entendre le grand bruit de la pluie qui tombait sur le toit de fer blanc du magasin.

Le côté droit du magasin, au rez-de chaussée, avait un plancher, et cet endroit servait comme entrepôt de maïs et d'autres graines. Il fallait dérober et égrener du maïs pour les poules (une besogne de tous les jours) et pour la farine de maïs, que ma mère utilisait pour ses pains de maïs.

Puis, aussi à droite, mon père avait construit une petite cabane en appentis, pour abriter ses outils et son équipement de ferme. Il fallait nettoyer et huiler les charrues, les pioches et les pelles. Papa exigeait beaucoup en ce qui concernait le soin de ses outils.

Le côté gauche du magasin était divisé en sections pour donner à manger individuellement à chaque vache à lait. Pendant l'hiver, elles étaient abritées là-dedans la nuit. Quand il n'y avait rien d'autre à faire, mon père nous envoyait dans les étables pour enlever le fumier à la

The barnyard was divided in two. In the back side my dad kept his pigs. In the fall, when he would let the pigs out to forage about in the fields, we would use this area to play basketball. Dad had nailed a makeshift hoop to the back of the barn.

When I was a young teenager my father and my brother and I were at the barn helping one of the cows give birth on a cold, rainy afternoon. The cow was having difficulties, but she finally gave birth to a very small, very weak and shaky black calf. Dad grabbed a sack, wrapped the wet, shivering animal with it, and handed the bundle to me. By impulse, and much to my mom's dismay, I ran into the kitchen with the calf and knelt in front of the stove. I took the calf out of the sack and dried it off with a towel. The little animal began to warm up, and with this seemed to become stronger. I then spoon-fed it some warm milk. Soon it could stand on all four legs fairly steadily.

After returning it to its mother, my dad told me that the young calf was mine to keep. It was customary for rural Cajun parents to give their children each a *commencement*, or a start, at a time just before adulthood. Being the oldest, my father felt that considering the circumstances this was the perfect time for me to receive my *commencement*. So he gave me the young, female calf and told me to take care of her.

I named the calf "Irene" after my favorite song, "Good Night, Irene," which I sang while rocking her in front of the heater. Irene gave birth to 11 or 12 calves. All the calves were sold when they were big enough, and I used the money to pay for part of my college expenses.

Sometimes if I close my eyes and think hard I can still smell the corn crib and the hay loft and the stables. I can still hear the chickens cackling and roosters crowing and the hungry calves calling for their mothers. I can feel the barnyard mud oozing between my toes while doing my chores. I can hear the basketball hitting the barn wall over the shouts of my brothers and me having a good time with our friends.

Times were hard, but we were happy! If I had a chance to go back and live life over, I would do it the same. I would not have it any other way.

pelle. Ce n'était pas un travail agréable.

La basse-cour était divisée en deux. Mon père gardait ses cochons en arrière. En automne, quand il les lâchait pour aller fouiller dans les champs, on y jouait au basket. Papa avait attaché un cerceau fait à la main sur le mur du magasin en arrière.

Un jour quand j'étais adolescent, mon père et mon frère et moi, on était dans le magasin pour aider une vache qui allait mettre bas. C'était un après-midi froid et ça mouillait. La vache éprouvait des difficultés, mais enfin elle a donné naissance à un tout petit veau noir, faible et tremblant. Papa a saisi un sac et il a enveloppé le petit veau trempe et tremblant là-dedans, puis, il me l'a donné. Impulsivement, et à la consternation de ma mère, j'ai couru dans la cuisine avec le petit veau, et je me suis mis à genoux devant le poêle. J'ai sorti le veau du sac et je l'ai séché avec une serviette. Le petit animal s'est rechauffé et il semblait de trouver ses forces. Je l'ai nourri de lait tiède à la cuillère. Bientôt il a pu se tenir debout assez bien sur les quatre pattes.

Après l'avoir rendu à sa mère, mon père m'a dit que le petit veau était le mien pour garder. C'était la coutume chez les parents cadjins de la campagne de donner aux enfants un cadeau de «commencement» à un moment donné avant qu'ils atteignent leur majorité. Comme j'étais l'aîné, mon père croyait, selon les circonstances, que le temps était bon pour me donner mon commencement. Donc, il m'a donné cette jeune taure (génisse), et il m'a dit de la bien soigner.

J'ai appelé la taure «Irène,» du nom de ma chanson préférée, «Bonsoir, Irène,» que je chantais lorsque je la berçais devant le stove. Irène a eu onze ou douze veaux. Tous les veaux ont été vendus quand ils avaient assez grandi, et j'avais de quoi à payer la plupart des dépenses de mes études universitaires.

Quelquefois, si je me ferme les yeux et je réfléchis bien, je peux sentir la crèche de maïs et le grenier et les étables. Je peux toujours entendre les poules caqueter et les coqs chanter et les veaux affamés appeller leurs mères. Je peux sentir la boue de la basse-cour suinter entre mes orteils pendant que je faisais mon travail. Je peux entendre la pelote (le balon) de basket frapper le mur du magasin, et nos cris pendant que mes frères et moi, on s'amusait avec nos amis.

Les temps étaient durs, mais que l'on était heureux! Si j'avais l'occasion d'y retourner et de revivre ce qui s'est passé, je le ferais de la même façon. Je ne changerais rien.

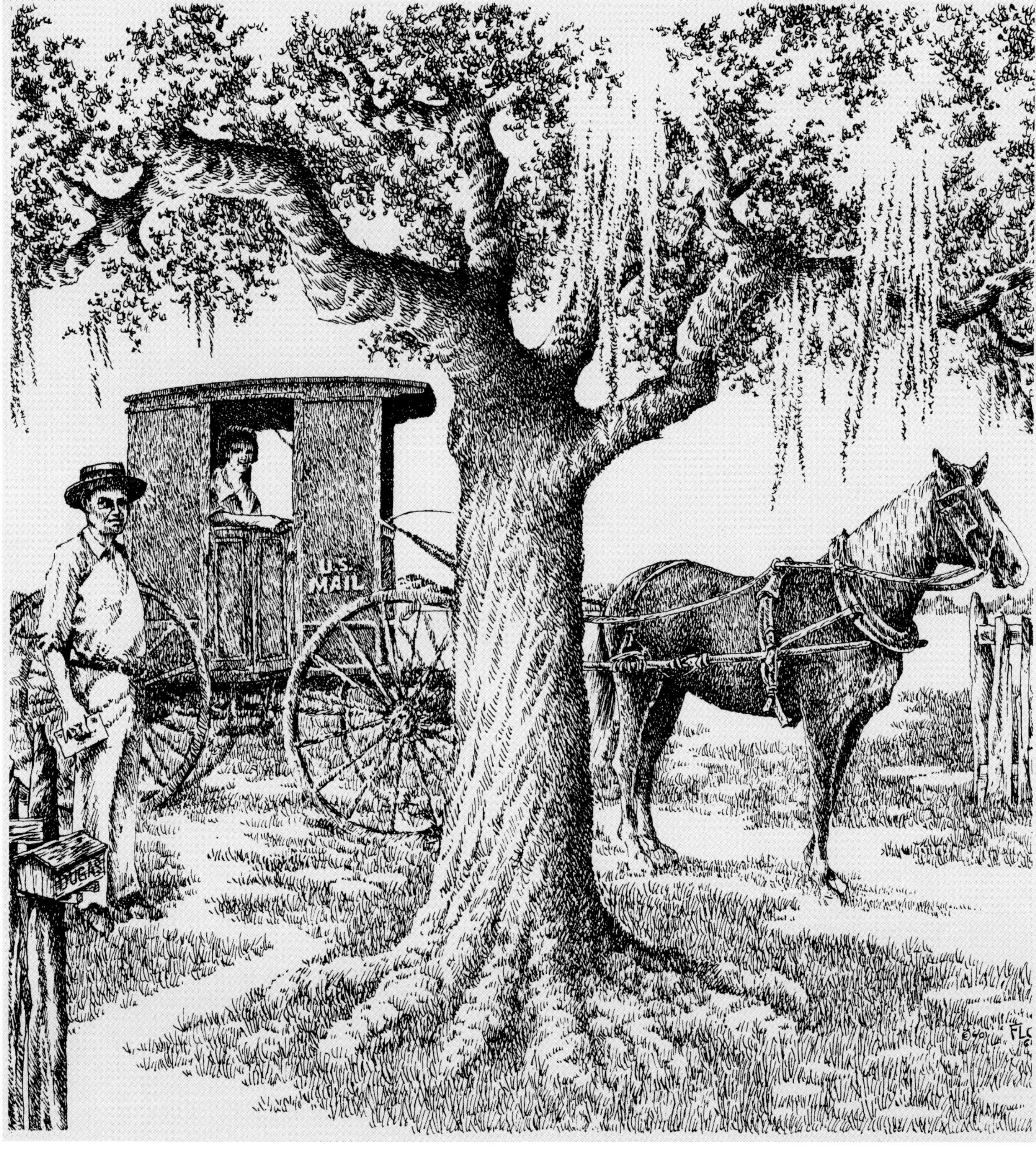

Cleophas, The Mailman

Before the coming of the automobile, the mail was delivered in the country using horse-drawn buggies or carts. This mailman is Cleophas Sonnier, my great-uncle, who retired from teaching to do this job. He is accompanied by his wife.

Cléophas, le postillon

Avant l'arrivée de l'automobile, on distribuait le courrier à la campagne en boghei ou en wagon. Ce facteur est Cléophas Sonnier, mon grand-oncle, qui a pris sa retraite de l'enseignement pour accepter ce poste. Il est accompagné de sa femme.

Lagniappe, 1945

Based on a photograph taken by my Uncle Pierre V. Daigle of Church Point, this drawing shows my brother, Merv (left), and me on our front porch displaying one of the many watermelons grown on our farm. Looking on from behind the screen door is our sister, Irma.

Lagniappe, 1945

Basé sur une photographie prise par mon oncle Pierre V. Daigle de la Pointe de l'Église, ce dessin montre mon frère Merv (à gauche) et moi sur notre galerie en avant, en montrant un de grands melons d'eau (pastèques) que l'on cultivait sur notre ferme. Derrière la porte se trouve notre soeur, Irma.

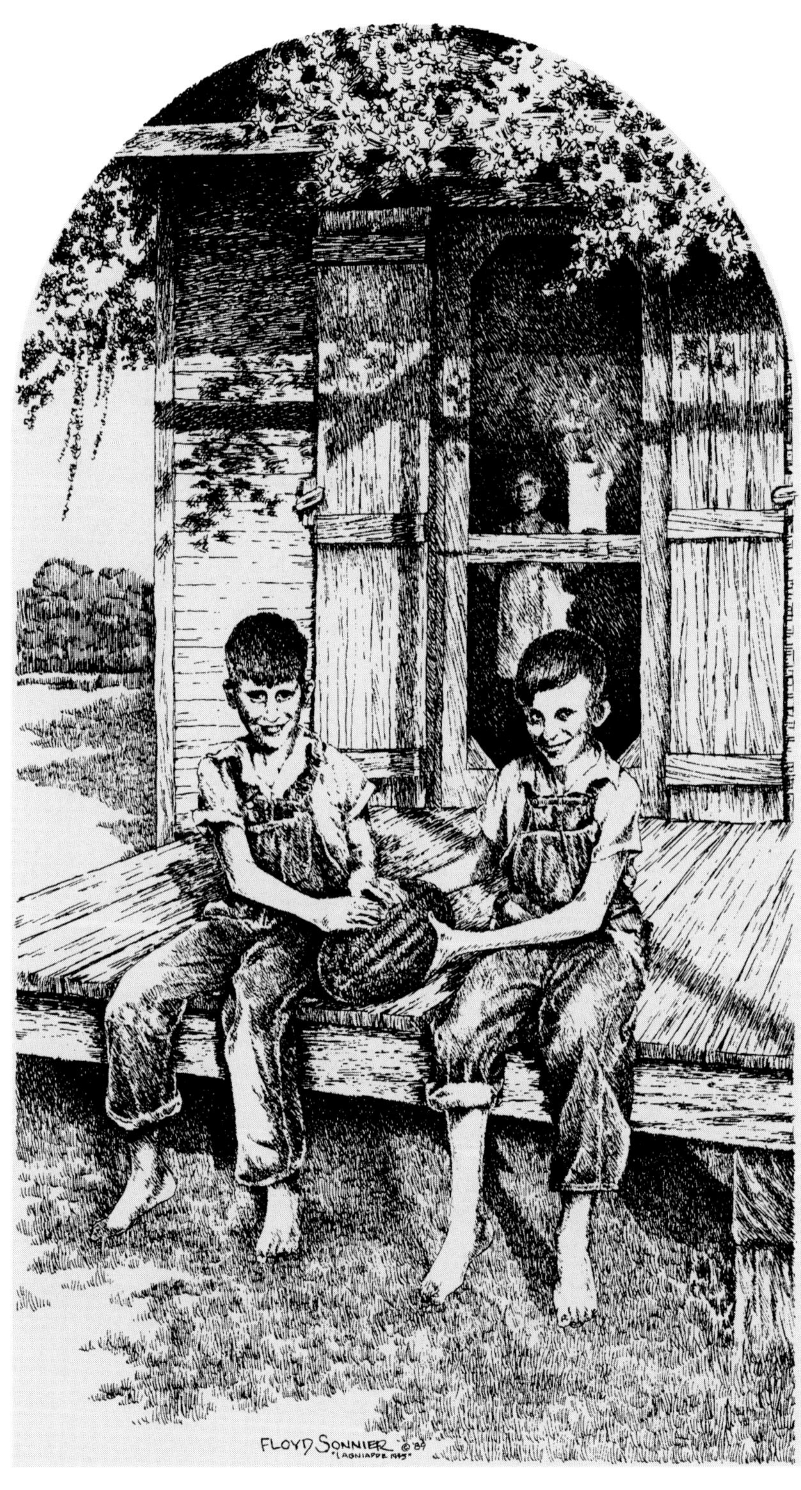

10

Merv and Me

My younger brother, Merv, and I were companions from the very beginning. Separated in age by only 15 months, we were very close while growing up.

We shared the same bed. We worked together in the fields, in the garden, and at the barn. We played together.

We did just about everything together: swimming in the bayou, picking blackberries in the spring, shooting marbles under the chinaball tree, hunting frogs at night in the woods, and crawfishing in the ponds and coulees. We also smoked hand-rolled cigarettes in our old outhouse, hunted arrowheads after it rained in the back fields by the woods, played basketball behind the barn in the hog yard, and shared the same bicycle. We were inseparable.

Mom always dressed Merv in brown and me in blue. She probably did this to distinguish one from the other from a distance. I remember Merv and me switching jackets to confuse her when one or both was doing something we weren't suppose to be doing. If I was the culprit she would fuss at Merv from the kitchen door where she stood. And we would chuckle under our breaths, satisfied that we had fooled her. It did not take her very long to catch on to our deceit. After that she would fuss at both of us.

Frogging was a great pastime for young boys on the farm. Merv and I, with a carbide light and a sack, would leave right after dark and head for the nearby ponds and coulees. We could hear the bass mating call of the bullfrogs in the distance. We would head straight for the sound and begin searching for the frogs. We usually came home late at night with a good catch.

The next day we would go to town, to Church Point, to sell some of our frogs. We had regular customers. Some wanted the

Merv et Moi

Mon frère cadet, Merv, et moi, on était copains dès le début. Séparés en âge par quinze mois, on s'accordait très bien ensemble.

On partageait le même lit. On travaillait ensemble dans les clos, dans le jardin et au magasin. On jouait ensemble.

On faisait presque tout ensemble: on nageait dans le bayou, on cueillait les mûres au printemps, on jouait aux caniques (billes) sous le lilas, on attrapait les ouaouarons (grenouilles) la nuit dans le bois, on allait à la pêche des écrevisses dans les étangs et les coulées. Dans le cabinet extérieur on fumait des cigarettes que l'on faisait nous-mêmes, dans les clos par le bois on cherchait des pointes de flèche après la pluie, derrière le magasin dans le parc à cochons on jouait au basketball, et on partageait la même bicyclette. On était inséparable.

Mom habillait toujours Merv en marron et moi en bleu. Elle faisait ceci, probablement, pour nous distinguer à distance. Je me souviens d'échanger de jaquette (veston) avec Merv pour la confondre, lorsqu'on faisait quelque chose que l'on ne devait pas faire. Si c'était moi le coupable, elle grondait Merv de la porte de la cuisine d'où elle nous guettait. Et on riait tout bas, satisfait que l'on l'avait trompée. En très peu de temps, elle a compris ce que l'on faisait. Après ça, elle nous grondait, tous les deux.

La chasse aux ouaouarons était un passe-temps merveilleux pour les jeunes garçons à la ferme. Merve et moi, avec une lanterne carbide (de carbure) et un sac, on partait à la brune (crépuscule) pour les étangs et les coulées. On pouvait entendre, de loin, le coassement bas des ouaouarons. On se dirigeait vers le son et on commençait à chercher des ouaouarons. D'habitude, on rentrait

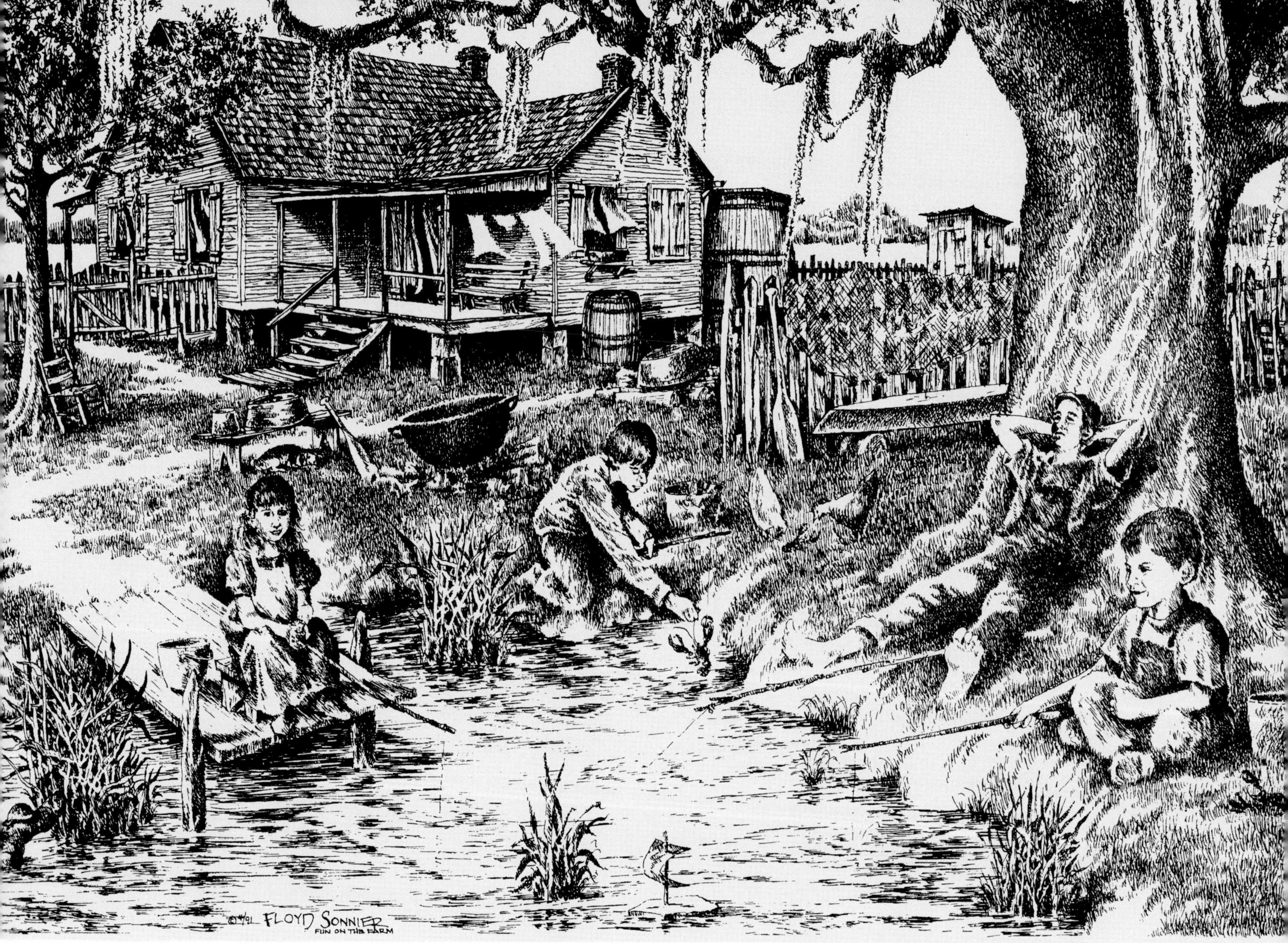

Fun on the Farm / *S'amuser à la ferme*

Crawfishing on the family farm was an exciting springtime ritual, enjoyed by my siblings and me on a frequent basis.

La pêche des écrevisses chez nous était rituel du printemps, un divertissement qui nous rendait souvent plaisir.

frogs alive, and they would do their own dressing of the meat. Others wanted the frogs killed and dressed, so we would oblige.

There was a special bond between Merv and me that was nurtured daily by the sheer amount of time we spent together. Oh, we had our disagreements, too. Like all young boys, we fought, sometimes for our rights, sometimes to determine leadership or dominance in a certain game.

Today, Merv is a retired engineer living in Opelousas, La., which is only about 15 miles east of where we were reared. Rarely does a week go by that we do not talk by phone, still sharing our brotherly love.

très tard avec une bonne pêche.

Le lendemain, on allait au village, à la Pointe de l'Église, pour y vendre nos ouaouarons. On avait des clients habituels. Quelques-uns les voulaient vivants, et ils les éventraient eux-mêmes. D'autres les voulaient déjà tués et éventrés, et on leur rendait service.

Il y avait un lien d'amitié, un rapport spécial entre Merv et moi qui était nourri tous les jours par le temps que l'on passait ensemble. Oh, on avait des disputes, aussi. Comme tous les jeunes garçons, on se battait, quelquefois pour nos droits, quelquefois pour décider la direction or la prédominance d'un jeu.

Aujourd'hui, Merv est ingénieur à la retraite qui habite aux Opélousas, en Louisiane, qui n'est que 15 miles à l'est d'où on a été élevé. C'est rare qu'une semaine se passe que l'on ne se téléphone pas, partageant toujours notre amour fraternel.

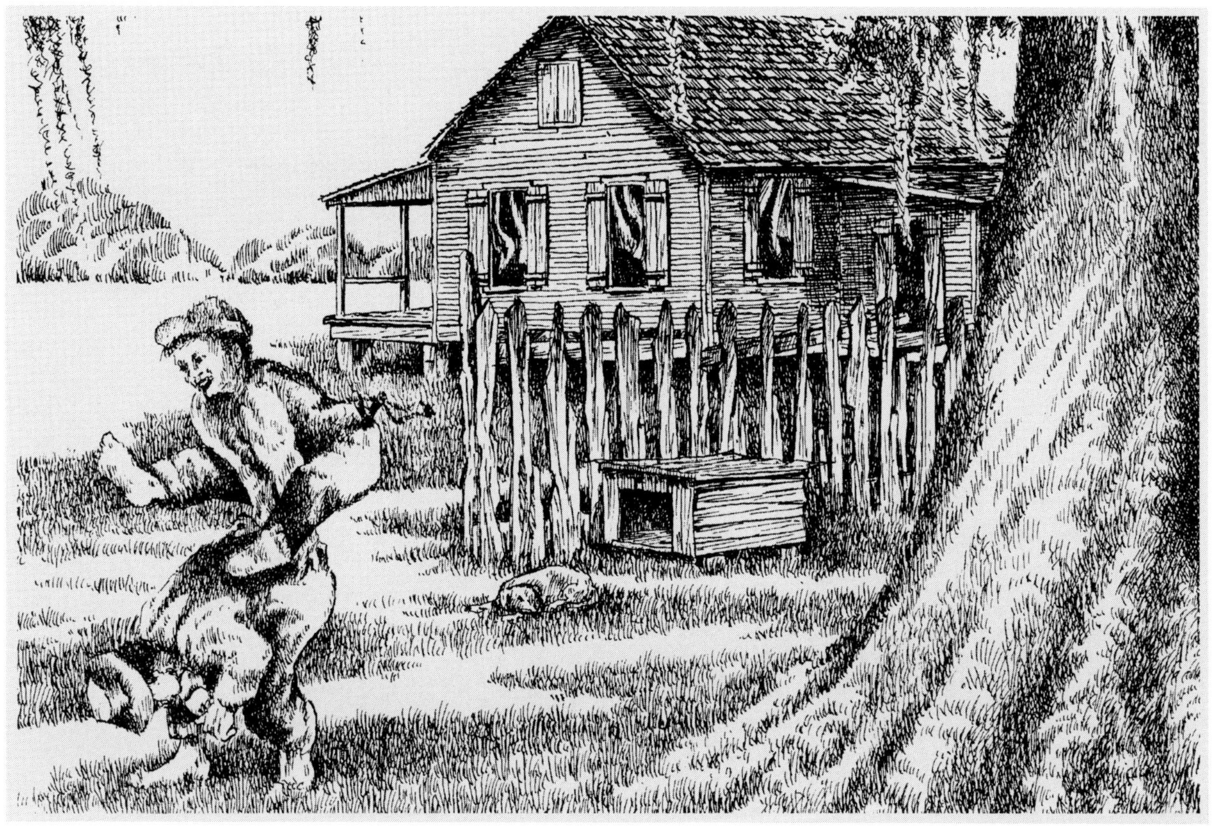

Leap Frog

"Leap Frog" is one of several games which Merv and I enjoyed on the weekends. We also played marbles, hide-and-seek, steal-the-flag, baseball and basketball.

Saute-Crapaud

Saute-crapaud (saute-mouton) est un des jeux que Merv et moi, on jouait le weekend. On jouait aussi aux caniques (billes), à cachéfette (à cache-cache), au vole-le-drapeau, au base-ball et au basketball.

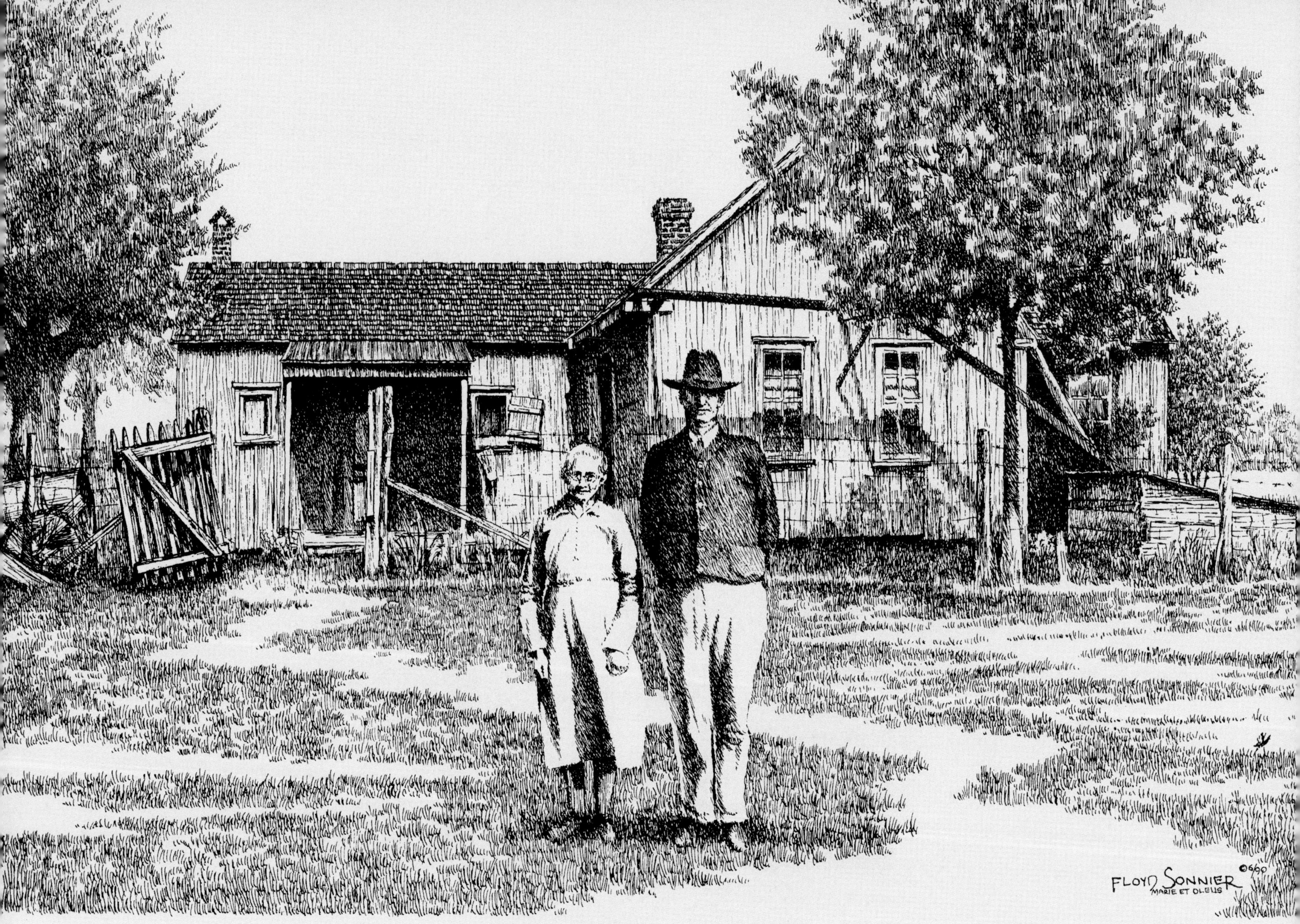

Marie and Oléus / *Marie et Oléus*

Marie and Oléus Sonnier, my grandparents on my father's side, reared 10 children in this humble house down the road from ours. The room on the far right is where I was born.

Marie et Oléus, mes grands-parents du bord de mon père, ont élevé dix enfants dans cette maison humble non pas loin de chez nous, sur le même chemin. La chambre tout à droite est celle où je suis né.

11

Pop Léus and Grandma Marie

My father's father, Joseph Oléus Sonnier, was a farmer who lived on a small farm just a mile or so down the road from our house. His great-grandfather was one of the Acadians exiled from *Acadie* in the mid-1700s.

Sometime around late 1902 or early 1903 he married my grandma, Marie Daigle. Her great-grandfather, too, was a victim of the Acadian exile.

Pop Léus and Grandma Marie, as we called them, had ten children – five sons and five daughters. I am one of their 58 grandchildren.

Pop Léus was a strong, honest and intelligent man. He was tall in stature and long on integrity. He was stern, a rigid disciplinarian. He gave respect, he demanded respect, and he received respect.

One of his idiosyncrasies was that he didn't allow his grandchildren to speak French in his presence. His reasoning was that we lived in America and that to be educated in America we had to learn English. So to learn it, we had to speak it. Our educational system was in English, not French. And he saw a need for us to be educated in order to rise above the level of poverty where he and his children were. He was right. He told me, time and

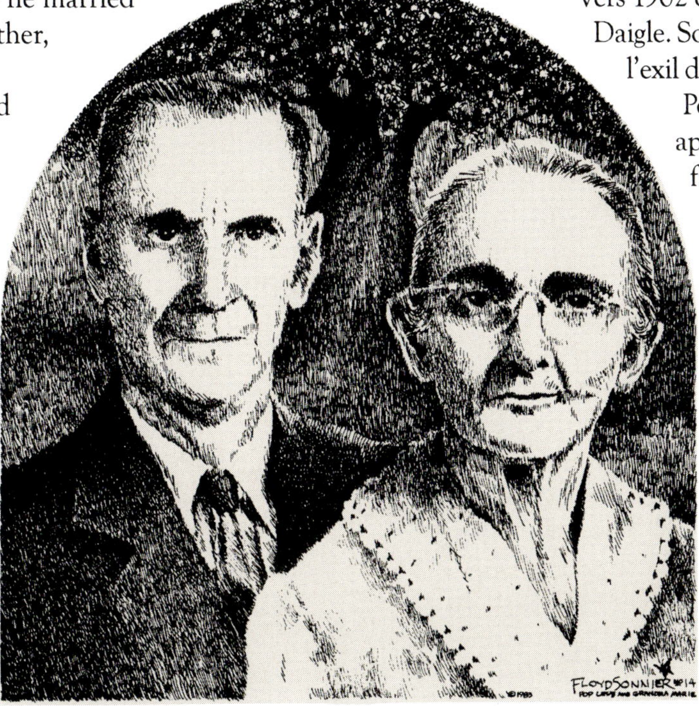

Oléus & Marie Sonnier, my paternal grandparents
Oléus et Marie Sonnier, mes grands-parents paternels

Pop Léus et Grand-mère Marie

Le père de mon père, Joseph Oléus Sonnier, était fermier, habitant d'une petite ferme située un mile de notre maison, sur le même chemin. Son arrière-grand-père était un des Acadiens exilés de l'Acadie au milieu des années 1700.

Vers 1902 ou 1903, il a épousé ma grand-mère, Marie Daigle. Son arrière-grand-père, aussi, était victime de l'exil des Acadiens.

Pop Léus et Grand-mère Marie, comme on les appelait, ont eu dix enfants – cinq fils et cinq filles. Je suis un de leurs 58 petits-enfants.

Pop Léus était un homme grand et fort, honnête et intelligent. Il était un homme de parole, intègre. Il était sévère et rigide en matière de discipline. Il donnait le respect, il l'exigeait et il le recevait.

Un de ses particularités était qu'il ne permettait pas à ses petits-enfants de parler français devant lui. Il raisonnait que, puisqu'on habitait aux États-Unis, il fallait apprendre l'anglais. Donc, pour l'apprendre, il fallait le parler. Notre système d'éducation était en anglais, pas en français. Il comprenait la nécessité d'une éducation pour pouvoir s'échapper de la situation de pauvreté que lui et ses enfants avaient connue. Il avait raison. Il me disait, maintes fois, qu'il ne voulait pas que je

time again, he did not want me to be deprived of an easier and more prosperous life because of a lack of education such as he and his children experienced. I respected him for this.

My father had the same attitude and encouraged us all to pursue an education. Three of his five children went on to earn college degrees.

Pop Léus had absolutely no schooling. On his own, he learned some basic writing and taught himself to read a little. He was proud of the fact that he could write the names of all his children.

I always had a special affinity for Pop Léus. His wisdom and intelligence, coupled with my hunger for learning and ardent curiosity, drew us close. I vigorously questioned him on family history and customs. He would tell me stories that were passed down for generations. I treasure the long summer afternoons I spent with him under the chinaball trees. I owe him a lot.

Grandma Marie was a delicate, gentle little woman who was completely devoted to God, her husband and her children. She neglected none of these. Although she was small in size, she was the bedrock of her family. She spoke no English, only French. She led the family in prayers. She showed us devotion, loyalty and love. She taught us grandchildren to be respectful of one another.

My fondest memory of my grandparents was coffee time in midafternoon. Sundays were usually a gathering time at my grandparents' house for my family and any number of aunts, uncles and cousins. After lunch was over and the dishes were cleaned and put away it was time to relax and visit. Grandma Marie would make her afternoon coffee.

She would drip the home-roasted, home-ground coffee very slowly. I can still smell that great aroma! After it was made she would sweeten it in the pot. Milk was never added to her coffee. She prepared a large tray with enough cups to go around and poured her fresh coffee in each.

She then went around serving it to all the adults in the room, usually to the men first. The last two cups on the tray were for her and Pop Léus. She would then sit on his lap, with the tray in her lap, and they would have their coffee. When everyone was finished with their coffee, she and Pop Léus would kiss and she then went around picking up the empty cups. I will never forget this; it really touched me.

sois privé d'une meilleure vie, une vie plus facile et prospère, à cause d'un manque d'instruction, comme avaient vécu lui et ses enfants. J'avais un grand respect envers lui pour cela.

Mon père avait la même attitude et nous encourageait tous de poursuivre une éducation. Trois de ses cinq enfants sont diplômés de l'université.

Pop Léus n'avait jamais eu d'instruction formelle du tout. Il avait appris, tout seul, un peu d'écriture et il pouvait lire un peu. Il était fier du fait qu'il pouvait écrire les noms de tous ses enfants. J'avais toujours eu de l'estime pour mon grand-père. Sa sagesse et son intelligence, couplées de mon désir d'apprendre et de ma curiosité intense, nous ont emmené bien proches. Je lui posais des questions au sujet de l'histoire de notre famille et de nos coutumes. Il me racontait des histoires qui avaient été transmises à travers des générations. Je tiens beaucoup à ces longs après-midi avec lui sous les lilas. Je lui dois beaucoup.

Grand-mère Marie était délicate, une petite dame douce qui était dévouée complètement au Bon Dieu, à son mari et à ses enfants. Elle ne négligeait ni l'un, ni l'autre. Quoique petite en taille, elle était la pierre angulaire de sa famille. Elle ne parlait que le français. Elle menait la famille en prière. Elle nous à montré le dévouement, la loyauté et l'amour. Elle nous a montré, ses petits-enfants, à se respecter les uns les autres.

Ma plus belle mémoire de mes grands-parents se rapporte à l'heure du café du mi-après-midi. Le dimanche il y avait d'habitude chez mes grands-parents un rassemblement de famille, avec des tantes, des oncles et des cousins. Après le dîner du midi était fini et la vaisselle était toute lavée et rangée, c'était l'heure de se détendre et de causer. Là, Grand-mère Marie faisait son café de l'après-midi.

Elle faisait couler bien doucement de l'eau chaude sur les grains de café qu'elle avait grillés (torréfiés) et moulus elle-même. Je peux toujours sentir cet arôme merveilleux! Quand c'était fait, elle ajoutait le sucre à la grègue même. Elle ne mettait jamais de lait dans son café. Elle préparait un grand cabaret (plateau) avec assez de tasses pour tous et elle vidait de son café frais dans chaque tasse.

Puis, elle le servait à tous les adultes dans la salle, d'habitude aux hommes d'abord. Les deux dernières tasses étaient pour elle et Pop Léus. Elle s'asseyait sur les genoux de son mari en tenant le cabaret et ils buvaient leur café. Quand tout le monde avait fini de boire leur café, mes grands-parents s'embrassaient, et elle ramassait les tasses vides. Je n'oublierai jamais ceci; ça m'a vraiment touché.

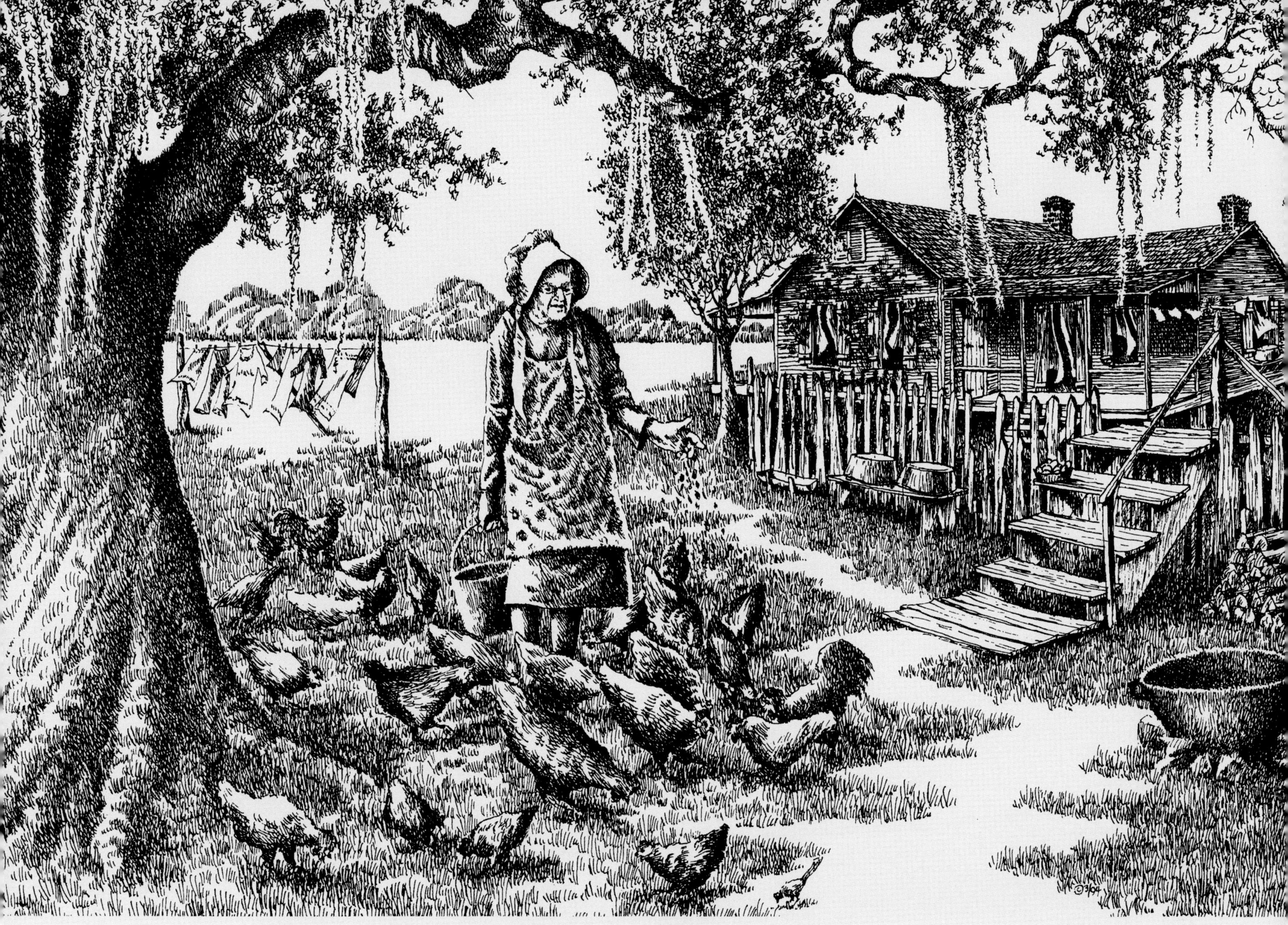

Breakfast / *Le déjeuner*

Feeding corn to the chickens in the backyard is a scene familiar to practically everyone who grew up on a farm in Louisiana.

Donner à manger aux poules dans la cour en arrière est une tâche connue par tous ceux qui habitaient une ferme en Louisiane.

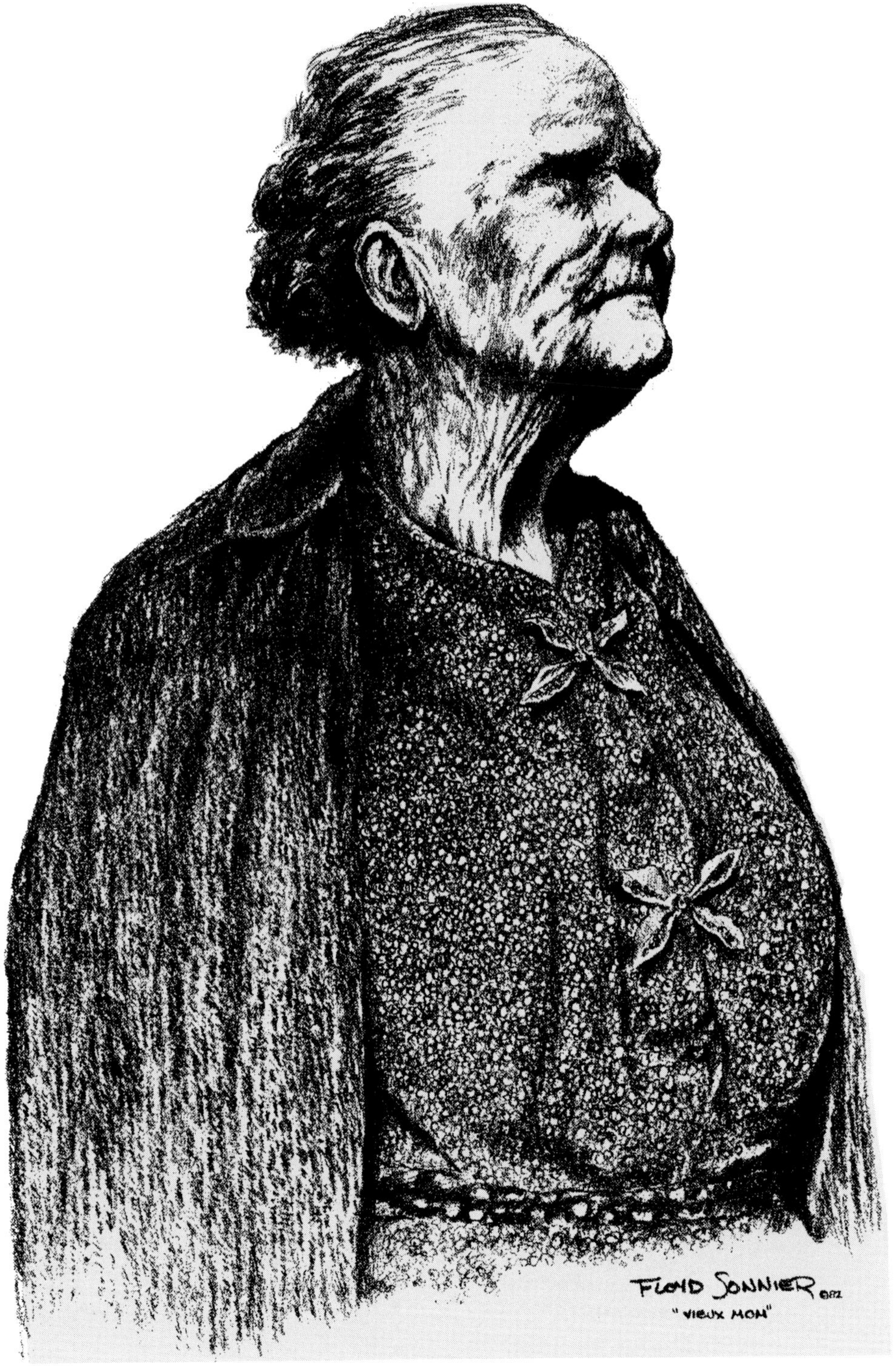

Vieux Mom

Elozia D. Thibodeaux was my grandma on my mother's side. She looked very much like this drawing except that she always had long hair, which she wore in a bun. (I know that "Vieille Mom" is the correct way to say it, but for some reason we always used the term "Vieux Mom.")

Vieux Mom

Élozia D. Thibodeaux était ma grand-mère du côté de ma mère. Elle ressemblait beaucoup à ce dessin, sauf qu'elle avait de longs cheveux qu'elle portait en chignon. (Je sais que c'est plus correct de dire «Vieille Mom,» mais pour quelque raison on disait toujours «Vieux Mom.»)

12

Grandma Elozia's Upside-Down Corn Bread

Corn bread was a regular part of our daily meals. Rarely did we not have fresh corn bread for supper. In the late spring and early summer, when the corn supply was low, we had "light bread," made from flour.

My Grandma Elozia's corn bread was the best I have ever eaten. She would make what we called upside-down corn bread. This bread was baked in a large black skillet on top of the wood stove. Halfway through the baking the bread was turned over in the skillet and finished. This method produced a corn bread with a great hard crust on the top as well as on the bottom.

My grandma had a unique way of serving her corn bread. She would serve it in a bowl of milk. However, she insisted on boiling her milk. She would do so in a large black cast iron pot. She had a way of boiling the milk so it would have a slightly burnt taste. Some of the milk would stick to the bottom of the pot; this part would scorch and thus give the rest of the milk a hint of a burnt taste. I still remember the wonderful taste of hot upside-down corn bread in burnt-flavored milk.

Elozia and her husband, Joseph Thibodeaux, were both descendants of Acadian exiles. They were married around 1909 or 1910. Her maiden name was Daigle. They lived most of their lives on a farm just south of Lawtell, a tiny community about eight miles from our farm. He died in 1943. She lived 22 years longer. My mother, Virgie, was the oldest of Elozia's and Joseph's three daughters.

I was pampered by my grandmother, who always felt she had to feed

Le pain de maïs renversé de Grand-mère Élozia

Le pain de maïs faisait partie de nos repas de tous les jours. C'était rare que l'on n'avait pas de pain de maïs frais pour notre souper. À la fin du printemps et au début de l'été, lorsque les provisions de maïs étaient presque épuisées, on avait du pain léger, fait de la farine.

Le pain de maïs de ma grand-mère Élozia était le meilleur que j'ai jamais mangé. Elle faisait ce que l'on appelait un pain de maïs tourné, ou renversé. Ce pain de maïs était cuit dans une grande chaudière en fonte au-dessus du poêle à bois. Quand le pain de maïs était à moitié cuit, il était renversé et cuit de l'autre côté. Le résultat était un pain de maïs avec une croûte au-dessus comme au-dessous.

Ma grand-mère avait une méthode unique de servir son pain de maïs. Elle le servait dans un bol de lait. Cependant, elle insistait que le lait soit bouilli. Elle faisait ainsi dans une grande chaudière en fonte. Elle aimait bouillir le lait pour atteindre un soupçon du goût presque brûlé. Un peu du lait collait au fond de la chaudière; cette partie-là se grillait et donnait un peu de goût brûlé à ce qui restait. Je me souviens toujours de la saveur magnifique de ce pain de maïs chaud dans le lait presque brûlé.

Élozia et son mari, Joseph Thibodeaux, étaient descendants des exilés acadiens. Ils se sont épousés vers 1909 ou 1910. Son nom de jeune fille était Daigle. Ils ont vécu la plupart de leur vie sur une ferme juste au sud de Lawtell, une petite communauté à peu près huit miles de chez nous. Il est mort en 1943. Elle a vécu vingt-deux ans de plus. Ma mère, Virgie, était l'aînée des trois filles d'Élozia et de Joseph.

J'étais gâté par ma grand-mère, qui croyait qu'il fallait me donner à manger dès que j'arrivais chez elle pour lui rendre visite.

Joe Thibodeaux's House

This was the home of my grandparents, Joseph and Elozia Thibodeaux, who lived in Lawtell. My parents, siblings and I visited here at least once a month, traveling by horse and buggy for two hours on the eight-mile trip from our house.

Chez Joe Thibodeaux

Voici la maison de mes grands-parents, Joseph et Elozia Thibodeaux, qui habitaient à Lawtell. Mes parents, mes frères, mes soeurs et moi, on leur rendait visite au moins une fois par mois, voyageant en boghei pour deux heures sur un trajet de huit miles de chez nous.

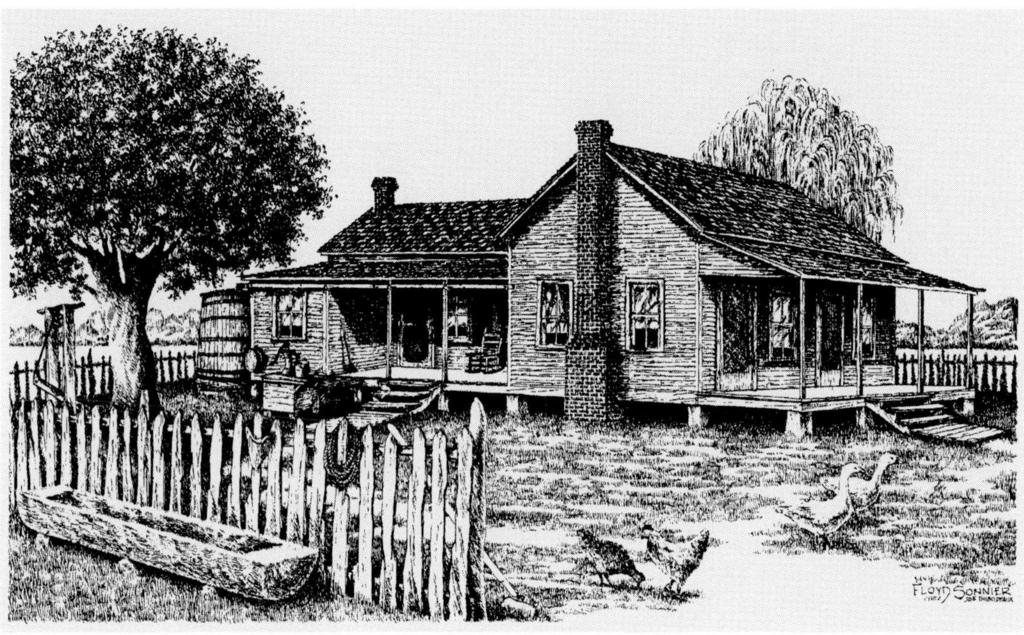

me the minute I got to her house for a visit.

Grandma Elozia was a very strong-willed and domineering woman. She took charge of running things and making decisions in matters around her farm. She was a stubborn woman. For example, she insisted on milking the cows herself. I can still see her in the barnyard with her ankle-length dress and rubber boots, moving the cows in and out of the stables, fussing and calling them by name. She did this until she was in her seventies.

Elozia was a religious and spiritual person. She would not miss Mass on Sundays nor her daily morning and evening Rosaries.

I can still see her in the early evening sitting in a rocker on her back porch, brushing her knee-length hair (which had never been cut) and carefully rolling it back into a bun. Occasionally she would fuss at the guineas, which were making a lot of noise, as guineas do, when they came to roost in a tree near her porch. In later years she had to have her hair cut because it was falling out.

She was a wise person who knew what life was all about. She was proud of her ancestry and her culture – and it showed.

She gave me the best of corn bread and milk, as she helped to give me an awareness and true sense of who I am.

Grand-mère Élozia était une femme d'esprit résolu et autoritaire. Elle prenait charge des décisions et de la direction des affaires de la ferme. Elle était obstinée. Par exemple, elle insistait à traire les vaches elle-même. Je peux toujours la voir dans la basse-cour avec sa longue robe et ses bottes en caoutchouc, en dirigeant les vaches à l'étable, en les grondant et les appelant par leurs noms. Elle a fait cela jusqu'à l'âge de soixante-dix ans.

Élozia était une personne religieuse, pratiquante et spirituelle. Elle ne manquait ni la messe de dimanche, ni ses chapelets du matin et du soir.

Je peux toujours la voir le soir dans sa berceuse sur la galerie en arrière de la maison, en brossant ses cheveux qui lui pendaient jusqu'aux genoux (elle ne les ont jamais coupés) et en les roulant en chignon. De temps en temps, elle grondait les pintades qui faisaient un bruit affreux, comme d'habitude, lorsqu'elles venaient se percher dans l'arbre près de sa galerie. Plus tard dans sa vie, il a fallu lui faire couper les cheveux parce qu'ils tombaient.

Elle était une femme sage qui savait ce que c'était, la vie. Elle était fière de son héritage et de sa culture et ça c'était évident.

Elle m'a donné le meilleur pain de maïs et lait, comme elle a aidé à me donner un vrai sens et une conscience de qui je suis.

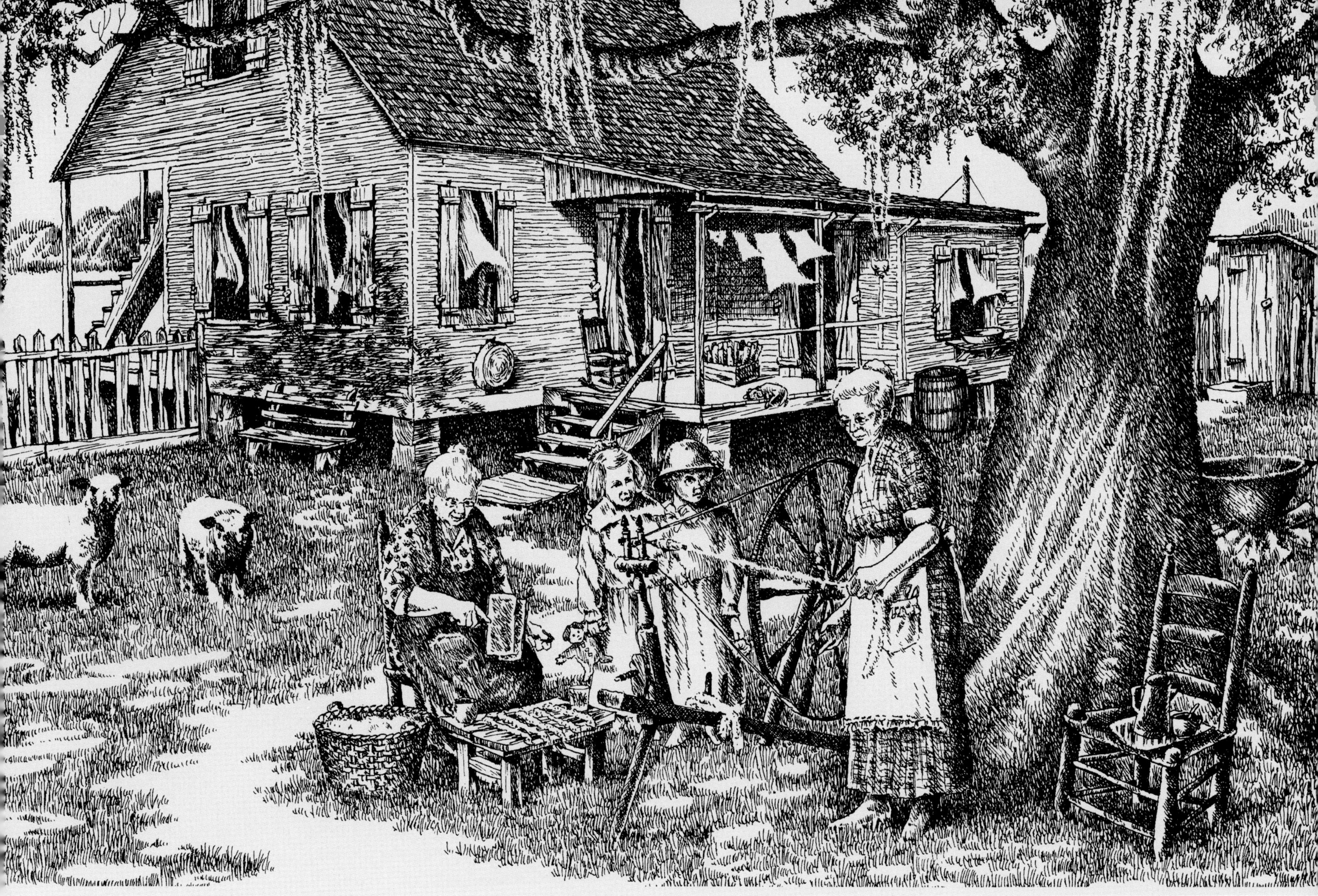

Yvette's Lessons / *Les leçons d'Yvette*

Drawn while I was displaying my art at a festival in France in 1996, this image was inspired by Yvette Voorhies, a young Acadian spinner who occupied a booth next to mine. Interested French people watched and asked questions as she gave lessons in spinning.

Dessiné pendant une exposition de mes oeuvres au cours d'un festival en France en 1996, cette image était inspirée par Yvette Voorhies, une jeune fileuse qui tenait la baraque à côté de la mienne. Des spectateurs français regardaient et posaient des questions pendant qu'elle donnait des leçons dans l'art du filage.

Unlike most of the Southern United States, the Cajun Country of south Louisiana is predominantly Catholic. There are literally hundreds of Catholic churches and chapels throughout the region. Over the years, I have drawn a number of these, as well as churches of other denominations.

Peu semblable au reste du sud des États-Unis, le Pays Cadjin du sud de la Louisiane est, pour la plupart, catholique. Il y a littéralement des centaines d'églises et de chapelles catholiques d'un bout à l'autre de la région. Au cours des années, j'ai dessiné un nombre de celles-ci, aussi bien que des églises des autres sectes.

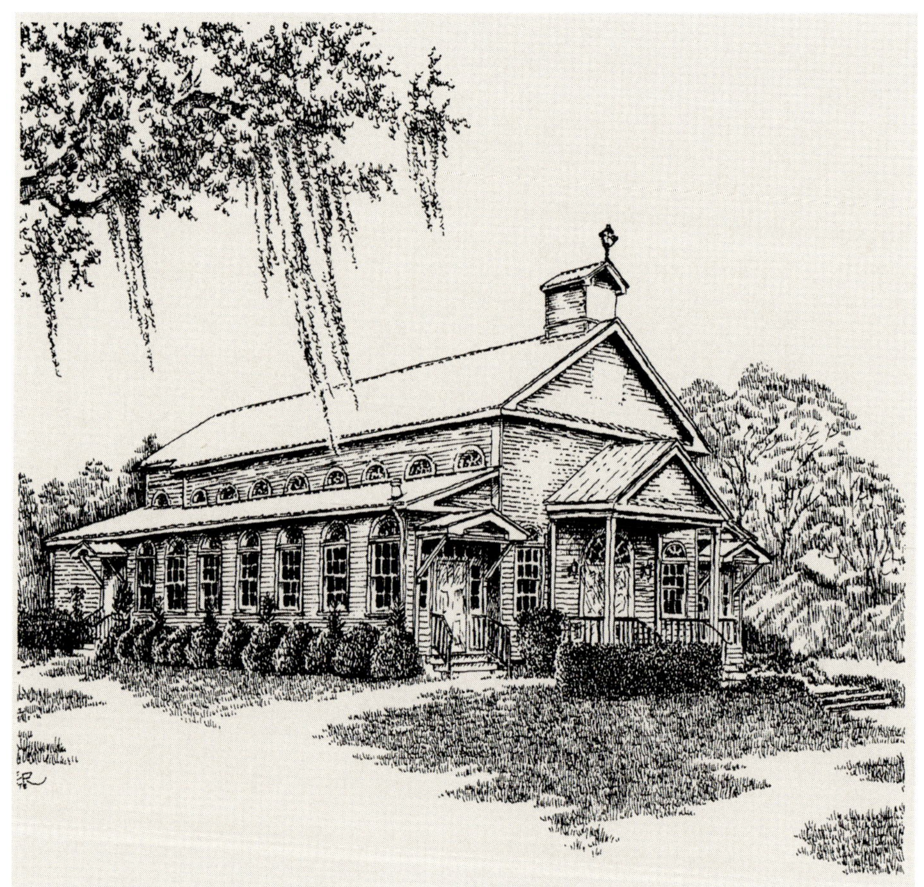

St. Patrick's, Lafayette, La. / ***St-Patrick, Lafayette, Louisiane***

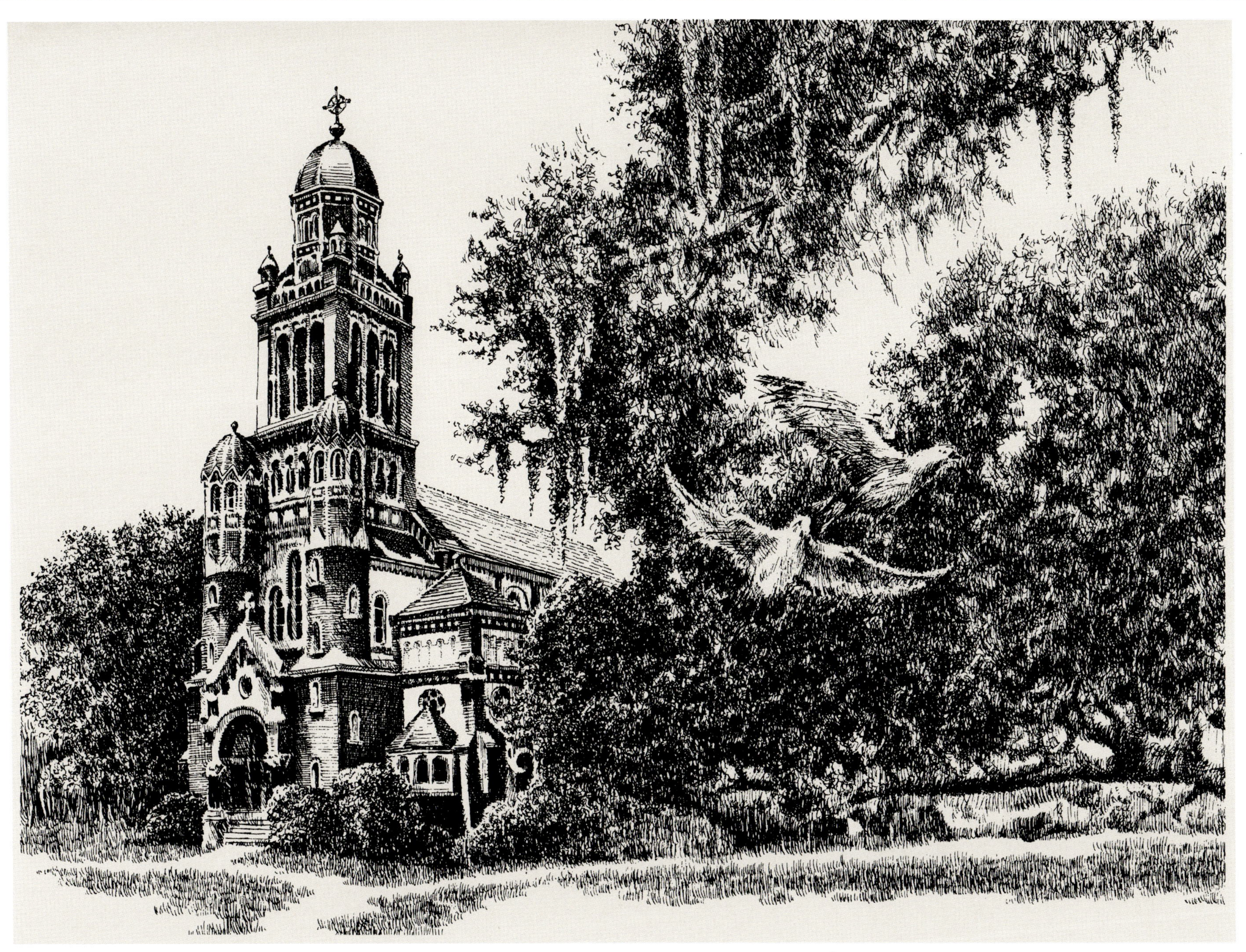

Cathedral of St. John the Evangelist, Lafayette, La. / ***La Cathédrale de St. Jean l'Évangéliste, Lafayette, Louisiane***

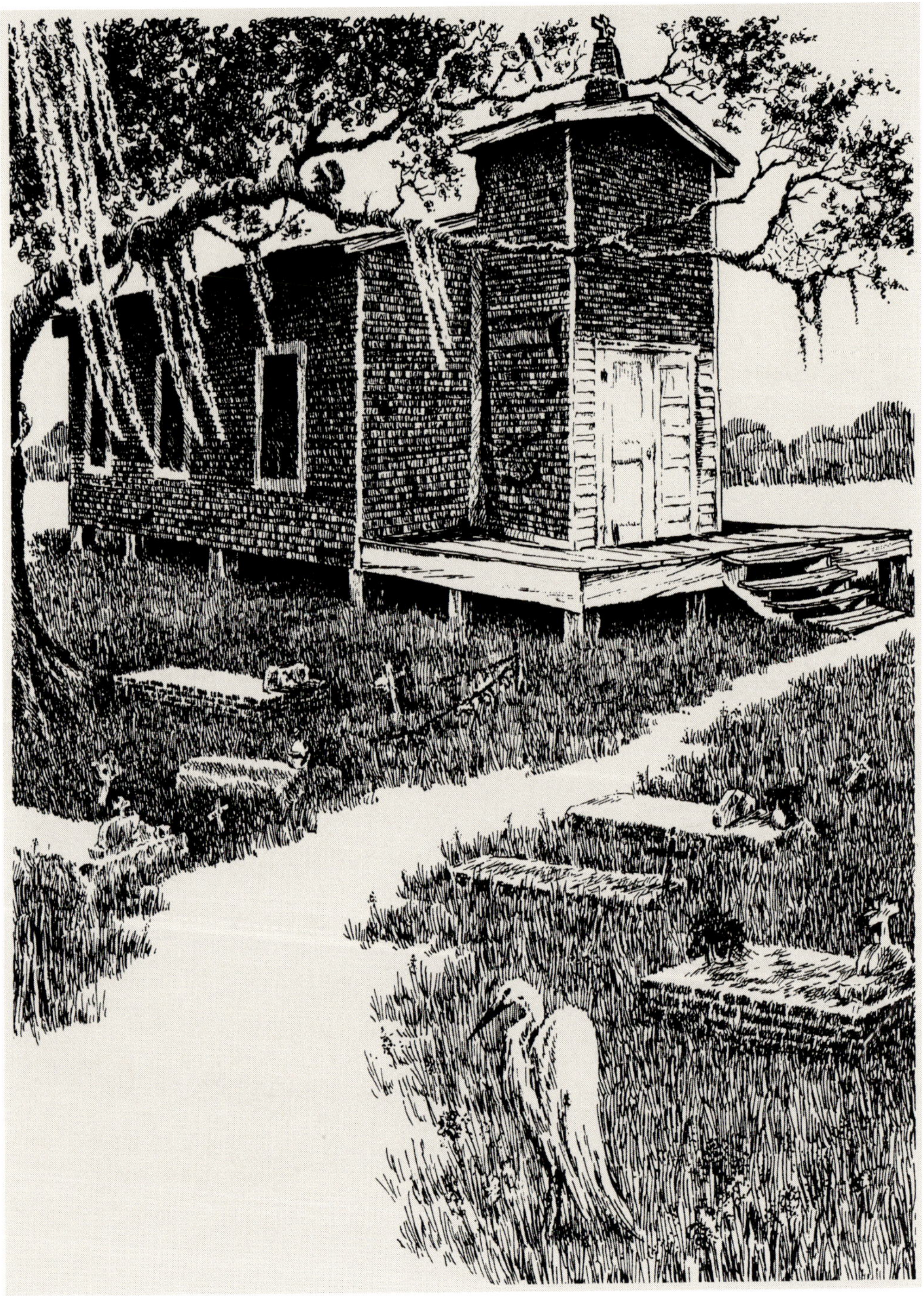

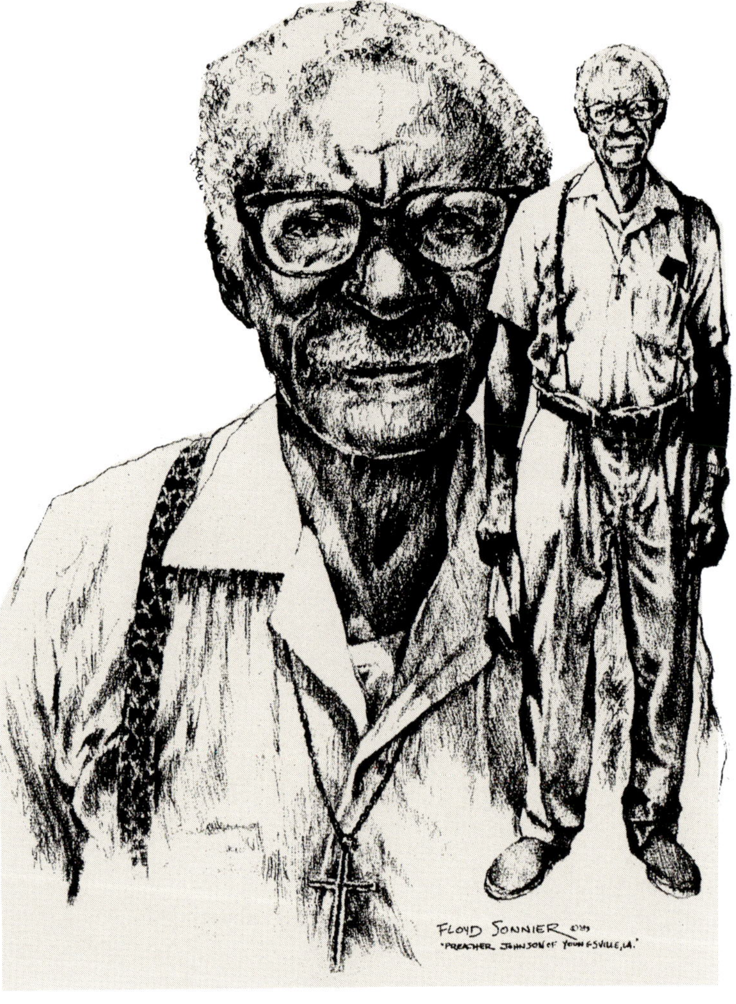

Pleasant Hill Baptist Church, Youngsville, La.

L'Église Baptiste de Pleasant Hill, Royville, Louisiane

For more than half a century, Rev. Willis Johnson preached the Gospels in the tiny Pleasant Hill Baptist Church. In 1979 he went on to his great reward.

Pour plus qu'un demi-siècle, le révérend Willis Johnson a prêché l'Évangile dans la petite Église Baptiste de Pleasant Hill. Il est mort en 1979.

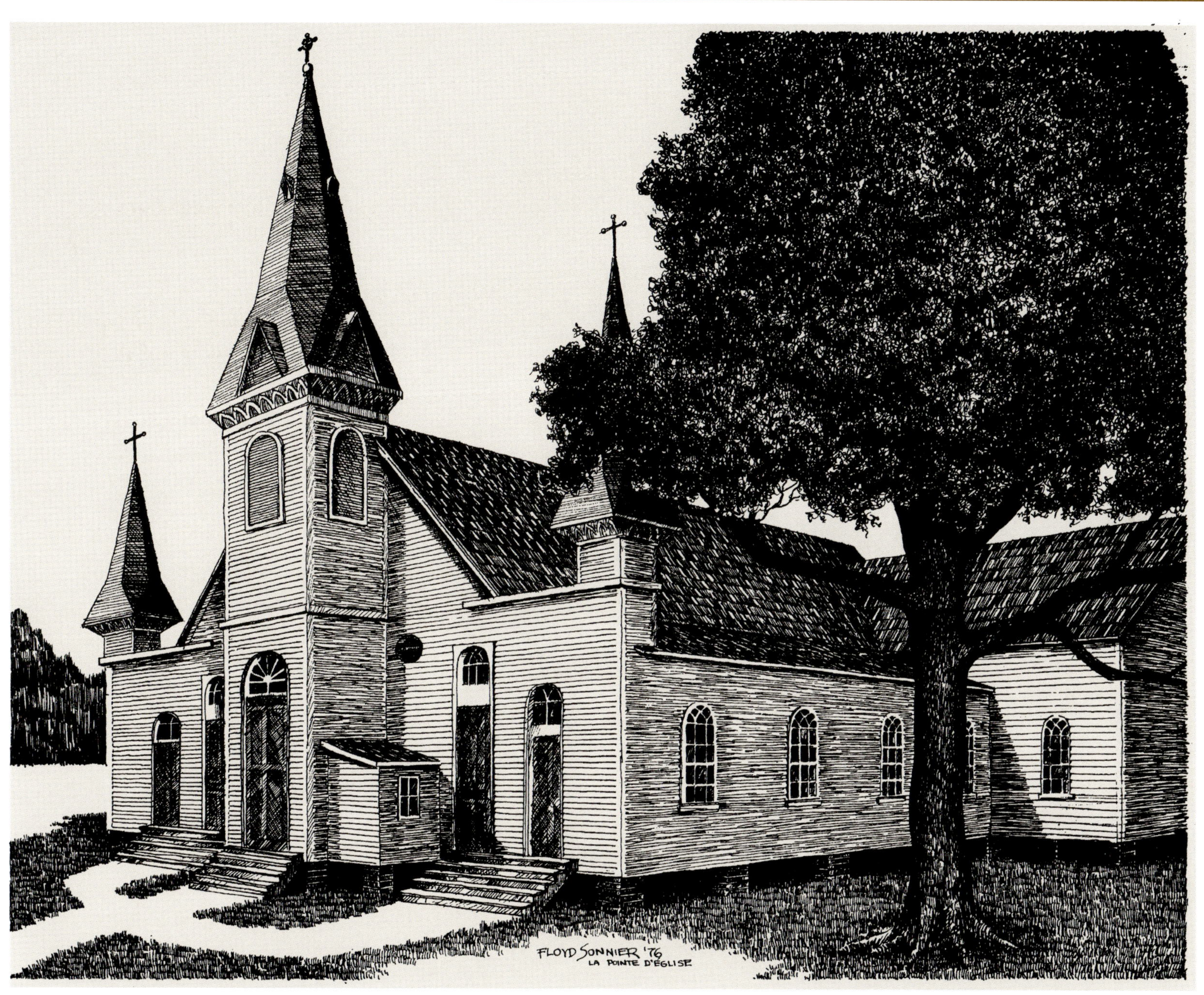

Our Lady of the Sacred Heart, Church Point, La. / ***Notre Dame du Sacré Coeur, la Pointe de l'Église, Louisiane***

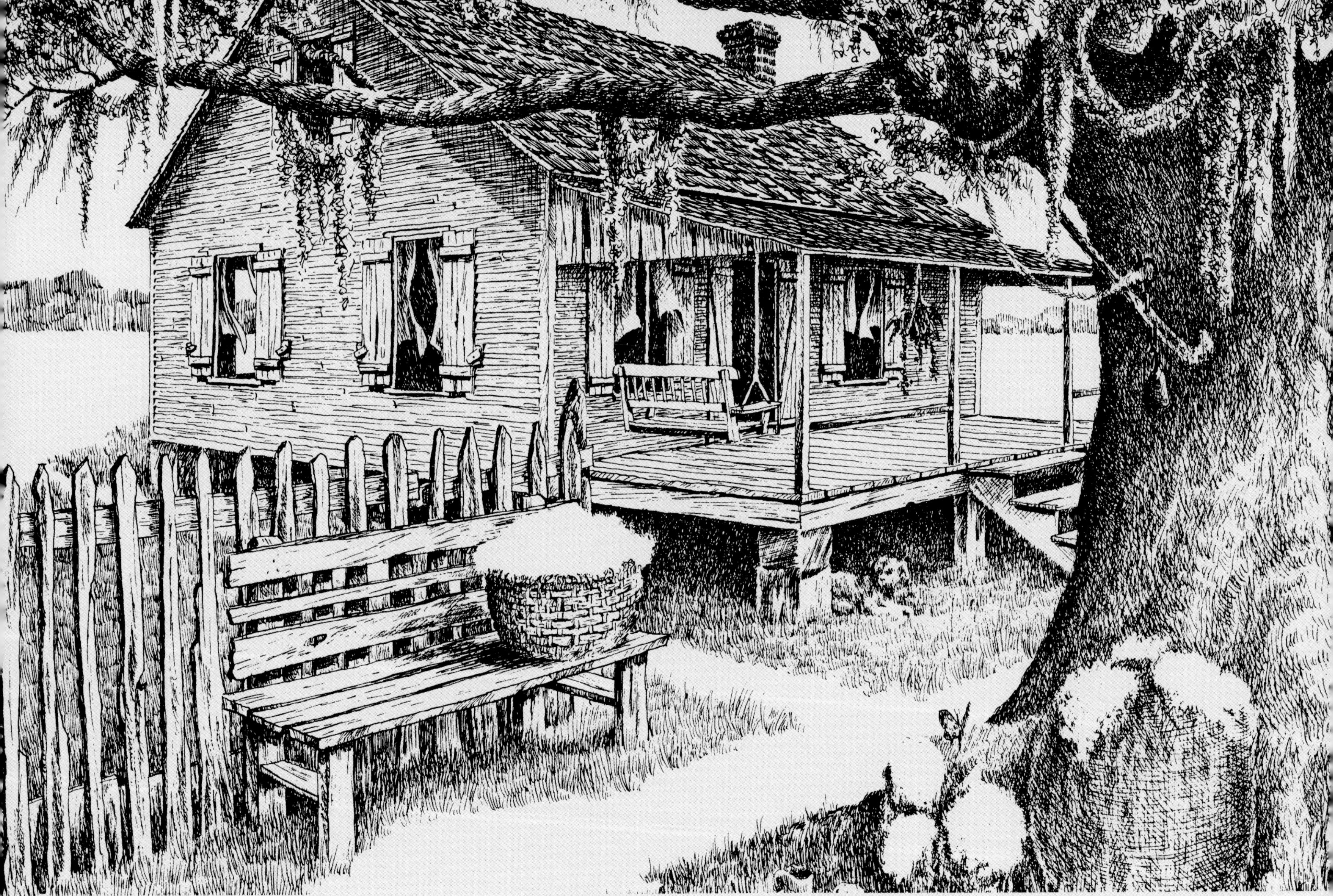

Way Down Yonder / *Loin là-bas*

When I was a boy, cotton was a major cash crop for many south Louisiana farmers. Picking cotton at harvest time was something the whole family did. (This drawing was done for the Baton Rouge Capitol Sertoma Club and auctioned off to raise funds for cancer research.)

Quand j'étais jeune, le coton était la récolte commerciale majeure pour beaucoup de fermiers du sud de la Louisiane. Ramasser du coton était un travail fait par toute la famille. (J'ai fait ce dessin pour le Baton Rouge Capitol Sertoma Club, qui l'a vendu à l'encan pour financer des recherches contre le cancer.)

13

Picking Cotton

Like his father before him, my dad made his living as a farmer. He didn't own any land, so he became a sharecropper, about a year after he and my mom married.

The land my dad farmed for 32 years was about one and one-half miles from his father's house. It was on a dirt road that was later made into a gravel road. He farmed about 40 acres, with woods and Bayou Plaquemine Brulée on the east and south sides. His two brothers farmed the land next to his. The house, barn, yards, garden, and pastures took up about ten acres. One acre was used to grow sugarcane for syrup. Most of the rest of the acreage was split up pretty evenly for the growing of three crops – corn, sweet potatoes and cotton.

Although I disliked some of the farm work, I loved living on the farm. Life on the farm was wonderful. There was unlimited freedom of movement. There were opportunities to learn from nature, to enhance curiosities, to build the imagination. In the country I was not restricted to structured and relatively small areas such as town- and city-dwellers experienced.

Picking cotton was my least favorite part of farming. I hated it. First, we'd get up way before daybreak and do chores such as milking the cows and feeding the animals. Then, at daybreak, we would sling a rather large cotton sack around our shoulders and head for the fields. We filled these sacks with cotton as many times as possible throughout the day.

I remember walking through the head row with its tall, wet grass. The dew on the grass would wet my shirt-sleeves up to the elbows and my pants legs to my knees. It also wet my cotton sack and made it heavy.

Ramasser du coton

Comme son père avant lui, mon père gagnait sa vie comme fermier. Il ne possédait pas de terre, donc, il est devenu habitant à la part, c'est-à-dire, métayer, à peu près un an après son mariage à ma mère.

La terre que mon père a cultivée pendant trente-deux ans se situait à peu près un mile et demi de la maison de son père. C'était sur un chemin de terre qui est devenu plus tard un chemin de gravois. Il cultivait presque quarante acres, avec un bois et le Bayou Plaquemine Brûlée à l'est et au sud. Ses deux frères cultivaient la terre à côté. La maison, le magasin, la cour, le jardin et les pâturages comprenaient presque dix acres. Une acre était pour la canne à sirop. Le reste était partagé également pour la cultivation de trois récoltes – le maïs, les patates douces, et le coton.

Bien que je détestais le travail de la ferme, j'adorais vivre sur la ferme. La vie y était merveilleuse. Il y avait une liberté illimitée de mouvement. Il y avait des occasions pour apprendre de la nature, d'étendre sa curiosité, de développer son imagination. Dans la campagne, il n'y avait pas de contraintes éprouvées par les habitants des villes et des villages.

Ramasser du coton, c'était la tâche agricole que j'aimais le moins. Je la détestais. D'abord, il fallait se lever avant le soleil pour faire son ouvrage, comme traire les vaches et donner à manger aux animaux. Puis, au point du jour, on lançait un sac assez grand autour de nos épaules et on se dirigeait vers les clos. On remplissait ces sacs de coton aussi souvent que possible pendant la journée.

Je me souviens de marcher à travers la chaintre couverte de grandes herbes trempes. La rosée trempait les manches de ma chemise jusqu'aux coudes, et les bas de mes culottes jusqu'aux

The early morning chills went away as the morning warmed. Our clothes were mostly dry by the time we began to sweat as a result of the heat. At about 9 a.m. we would stop picking for a quick trip home for cool water and an energizing breakfast. Then, stumbling back into the patch, we would resume our task, mostly in silence but with renewed energy.

On school days we would be required to go out early in the morning and pick a sack of cotton before the school bus would come.

My father had a way of telling the time of day simply by first looking toward the sun and then at our shadows on the ground. It seemed that he never missed it by more than a few minutes. At about 11:30 a.m. I would start dividing my time between picking and looking – looking for the white towel my mom would hang from the roof of the back porch, signaling us it was time to come in for lunch. I was always very glad to see that white rag!

After a hot lunch (rice and gravy, potatoes and cooked fresh vegetables), my father would make us find a cool spot on the floor for a half-hour nap before heading back to the fields. I would try not to sleep because sleep would only seem to make the time to return to the fields come quicker. However, I fell asleep more often than not.

About three in the afternoon, the white towel would go back up, signaling us that it was time to break for cold water and coffee. Close to dusk – probably the most exciting time of the day – the sacks of cotton picked during the day were brought in, weighed and dumped in a wagon. Then we went home for the barnyard chores, after which we cleaned up, had supper and went to bed early.

The next morning before dawn, the cycle would begin again.

It was on this farm, amidst the hard work and uncompromising support of my parents, that I began to dream of someday becoming an artist.

genoux. Elle trempait aussi mon sac de coton et le rendait encore plus lourd.

La fraîcheur du matin passait tandis que le soleil nous réchauffait. Notre linge était presque sec, à l'heure que l'on commençait à suer dans la chaleur. Vers neuf heures du matin, on arrêtait de travailler pour se rendre à la maison pour de l'eau fraîche et un déjeuner qui nous donnait de l'énergie. Puis, retournant au clos en butant (trébuchant), on reprenait notre travail, en silence la plupart du temps, mais avec de l'énergie renouvelée.

Les journées d'école, il fallait se rendre aux clos très tôt le matin et ramasser un sac de coton avant l'arrivée du transfert.

Mon père pouvait dire l'heure en regardant le soleil, et puis nos ombres par terre. Il me semblait qu'il ne la manquait jamais que par quelques minutes. Vers 11h30 du matin, je partageais mon temps entre ramasser et guetter – guetter pour la serviette blanche que ma mère accrochée au toit de la galerie en arrière, pour nous signaler qu'il fallait rentrer dîner. J'étais toujours si content de voir cette serviette blanche!

Après un dîner chaud (du riz et de la sauce, des pommes de terre et des légumes), mon père nous faisait trouver une place fraîche sur le plancher pour un somme d'une demi-heure avant de retourner au clos. J'essayais de ne pas dormir, car si je dormais, il me semblait que le temps pour retourner au clos venait plus vite. Cependant, je m'endormais souvent quand-même.

Vers trois heures de l'après-midi, on voyait encore la serviette blanche, en nous signalant que c'était temps pour faire une pause pour de l'eau fraîche et du café. Au crépuscule – ce qui était le moment le plus excitant de la journée – les sacs du coton ramassé pendant la journée étaient rentrés, pesés et déposés dans un wagon. Puis, on rentrait à la maison pour le travail de la basse-cour, après lequel on se lavait, soupait et se couchait tôt.

Le lendemain, avant l'aube, le cycle se recommençait.

C'était sur cette ferme, au milieu du travail difficile et du soutien intransigeant de mes parents, que j'ai commencé à rêver de devenir artiste.

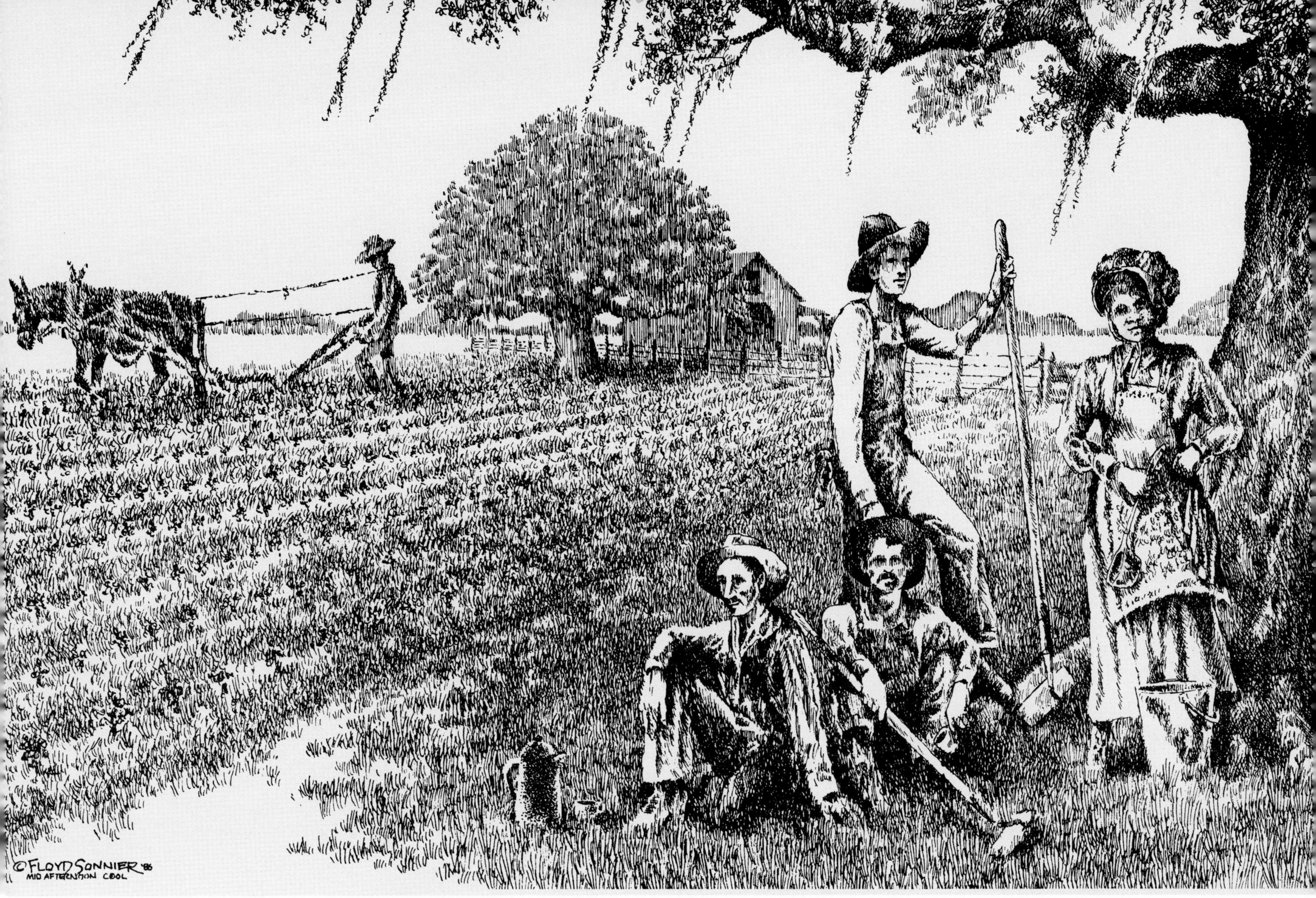

Mid-Afternoon Cool / *La fraîcheur du mi-après-midi*

My brothers and sisters and I spent many a day hoeing the soil around the young cotton, corn and sweet potato plants. We'd take a break at mid-afternoon for coffee and cool water. Sometimes we went back to the house for the break; other times Mom brought the coffee and water to us in the fields.

Mes frères, mes soeurs et moi, on passait beaucoup de temps à piocher (sarcler) autour de petits pieds de coton, de maïs et de patates. On prenait du repos au milieu de l'après-midi pour boire du café et de l'eau fraîche. Quelquefois on rentrait à la maison pour se reposer; d'autres fois, Maman nous apportait du café et de l'eau aux clos.

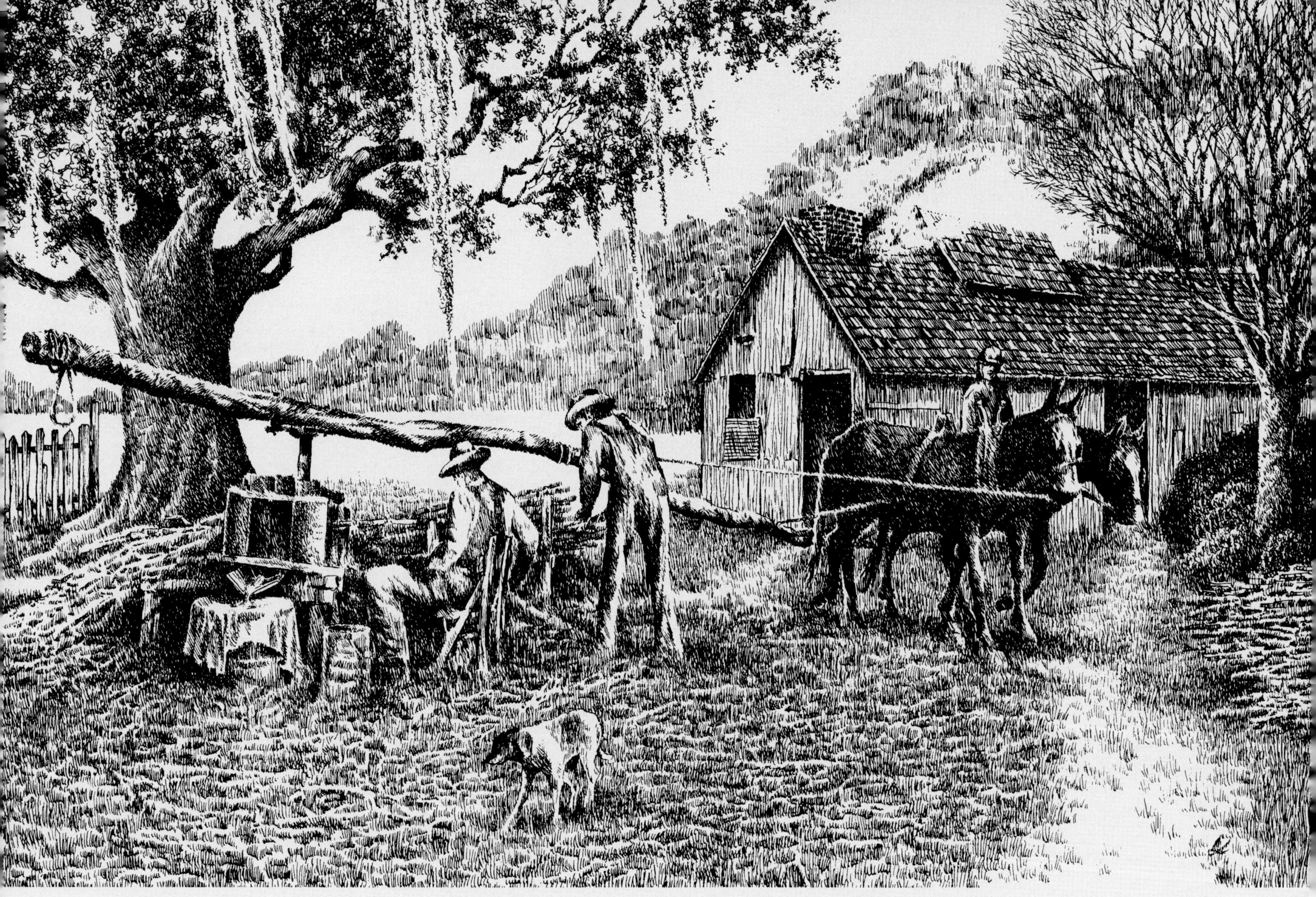

Best Cajun Syrup / *Le meilleur sirop cadjin*

In the old days, before gas engines were available, sugarcane grinders such as this one were turned by mules or horses. The grinder was fed a few stalks of cane at a time. The grinder squeezed the juice out of the cane; the juice trickled into a bucket, which was then poured into a cooker in the mill.

Dans le vieux temps, avant l'arrivée des machines à gaz, les moulins à sirop tournaient à l'aide des mulets ou des chevaux. On mettait quelques cannes à la fois dedans. Le moulin pressait les cannes pour faire sortir le jus, puis le jus dégouttait dans un seau que l'on vidait dans une chaudière au moulin.

14

David's Sweet Acre

Like many other small south Louisiana farmers, my dad, David Sonnier, used to plant one acre of sugarcane for the purpose of making syrup. And while I loved the taste of the pure cane syrup, I didn't like the work required to produce it.

I never looked forward to the Thanksgiving holidays because this is when we had to cut the sugarcane and haul it to the syrup mill. My dad would schedule Thanksgiving Day as the day we would cook the juices to make the syrup. The syrup-maker would take a percentage of the syrup as payment for the use of his mill and his expertise in cooking. One-third of the syrup went to the owner of the farm we leased. We would end up with about 50 gallons of syrup. We ate a lot of syrup.

On Monday morning of Thanksgiving week my uncles, my dad and my brothers, Merv and Dave, and I would begin cutting the cane. It was all done by hand with cane knives. First, we'd cut the cane at ground level, then chop off the tops, and then peel off the rest of the leaves. The cut cane was then laid down in piles across the rows. This would take about a day and a half.

After that, the cut cane was loaded in the wagon and hauled off to the mill, which was about four miles away. It would take another two days to do all the hauling. Merv, Dave and I sat on top of the load of cane as it was being hauled. Kids along the way would see us coming and would run out to meet us at the road. They knew we would throw them a stalk or two for chewing. My dad would keep an eye on us to make sure we did not throw too many.

Then the big day came, always a cold day. Dad would wake my brothers and me in the middle of the night to go to the mill to

L'Acre douce de David

Comme beaucoup d'autres petits habitants du sud de la Louisiane, mon père, David Sonnier, plantait une acre de canne à sucre pour faire du sirop de canne. J'adorais le goût du sirop de canne, mais je n'aimais pas le travail nécessaire pour le produire.

Je ne m'attendais pas aux vacances pour Thanksgiving (la fête de dinde ou l'action de grâce) car c'était le temps pour couper les cannes et les transporter à la sucrerie. Mon père désignait le jour de la fête de dinde pour cuire le jus pour faire le sirop. Celui qui faisait le sirop prenait un pourcentage du sirop comme paiement pour l'usage de son moulin et pour sa maîtrise dans la cuisson. Un tiers du sirop allait au propriétaire de la terre que l'on cultivait. On finissait avec à peu près cinquante gallons de sirop. On mangeait beaucoup de sirop.

Le lundi matin de cette semaine, mes oncles, mon père, mes frères Merv et Dave et moi, on commençait à couper les cannes. C'était tout fait à la main avec de grands couteaux à canne. D'abord, on coupait la canne à la terre, on coupait les faîtes, et on ôtait les feuilles. Les cannes coupées étaient empilées en rangs. Tout cela prenait au moins une journée et demie.

Après cela, les cannes étaient chargées en wagon et apportées à la sucrerie, située à peu près quatres miles de chez nous. Il fallait presque deux jours pour transporter toutes les cannes. Merv, Dave et moi, on s'assisait en haut des cannes pendant le voyage. Les enfants nous voyaient et venaient au chemin pour nous saluer. Ils savaient que l'on allait leur jeter quelques tiges de canne pour chiquer. Mon père nous surveillait bien pour assurer que l'on ne leur jettait pas de trop.

Puis, la grande journée arrivait, toujours un temps froid. Papa nous réveillait, mes frères et moi, au milieu de la nuit pour aller à la sucrerie, pour commencer le moulage des cannes et la cuisson du sirop.

begin the grinding of the cane and the making of the syrup.

Dad would sit in front of the grinder and feed in stalks of cane. The grinder was powered by a two-cylinder engine that would go *putt-putt-putt-PUTT...putt-putt-putt-PUTT.* I still remember the all-day sound of that old engine. Mervin and I would furnish my father with cane to be fed in the grinder. Then we'd haul the bagasse (the pulp of the cane after the juice has been squeezed out) to a big pile behind the mill. The wet bagasse would keep our clothes damp and sticky, which kept us miserable. To break the monotonous routine, we would occasionally swipe a cup of the sweet nectar that flowed from the grinder to the large cooking vats.

Cutting the cane and making the syrup made for a long though gratifying week. I can only imagine the satisfaction my dad must have felt in providing the family with an entire year's supply of delicious and nutritious cane syrup.

Papa s'assisait devant le moulin pour passer les cannes dans les rouleaux. Le moulin était actionné par une machine à deux cylindres qui faisait «teuf-teuf-teuf-TEUF...teuf-teuf-teuf-TEUF». Je me souviens encore du son de cette machine. Ce bruit continuait toute la journée. Mervin et moi, on fournissait la canne à mon père, qui la mettait dans le moulin. Puis, on halait la bagasse (la pulpe de la canne qui reste après l'extraction du jus) pour l'empiler derrière le moulin. La bagasse trempe rendait notre linge trempe et collant, et nous rendait misérables. Pour rompre cette routine monotone, on allait de temps en temps voler une tasse du nectar doux qui coulait du moulin dans de grandes cuves de cuisson.

Couper les cannes et cuire le sirop exigeaient une longue semaine de travail, longue mais satisfaisante. Je pense à la satisfaction éprouvée par mon père lorsqu'il a pu fournir à la famille de l'approvisionnement pour toute une année de sirop de canne, délicieux et nourrisant.

Louisiana Honey

Enterprising south Louisiana sharecroppers supplemented their income by selling various items generated on the farm – from fruits and vegetables, to eggs and meat, to milk and honey.

Le miel louisianais

Des habitants à la part (métayers) entreprenants augmentaient leur revenu par la vente des produits de leurs fermes – des fruits et des légumes, des oeufs et de la viande, du lait et du miel.

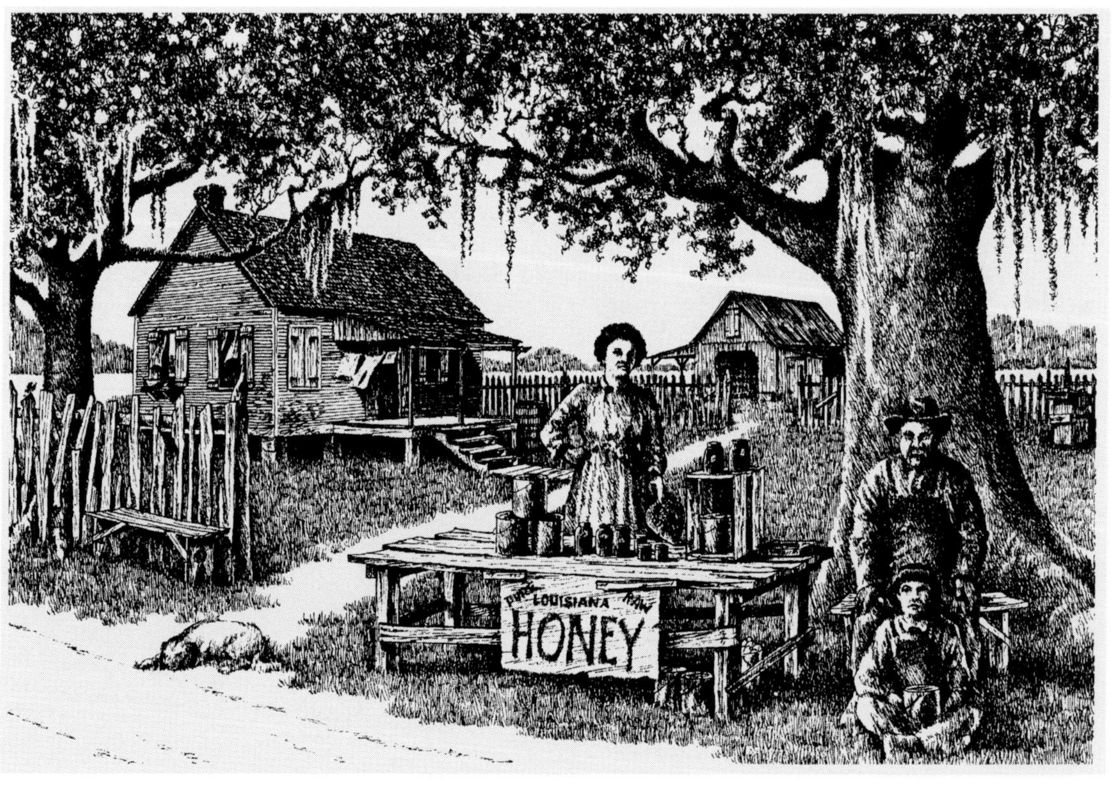

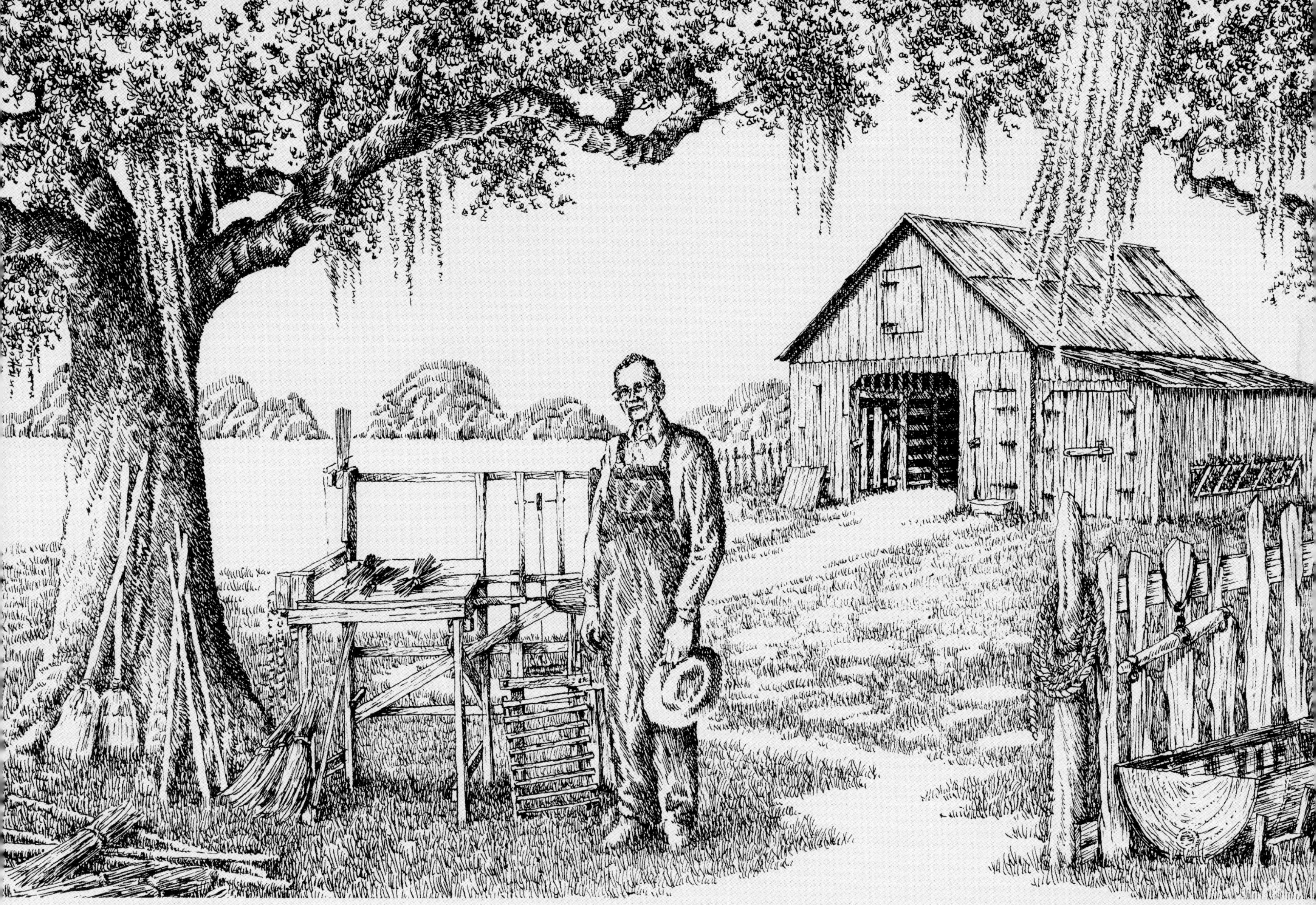

Uncle Leo, Broom-Maker / *Nonc Léo, faiseur des balais*

Uncle Leo Sonnier, my dad's brother, had a knack for making excellent brooms. He and Dad grew a special type of corn with tough leaves and stalks, which they used in the process. The contraption next to Uncle Leo is a broom-maker.

Mon oncle Léo Sonnier, le frère de mon père, pouvait fabriquer des balais excellents. Lui et mon père, ils cultivaient une espèce de maïs avec des feuilles et des cannes dures, dont ils se servaient dans le procédé. Le machin à côté de Nonc Léo est celui qu'il utilisait pour faire les balais.

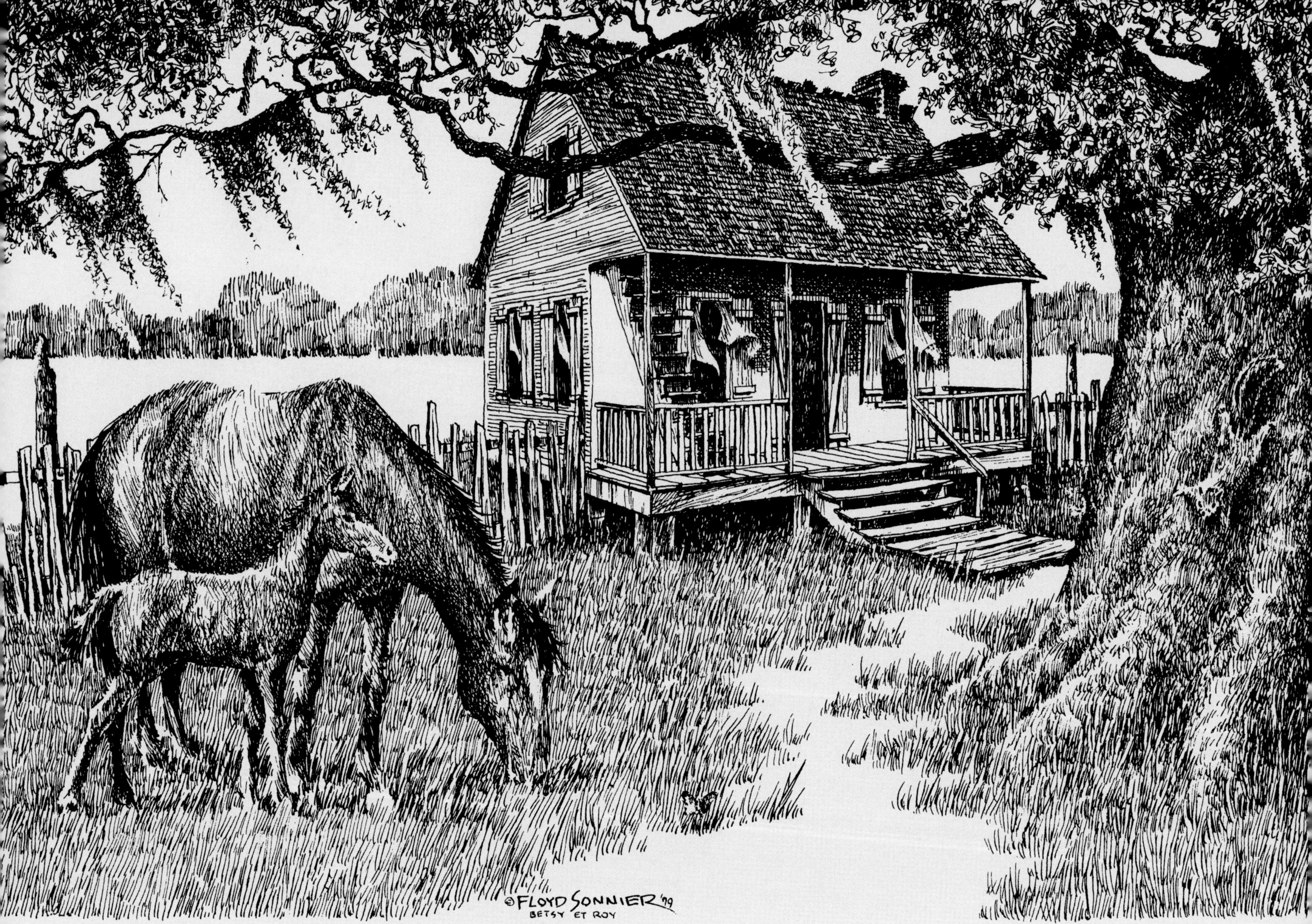

Betsy and Roy / *Betsy et Roy*

Among the many animals on our farm were "Betsy" and her colt, "Roy." Betsy's only job was to pull the family buggy; otherwise, she had an easy life.

Parmi les animaux de notre ferme étaient «Betsy» et son poulain, «Roy.» La seule besogne de Betsy était de haler le boghei de la famille; autrement, elle menait une vie facile.

15

The Animals of My Youth

Like anyone who grew up on a farm, I was surrounded by many types of animals when I was a boy. We had three categories of animals: those that were used for food, those that provided labor, and those that were just pets.

My dad used mules and horses for many years prior to the time he could afford a tractor and a truck. The mules – a large brown one and a totally blind grey one – were used for plowing the fields and pulling the wagon and *traîneau* (sled or skid). Two of the horses I remember were "Betsy" and her colt, "Roy." Betsy's main chore was to pull the family buggy, which we used for grocery runs and to take us to church.

My dad kept a small herd of 18 to 20 cows. Some were chosen to be milk cows and got especially good care. The calves raised by these cows were generally kept until they were big enough to be sold. We always had fresh milk and plenty of meat.

It was common for us to give names to the animals. Some of the names we gave the cows were Caillette, Boulette (meatball), Noironne, Chataîgne (brown), Allizone, Blanchette and Irene. For the most part, the names were derived from their color or their physical characteristics, sometimes with a sense of humor.

One of the chores that fell to my brothers and me was to milk six cows each morning and evening. This

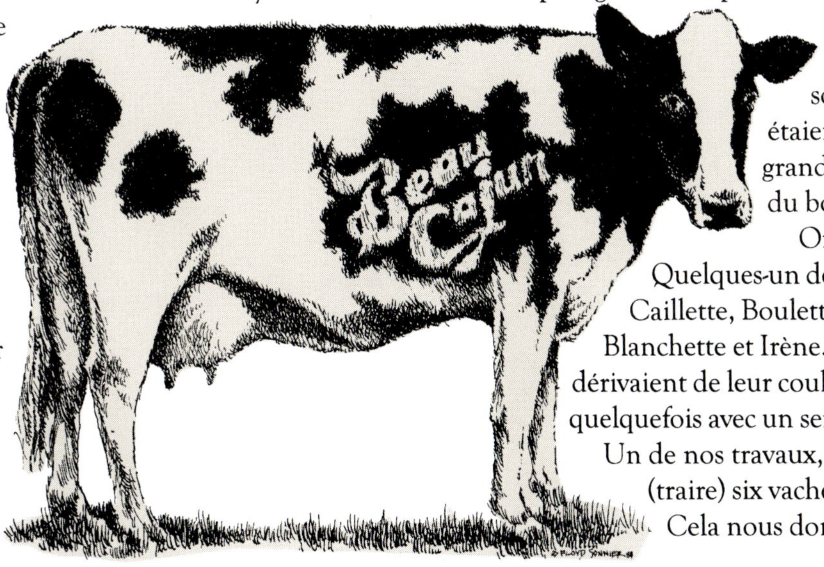

Les animaux de ma jeunesse

Comme n'importe quelle personne qui a été élevée sur une ferme, j'étais entouré d'animaux quand j'étais jeune. On avait trois catégories d'animaux: ceux qui étaient mangés, ceux qui travaillaient, et ceux qui étaient animaux favoris.

Mon père se servait des mulets et des chevaux avant qu'il avait de quoi à payer un tracteur et un camion. Les mulets – un grand marron et un gris complètement aveugle – servaient à labourer les champs et à haler le wagon et le traîneau. Deux des chevaux dont je me souviens étaient «Betsy» et son poulain, «Roy.» La besogne principale de Betsy était de haler le boghei de la famille, que l'on utilisait pour aller chercher des provisions et pour nous transporter à l'église.

Mon père gardait un petit troupeau de dix-huit ou vingt vaches. Quelques-unes étaient choisies pour traire, et elles étaient très bien soignées. Les veaux de ces vaches étaient gardés jusqu'à ce qu'ils soient assez grands pour les vendre. On avait toujours du bon lait frais et beaucoup de viande.

On nommait, d'habitude, les animaux. Quelques-un des noms donnés aux vaches étaient Caillette, Boulette, Noironne, Chataîgne, Allizone, Blanchette et Irène. Pour la plupart, leurs noms dérivaient de leur couleur ou de leurs caractéristiques, quelquefois avec un sens d'humour.

Un de nos travaux, pour moi et mon frère, était de tirer (traire) six vaches à lait chaque matin et chaque soir. Cela nous donnait beaucoup de lait, mais aussi

would produce a lot of milk, but also would tire our wrists and fingers.

Down the road from us was an extremely poor family, with lots of children and a father who was somewhat lazy and drank too much. My parents felt sorry for the wife and children, so every morning and night one of these kids would come to our place and pick up a couple of gallons of fresh milk.

One of the chores I enjoyed was leading the milk cows to the woods every morning. We lived only a short distance from the woods, and the cows were brought there to spend the day grazing. Late in the afternoon one of my brothers or I would drive the cows back home for milking. The calves spent the day in a pasture.

Dad always had a number of hogs being fattened for winter *boucheries*. They were all kept in pens behind the barn. In the early fall, when all the crops were in, Dad would turn them loose to root around in the fields. I can still remember the awful smell of the pig pens.

We had lots of feathered animals on the farm: turkeys, ducks, geese, guineas (great in gumbo), and especially chickens. My mom kept many chickens in the yards. She picked lots of eggs, which she used for cooking, baking, and trading at the grocery. When the hens got old and were no longer productive they were used in gumbo or *fricassée*.

Among our feathered friends was a pigeon that lived in our barn for many years. My dad built a small pigeon house and placed it over the door of the barn loft. The pigeon survived by eating with the chickens.

We always had many cats around the house. Mom loved cats; once, I counted 18 in the yard. Dad kept a couple of cats in the barn to control the rats and mice. And, of course, we always had a dog or two around the place. These pets gave us great joy.

One of Dad's greatest concerns was having healthy, strong animals, so he fed them plenty. He was gentle and seldom overworked them. He helped them through their sicknesses, diseases and accidents. And he taught us to care for these animals.

I still remember the mamma animals caring for and protecting their young until the young grew up and became independent. Many of the sights and sounds of the farm are with me today, decades after I moved to the city.

beaucoup de fatigue à nos poignets et à nos doigts.

Non pas loin de notre maison était une famille extrèmement pauvre, avec beaucoup d'enfants et un père qui était paresseux et buveur. Mes parents étaient en sympathie avec la femme et les enfants; donc, tous les matins et tous les soirs un des enfants venait chez nous pour chercher deux gallons de lait frais.

Une chose que j'aimais faire, c'était de diriger les vaches au bois tous les matins. On habitait pas loin du bois, et on y emmenait les vaches pour une journée de pâturage. Tard dans l'après-midi, moi ou un de mes frères, on ramenait les vaches chez nous pour les tirer. Les veaux passaient toute la journée dans la savanne.

Papa avait toujours un grand nombre de cochons qu'il engraissait pour les boucheries d'hiver. On les gardait dans un parc à cochons dèrriere le magasin. Tôt dans l'automne, lorsque la récolte était faite, Papa les lâchait pour fouiller dans les clos. Je me souviens encore de la puanteur du parc.

On avait beaucoup de volailles sur la ferme: des dindes, des canards, des oies, des pintades (très bon dans un gombo) et surtout des poules. Ma mère gardait beaucoup de poules dans la cour de la maison. Elle avait beaucoup d'oeufs, dont elle se servait pour la cuisine, les gâteaux, et pour échanger à la grosserie. Quand les poules devenaient vieilles et ne produisaient plus d'oeufs, on en faisait du gombo ou de la fricassée.

Parmi nos amis plumeux était un pigeon qui vivait dans notre magasin pour plusieurs années. Mon père lui avait construit une petite maison qu'il avait placée au-dessus de la porte du grenier du magasin. Le pigeon mangeait avec les poules.

On avait toujours de nombreux chats autour de chez nous. Maman aimait les chats; une fois, j'en ai compté dix-huit dans la cour. Papa gardait deux chats dans le magasin pour tuer les rats et les souris. Et, bien sûr, on avait toujours un ou deux chiens. Ces animaux nous donnaient plein de joie.

Un de plus grands soucis de mon père, c'était d'avoir des animaux forts et en bonne santé; donc, il leur donnait bien à manger. Il était gentil envers eux et il ne les surchargeait rarement. Il les soignait lors des maladies ou des accidents. Et il nous a montré à bien soigner ces animaux.

Je me souviens encore de comment les femelles des animaux soignaient et protégeaient leurs jeunes jusqu'à ce qu'ils soient indépendents. Les scènes et les sons de la ferme sont toujours avec moi, des décennies après que j'ai quitté la ferme pour déménager à la ville.

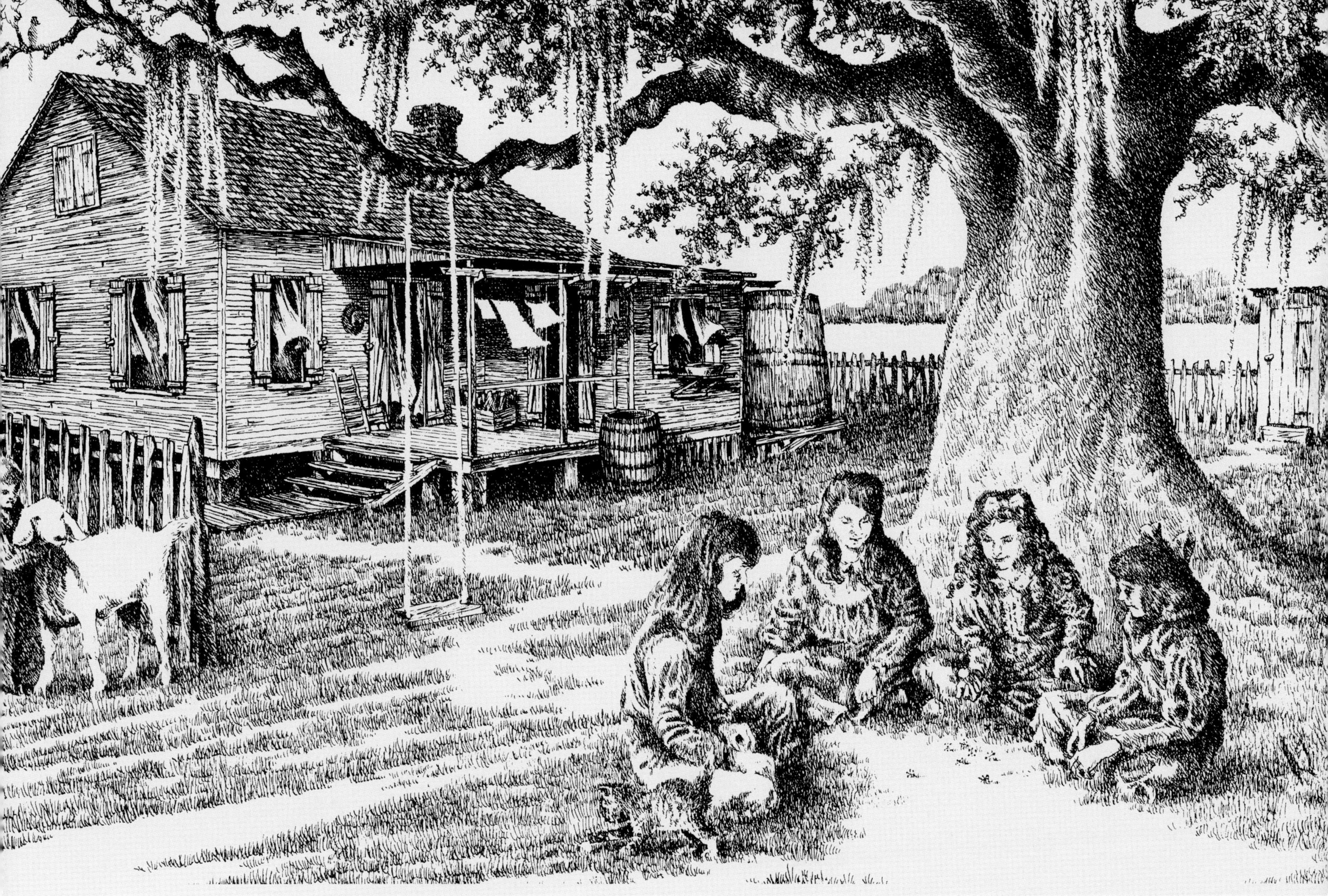

Three Sisters and a Cousin / *Trois soeurs et une cousine*

This scene reminds me of my sister, Irma, and our cousins playing jacks in the backyard while my brothers and I fished or played baseball. The girls modeling for the drawing are (left to right) Rachel Mire, Joan Mire, Annette Sonnier, and Sarah Mire. Annette is my daughter and the others are her cousins.

Ma soeur Irma et nos cousines jouaient au jeu de jacks (aux osselets) dans la cour en arrière pendant que mes frères et moi, on allait à la pêche ou jouait au base-ball. Les filles qui ont posé pour ce dessin sont, de gauche à droite, Rachel Mire, Joan Mire, Annette Sonnier et Sarah Mire. Annette est ma fille et les autres sont ses cousines.

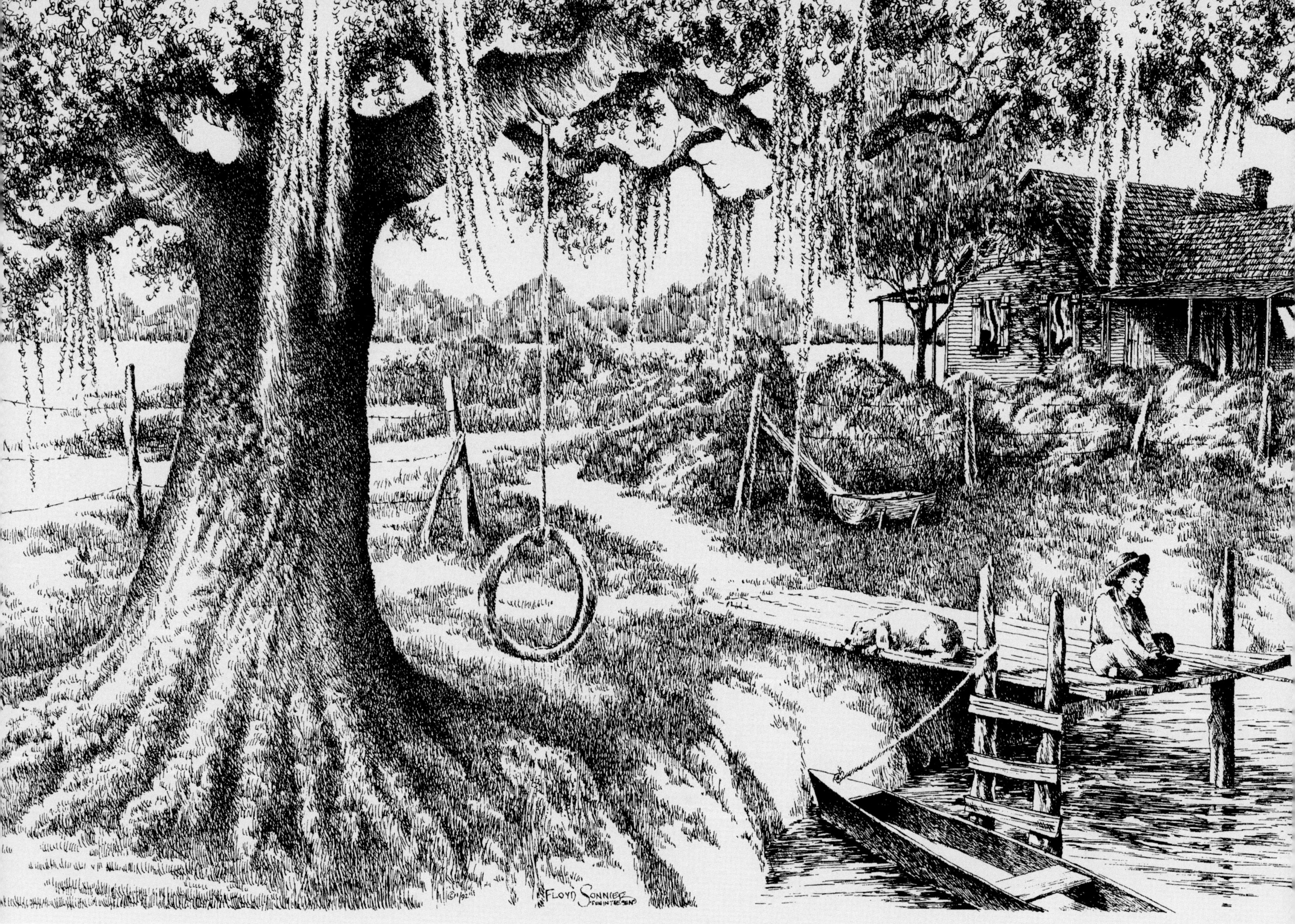

Fun in the Sun / *S'amuser au soleil*

When I was a boy, I spent countless hours fishing and daydreaming. I was always accompanied by my faithful friend, my dog.

Quand j'étais jeune, je passais des heures innombrables à pêcher et à rêver en plein jour. J'étais toujours accompagné de mon ami fidèle, mon chien.

16

The Dogs In My Life

While growing up, and even later in life, I had the joy of owning pet dogs, at least four that I can recall.

Most farm boys had dogs. On the farm it was easy to raise and keep a dog. They did not have to be penned up; they would provide for much of their own food through hunting; and they were great companions.

My first dog came into my life in a rather unique manner. I was in the third grade, and someone mentioned to me that Mrs. Breaux, who owned the hotel in Church Point, had some puppies to give away. This news brought great excitement into my heart and stirred my imagination to the wonders of having a puppy of my own, to cuddle and play with, to have as my best friend. During the lunch hour I sneaked out of the school yard and ran the three blocks to the hotel to see the puppies. Mrs. Breaux led me to the room where there were four very playful puppies in a box. I leaned over the box and selected the prettiest one: a tan and white spotted pup. I picked it up, cuddled it, then walked out of the room with my fluffy bundle and headed back to school.

Before going into the classroom, I wrapped my puppy with the light jacket I had been wearing and squeezed it into my empty lunch bucket. I placed the open bucket with the sleeping puppy under my desk. In the middle of the class my worst fear was realized: The puppy woke up and let out a yelp. I can

Les chiens dans ma vie

Pendant ma jeunesse, et même plus tard dans la vie, j'ai eu la joie d'avoir des chiens domestiques, au moins quatre dont je peux me rappeler.

La plupart des jeunes garçons des fermes avait des chiens. Sur la ferme, c'était facile d'élever et de garder un chien. On n'avait pas besoin de les renfermer; ils allaient à la chasse de leur propre nourriture; et ils étaient de bons compagnons.

Mon premier chien est entré dans ma vie d'une manière assez unique. J'étais dans la troisième année d'école et j'ai entendu dire que Madame Breaux, la propriétaire de l'hôtel à la Pointe de l'Église, avait de petits chiens à donner. Cette nouvelle m'a beaucoup intéressé et m'a donné l'envie d'avoir un petit chien à moi-même, pour caresser et jouer et avoir comme mon meilleur ami. Pendant l'heure du dîner je me suis esquivé de la cour de l'école et j'ai couru les trois blocs jusqu'à l'hôtel pour voir les petits chiens. Madame Breaux m'a dirigé à la chambre où se trouvaient dans une boîte les quatre petits chiens pleins d'énergie. Je me suis penché au-dessus de la boîte et j'ai choisi le plus beau: une petite chienne avec des taches marrons et blanches. Je l'ai ramassée et je l'ai serrée dans mes bras, puis, je suis sorti de la chambre avec mon petit paquet pelucheux et je me suis redirigé

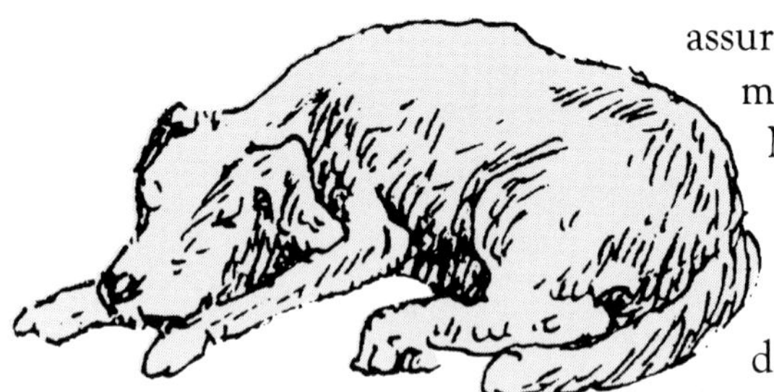

assure you that at that moment Sister Mary Margaret had a very disrupted class on her hands.

She had me take the dog out to show the class. She let each pupil hold and pet this beautiful little animal. It was then that she suggested we name the pup "Spot," because of her large tan spots and tan head. After everyone had held the dog, she responded to a call from nature and wet my coat. My lunch bucket and Spot were moved to the cloakroom for the rest of the period.

I did not learn very much that afternoon; my mind kept wandering back to the cloakroom. Sister Mary Margaret, bless her heart, took an unusual situation and turned it into a learning experience. I'll never forget her patience.

After school I had to go home with a sleepy little Spot wrapped in a smelly, wet jacket and explain to my parents why they should let me keep her.

As luck would have it, my parents were not home when I got there. I wrapped Spot in an old blanket and placed her in the wood box behind the stove, where it was nice and warm, then washed the jacket before my folks got home.

Upon their return I broke the news to my mom, then she told Dad. After much explaining and many promises, I was allowed to keep Spot.

My next memorable dog was a black and white mutt I called "Rex." If I remember correctly, Rex was an offspring of Spot. The thing I remember most about Rex was his dependability and loyalty to me.

Rex would wait for me at the kitchen steps, and the minute I stepped out of the house he would follow me everywhere. The dog was constantly at my side. We spent many wonderful hours together.

In the cool of the early morning I would leave the house to go out to the fields to work. By mid-morning it was warm enough for me to remove my jacket. I would hang it on a fence post near

vers l'école.

Avant de rentrer dans la salle de classe, j'ai enveloppé ma petite chienne dans ma jaquette et je l'ai mise dans mon seau de dîner vide. J'ai posé le seau, avec la chienne endormie dedans, sous mon pupitre. Au milieu de la classe, le pire est arrivé: l'animal s'est réveillé et il a poussé un jappement. Je vous assure que, à ce moment-là, la Soeur Mary-Margaret avait une classe bien bouleversée sur les bras.

Elle m'a fait sortir la petite chienne pour la montrer aux autres élèves. Elle a permis à chaque enfant de tenir et de caresser ce beau petit animal. C'était à ce moment qu'elle a suggeré que l'on nomme la petite chienne «Spot,» à cause de ses grandes taches brunes et sa tête brune. Après que tout le monde avait tenu la chienne, elle a répondu à l'appel de la nature et elle a mouillé ma jaquette. Mon seau de dîner et Spot ont été mis dans l'armoire pour la balance de la classe.

Je n'ai pas beaucoup appris cet après-midi; j'étais préoccupé par la petite chienne dans l'armoire. La Soeur Mary-Margaret, béni soit son coeur, avait pris une situtation inhabituelle et l'avait changée en expérience d'instruction. Je n'oublierai jamais sa patience.

Après l'école, il fallait rentrer à la maison avec une petite Spot somnolente enveloppée dans un veston mouillé et puant, et expliquer à mes parents pourquoi ils devaient me permettre de la garder.

Heureusement, mes parents n'étaient pas à la maison quand je suis rentré. J'ai enveloppé Spot dans une vieille couverture et je l'ai posée dans la boîte de bois derrière le poêle, où il faisait agréablement chaud, puis j'ai lavé le veston avant le retour de mes parents.

À leur arrivée, j'ai annoncé la nouvelle à ma mère et puis, elle l'a annoncée à mon père. Après beaucoup d'explications et maintes promesses, ils m'ont permis de garder Spot.

Un autre chien mémorable était un chien noir et blanc que j'appelais «Rex.» Si je m'en souviens bien, Rex était descendant de Spot. Je me souviens, surtout, de sa fidélité et de sa fiabilité.

Rex m'attendait à la porte de la cuisine et, dès que je sortais de la maison, il me suivait

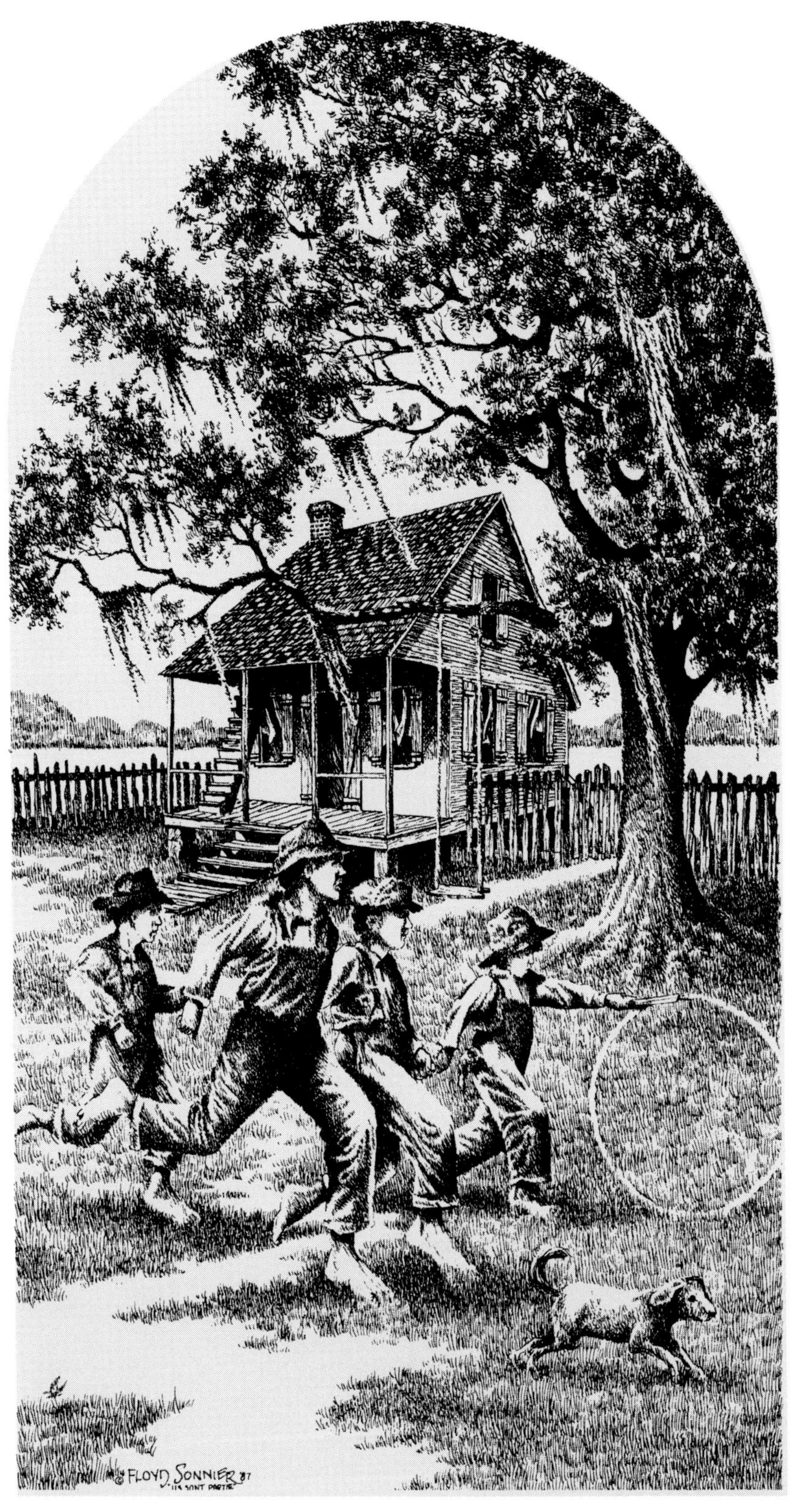

And They're Off!

Rural children whose parents didn't have the money for store-bought toys had to devise ways of entertaining themselves. Sometimes it was as simple as chasing a ring or wheel with a stick for hours at a time. Even this became competitive when there was one ring and four boys.

Ils sont partis!

Les enfants de la campagne dont les parents n'avaient pas de quoi à payer des jouets tout faits devaient inventer des moyens de se divertir. Quelquefois, il s'agissait de courir après le cercle d'un baril ou une roue pendant des heures. Même ceci est devenu compétitif lorsqu'il y avait un cercle et quatre garçons.

where I was working. Rex would lie next to that post and would not leave until I was ready to go home. He was very protective of things that belonged to me. Once I forgot the jacket and it stayed on the fence post overnight. The following morning I found Rex standing next to the post.

One day my dad had us cut sweet potato vines from the seed bed for replanting. We filled potato crates with vines and placed the crates under nearby trees to get them out of the hot sun. We covered the crates with wet grass sacks to keep dampness in the vines. Rex stayed by the crates all day. In the late afternoon when it was cooler, we all went out to plant the vines.

When we reached the crates and found Rex, I knew immediately something was wrong. He was laying there, breathing hard and fast, his tongue dripping with saliva, his throat swollen like a football. About four feet from him was a five-foot water moccasin, a poisonous snake. The snake's head was bitten off.

Rex's loyalty almost cost him his life, but, I am happy to report, he survived the snake bite.

The third dog in my life was a little guy called "Skippy." Skippy was a rat terrier. He was a black dog with white around his head and paws. Skippy was a lot of fun. He had nervous energy that allowed him to be very playful and at the same time extremely alert.

I was in my early twenties when I got Skippy. I was going to college and living in Lafayette during the week and returning home to the farm on weekends. Every Friday afternoon I would pack my car and head home. Skippy would be waiting for me at the first curve, about one-half mile down the road from my parents' house. At first I would stop the car and open the door to let him get in with me. But he never did. He preferred running alongside the car until we reached the house.

I often wondered how Skippy knew when it was Friday afternoon. My mom said this was the only day of the week he went out there and waited.

At night I would sit in a rocker to watch TV with my parents. I had a habit of putting my feet on an ottoman my mom kept in the living room. Skippy would curl up between my feet and go to sleep. One of my uncles came to visit one night and sat in my

tout partout. Il était constamment à mon côté. On passait beaucoup de bonnes heures ensemble.

Au frais du matin, je quittais la maison pour aller travailler dans les clos. Mi-matin, il faisait assez chaud pour enlever ma jaquette. Je l'accrochais sur un poteau de barrière près d'où je travaillais. Rex se couchait à côté de ce poteau et il ne grouillait pas jusqu'à ce que je sois prêt à rentrer à la maison. Il protégeait bien mes possessions. Une fois, j'ai oublié mon veston, qui est resté sur le poteau de barrière toute la nuit. Le lendemain j'ai retrouvé Rex à côté du poteau.

Un jour, mon père nous a mis à couper des lianes de patates douces du semis pour replanter. On a rempli des caisses de patates avec les lianes et on les a posées sous des arbres tout près pour les sortir du soleil chaud. Avec des sacs d'herbes trempes, on a couvert les caisses pour les garder humides. Rex est resté près des caisses toute la journée. L'après-midi tard, quand il faisait moins chaud, on est tous sortis pour planter les lianes.

Quand on est arrivé aux caisses et j'ai trouvé Rex, je savais immédiatement que quelque chose n'était pas bien. Il était couché, il respirait vite et avec difficulté, sa langue dégouttait de la salive et sa gorge était gonflée comme un ballon. Tout près de lui était un serpent congo de cinq pieds de long, un serpent vénimeux. Le serpent manquait sa tête.

La fidelité de Rex lui a presque coûté sa vie, mais heureusement, il s'est rétabli.

Le troisième chien dans ma vie était un tout petit chien nommé «Skippy.» Skippy était noir avec du blanc autour de sa tête et aux pattes. Skippy était bien amusant. Il avait de l'énergie nerveuse qui lui permettait d'être espiègle et très alerte à la fois.

J'avais au moins vingt ans lorque j'ai obtenu Skippy. J'allais à l'université et j'habitais à Lafayette pendant la semaine, puis, je rentrais à la ferme la fin de semaine. Le vendredi après-midi, je faisais mes bagages et je me dirigeais vers la maison. Skippy m'attendait au premier virage du chemin, à peu près un demi-mile de la maison de mes parents. D'abord, j'arrêtais la voiture et j'ouvrais la porte pour le laisser embarquer avec moi. Mais il ne le faisait jamais. Il préférait courir à côté du char jusqu'à la maison.

Je me demandais souvent comment Skippy savait que c'était vendredi après-midi. Ma mère a dit que c'était le seul jour qu'il allait

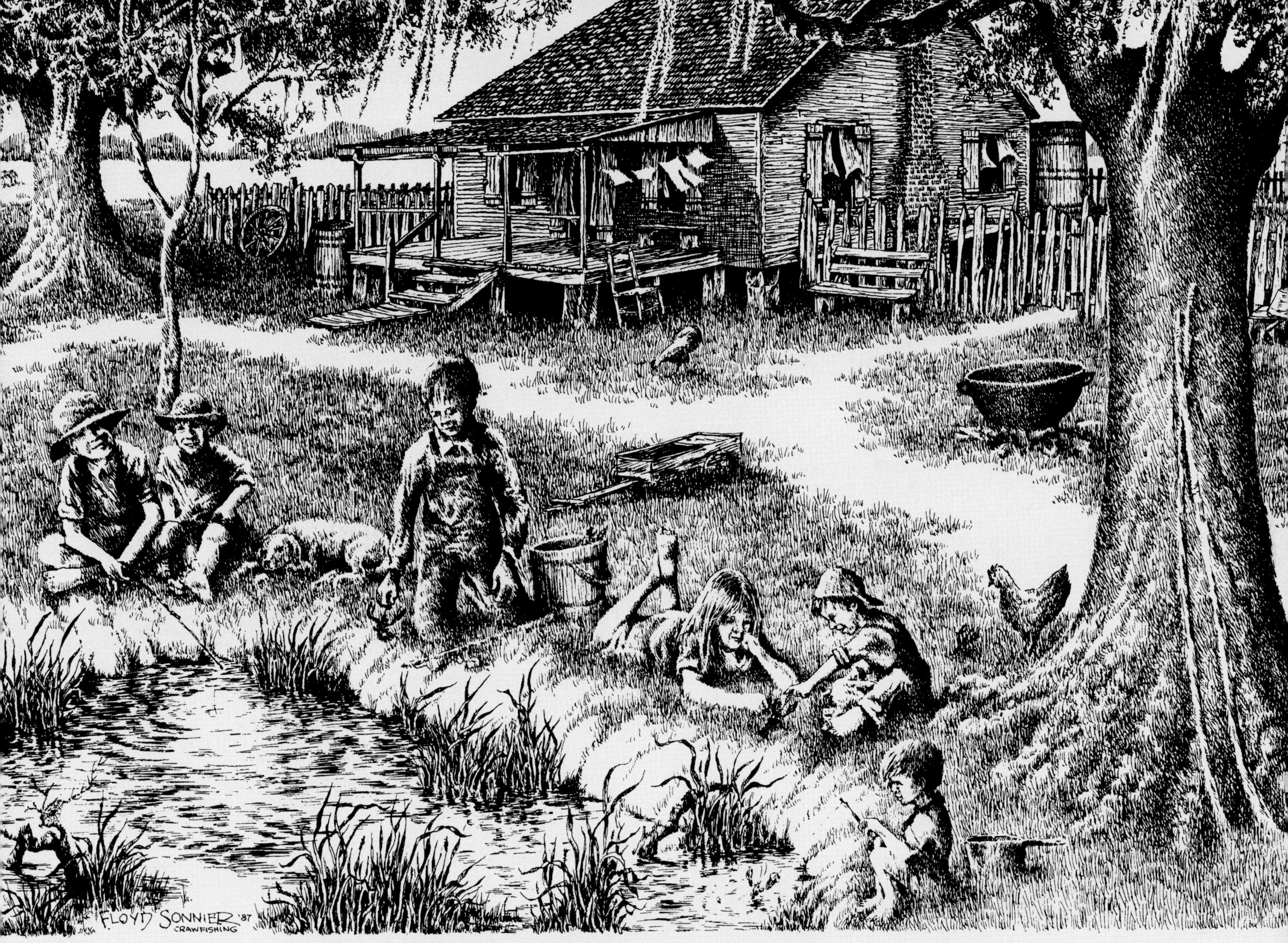

Crawfishing / *À la pêche aux écrevisses*

Even when we were crawfishing, my dog came along. He would warn us if any snakes were in the immediate area.

Même à la pêche aux écrevisses, mon chien nous accompagnait. Il ne manquait pas de nous avertir de la présence des serpents.

rocker. As soon as he put his feet on the ottoman, Skippy started growling. My uncle had to move to another chair and give me the rocker to satisfy Skippy.

Skippy is the only dog I know whose hair turned gray when he got old. He died of old age.

"Flip" was the fourth and last dog in my life. One day I received a telephone call from a man I knew well asking if I would be interested in having a puppy. His niece had found the puppy in a brown paper bag at the bottom of a ravine in Broussard, a town southeast of Lafayette. Someone had left it there to die. She took the plump little bundle of life to a veterinarian to have it checked. Other than a bad case of the fleas, the pup was quite healthy. Having three dogs of her own, the girl could not keep the pup.

I took one look at the puppy and knew I could not walk away without it. Waiting at home for Flip were my three little boys, my baby girl, and a houseful of joy and excitement.

I believe Flip thought of me as his favorite human and best friend. It seemed as though he could never stop thanking me for wanting him. He showed great appreciation by giving me and my family lots of love.

Every afternoon Flip waited for me by the gate, yapping away. He would not settle down until I patted him on the head. His favorite game began each day when I would go out in the backyard in the early evening and start clapping my hands. Flip would run circles around the yard – at full speed. He would do this as long as I clapped or until he could not go anymore. I used to call this Flip's exercise period.

In the fall of 1982 we were adding on to our house. The side fence had been taken down to allow the trucks to get into the backyard. With the fence down, Flip had the opportunity to visit the neighborhood for a period and then return home. But one night Flip did not return. After searching the neighborhood and asking around for two days with no results, I spent the next week visiting the Lafayette City Pound. A description of Flip was recorded and I was assured that I would be notified if a dog fitting his description showed up. I worried for Flip because he was now 11 years old and had a heart condition. I was treating

au chemin pour m'attendre.

Le soir, je m'assisais dans une berceuse pour regarder la télé avec mes parents. J'avais l'habitude de mettre mes pieds sur un tabouret que ma mère gardait dans la salle. Skippy se roulait en boule entre mes pieds et s'endormait. Un de mes oncles est venu nous rendre visite un soir et il s'est assis dans ma berceuse. Dès qu'il s'est mis les pieds sur le tabouret, Skippy a commencé de grogner. Il a fallu que mon oncle se déplace à une autre chaise et qu'il me donne la berceuse pour satisfaire à Skippy.

Skippy est le seul chien que je connaisse dont les poils sont devenus gris dans sa vieillesse. Il est mort de vieillesse.

«Flip» était le quatrième, et le dernier, chien dans ma vie. Un jour j'ai reçu un coup de téléphone d'un homme que je connaissais bien. Il m'a demandé si je voulais un petit chien. Sa nièce avait trouvé ce petit chien dans un sac à papier dans un basfond à Broussard, un village au sud-est de Lafayette. Quelqu'un l'avait laissé là pour mourir. Elle avait emmené le petit paquet de vie au vétérinaire pour vérifier sa condition de santé. Autrement que d'être infesté de puces, le petit chien était en bonne santé. Puisqu'elle avait déjà trois chiens chez elle, la petite fille ne pouvait pas le garder.

J'ai jeté un coup d'oeil dessus et je savais tout de suite que je ne pouvais pas refuser de le prendre. À la maison en attendant Flip il y avait mes trois jeunes fils, ma petite fille et une maison pleine de joie et d'animation.

À mon avis, Flip me considérait son être humain préféré et son meilleur ami. Il semblait qu'il ne pouvait pas me remercier assez pour l'avoir voulu. Il exprimait sa gratitude en nous donnant tout son amour.

Chaque après-midi, Flip m'attendait à la porte de la barrière, en jappant. Il ne se calmait pas avant que je le caressais sur la tête. Son jeu favori était lorsque je sortais dans la cour en arrière le soir et je tappais les mains. Flip courait en rond dans la cour à pleine vitesse. Il continuait jusqu'au moment où il n'en pouvait plus. J'appelais ceci son heure d'exercice.

En automne de 1982, on a fait une allonge à notre maison. La barrière à côté de la maison a été enlevée pour pouvoir rentrer les camions dans la cour en arrière. Avec la barrière enlevée, Flip a pu rendre visite au voisinage pour un bout de temps et puis, rentrer chez

him for heart worms.

Twenty-one days after Flip's disappearance, I was sitting in my art gallery in Scott (five miles from my home in Lafayette) waiting for my wife, Verlie, and the kids to come and pick me up. This was one of the few times I was at the gallery without my car. I was watching the news on TV when Verlie and the kids came in. She glanced out the side window near where I was sitting and there, on the porch, was Flip. She screamed out his name, and we all scrambled out to meet him.

This was the first and only time Flip came to the gallery. How he found it and why it took him 21 days are questions still unanswered.

The strains of being underfed and not cared for that length of time took their toll on old Flip. He was with us for only about three more months.

The dogs in my life had a great impact on me. They taught me much about life and living, about joy and love and pleasures, giving and receiving, appreciation, loyalty and commitment.

I'll never forget Spot, Rex, Skippy and Flip.

I believe a faithful dog is a special gift from God.

nous. Mais un soir Flip n'est pas rentré. Pendant deux jours, j'ai cherché dans le voisinage et j'ai questionné les voisins sans succès. Puis, j'ai passé une semaine en rendant visite à la fourrière de la ville de Lafayette. Ils ont noté la description de Flip et j'étais assuré que s'ils trouvaient un chien de son genre, je serais avisé. Je m'inquiétais à son sujet car il avait onze ans et il avait une maladie de coeur. De plus, on le traitait pour les vers.

Vingt-et-un jours après sa disparition, j'étais assis dans mon atelier à Scott (à cinq miles de chez nous à Lafayette) en attendant ma femme, Verlie, et nos enfants, qui venaient me chercher. C'était un de ces moments rares où j'étais à l'atelier sans ma voiture. Je regardais les actualités à la télévision lorsque Verlie et les enfants sont arrivés. Elle a jeté un coup d'oeil vers la fenêtre près de moi et Flip était là. Elle a crié son nom et on est vite sorti pour le rejoindre.

C'était la première et la seule fois que Flip soit venu à l'atelier. Comment il l'a trouvé et pourquoi ça lui a pris vingt-et-un jours sont des questions sans réponses.

Les difficultés de la faim et du manque de soin pendant cette période lui ont coûté cher. Il est mort trois mois après.

Les chiens dans ma vie m'ont beaucoup impressionné. Ils m'ont appris beaucoup à propos de la vie et de vivre, de la joie, de l'amour et du plaisir, de comment donner et comment accepter, de la gratitude, de la loyauté et de l'engagement.

Je n'oublierai jamais Spot, Rex, Skippy et Flip.

À mon avis, un chien fidèle est un don particulier du Bon Dieu.

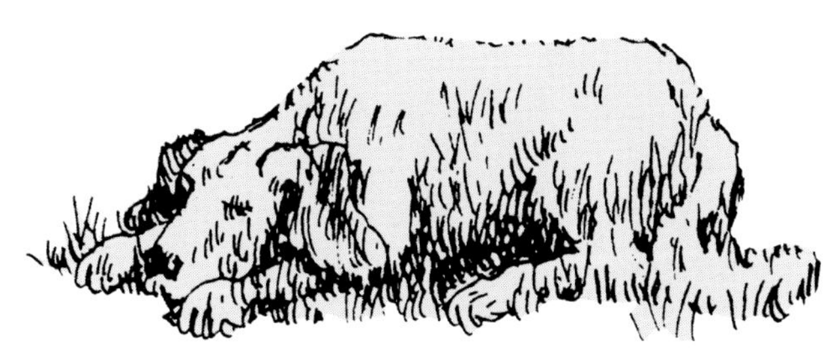

The River Road, between New Orleans and Baton Rouge, La., is dotted with mansions that are reminders of the Old South. Among the most notable are the three on these two pages.

Le chemin du Fleuve, entre la Nouvelle-Orléans et le Bâton Rouge en Louisiane, est émaillé de manoirs qui rappellent le temps du Vieux Sud. Parmi les plus notables sont les trois sur ces deux pages.

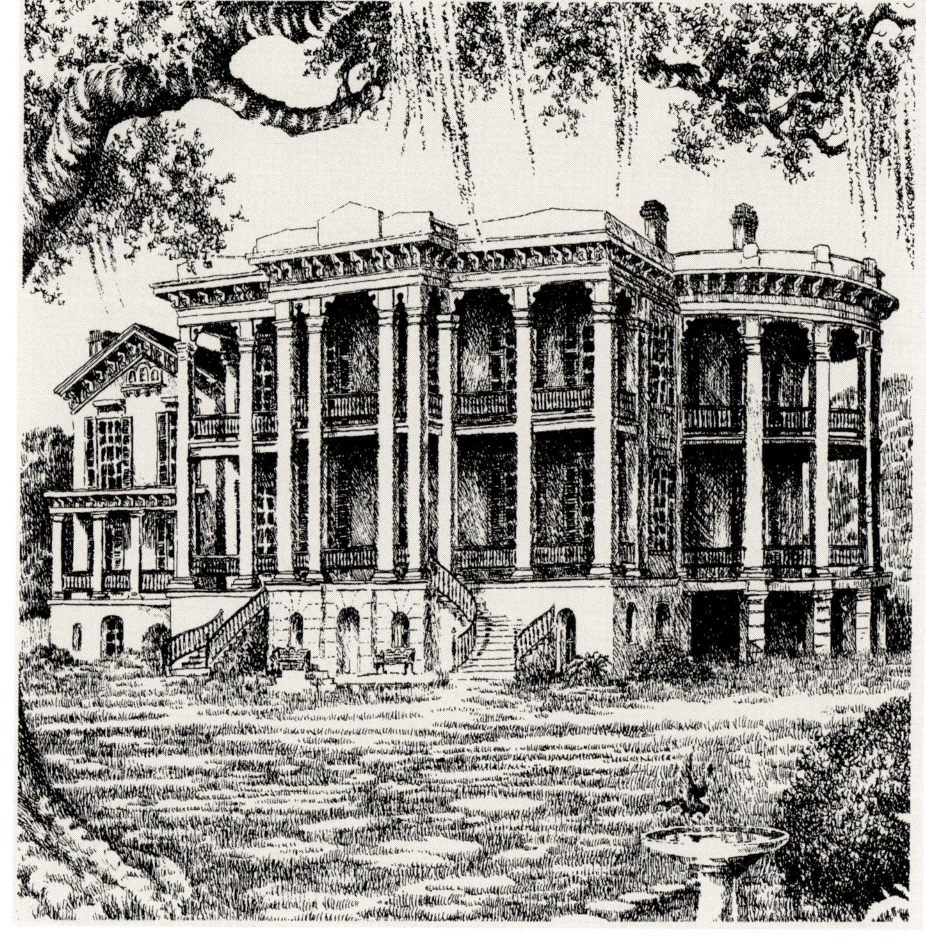

Nottoway, White Castle, La. / *Nottoway, le Château Blanc, Louisiane*

The largest plantation home in the South, this three-story mansion has 64 rooms and 53,000 square feet under its roof.

La plus grande habitation d'une plantation du Sud, ce manoir de trois étages a 64 pièces et 53,000 pieds carrés sous son toit.

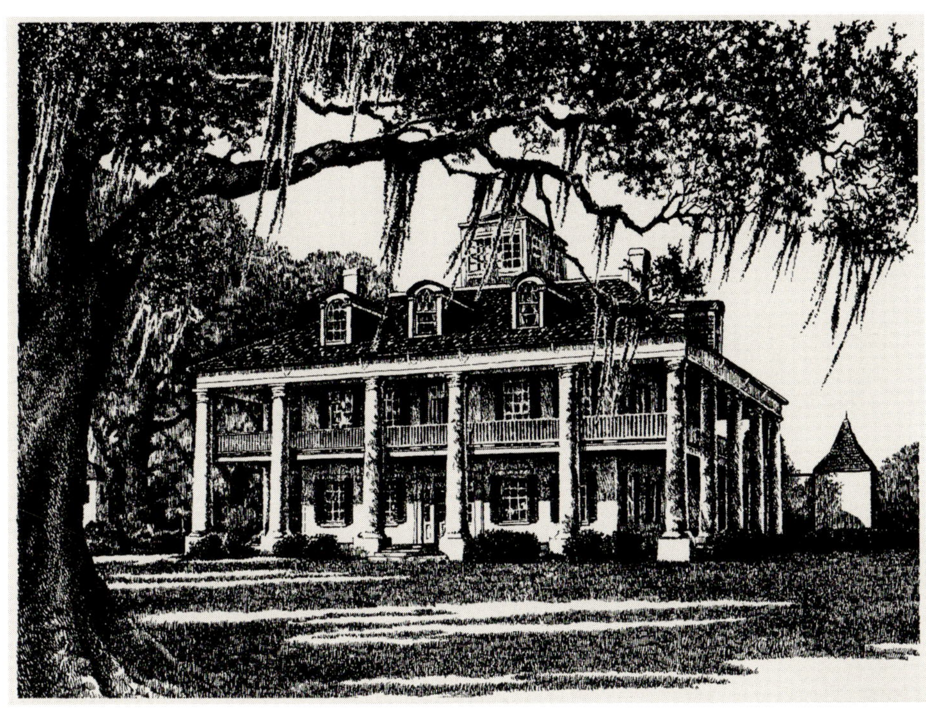

Houmas House, Burnside, La.
La Maison Houmas, Burnside, Louisiane

Built in 1840, this Greek Revival mansion was the setting for the movie, "Hush, Hush, Sweet Charlotte."

Construit en 1840, ce manoir de l'époque de la Renaissance Grecque figurait dans le film, «Hush, Hush, Sweet Charlotte.»

Oak Alley, Vacherie, La. / ***Oak Alley, Vacherie, Louisiane***

The first of the old River Road mansions to be fully restored, this place is said to be the most photographed plantation home in the South.

Le premier de vieux manoirs du chemin du Fleuve à être complètement restaurés, cette habitation est réputée d'être le manoir le plus photographié du Sud.

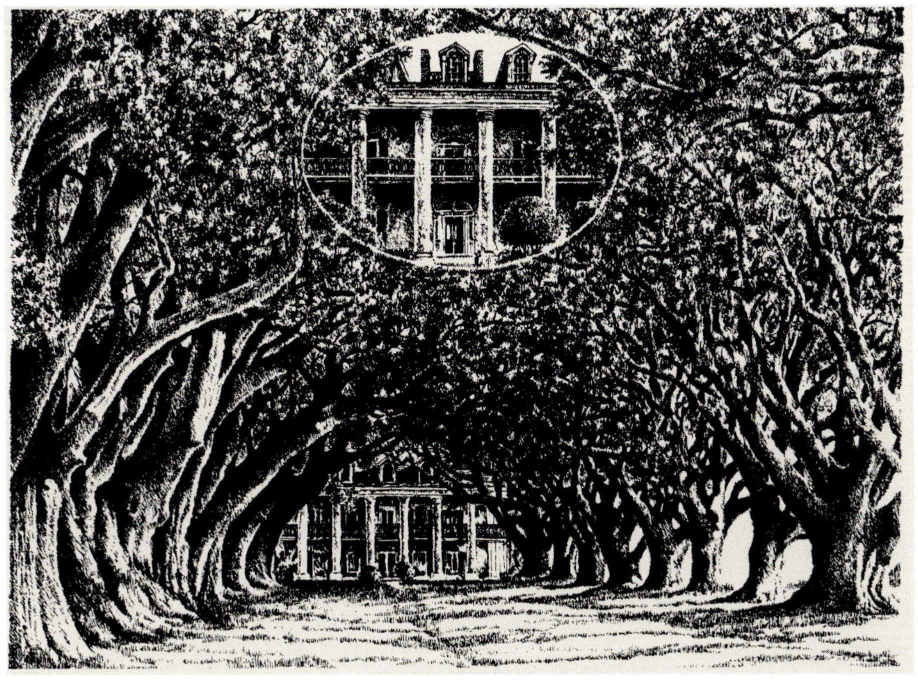

In the 1980s and '90s I enjoyed drawing some of south Louisiana's most intriguing homes, with architectural styles ranging from Greek Revival to Victorian.

Pendant les années 1980 et 1990, j'ai eu beaucoup de plaisir à dessiner quelques-unes des maisons les plus intriguantes du sud de la Louisiane, avec des styles d'architecture qui varient entre celui de la Renaissance Grecque et celui de l'époque victorienne.

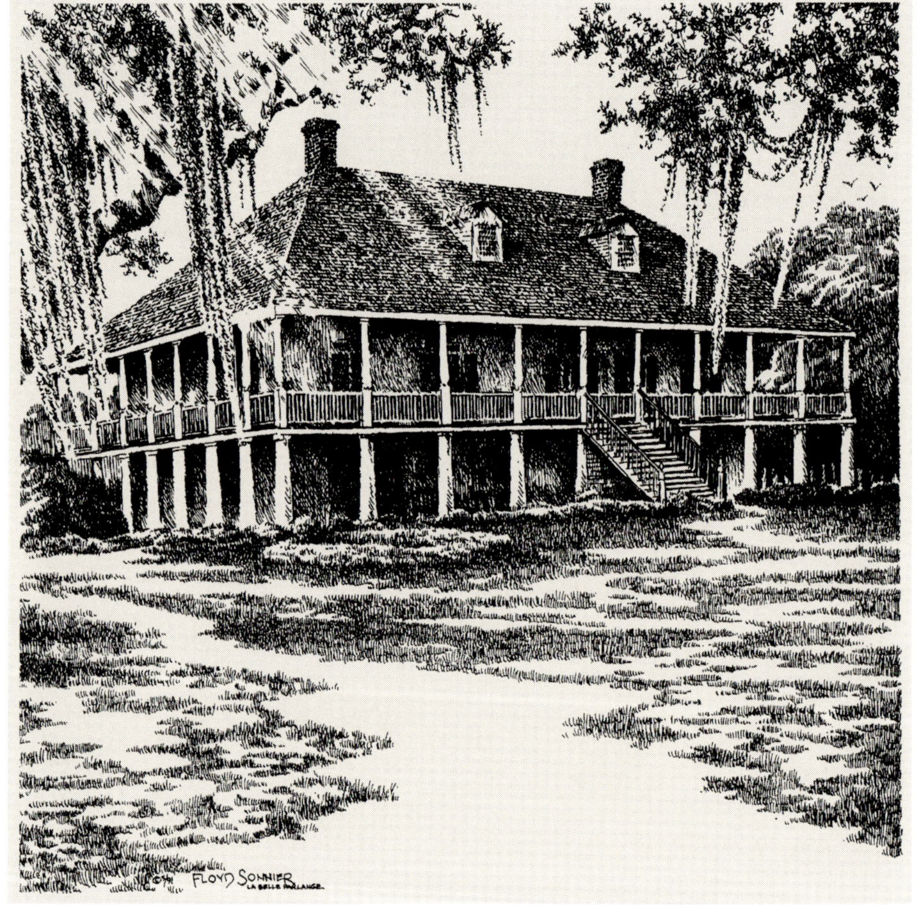

Parlange, New Roads, La. / *Parlange, le Chemin Neuf, Louisiane*

Built in 1750 in French West Indies architectural style, this home contains antiques dating back for two and half centuries.

Construite en 1750 au style des Antilles Françaises, cette maison contient des meubles d'époque remontant à deux siècles et demie.

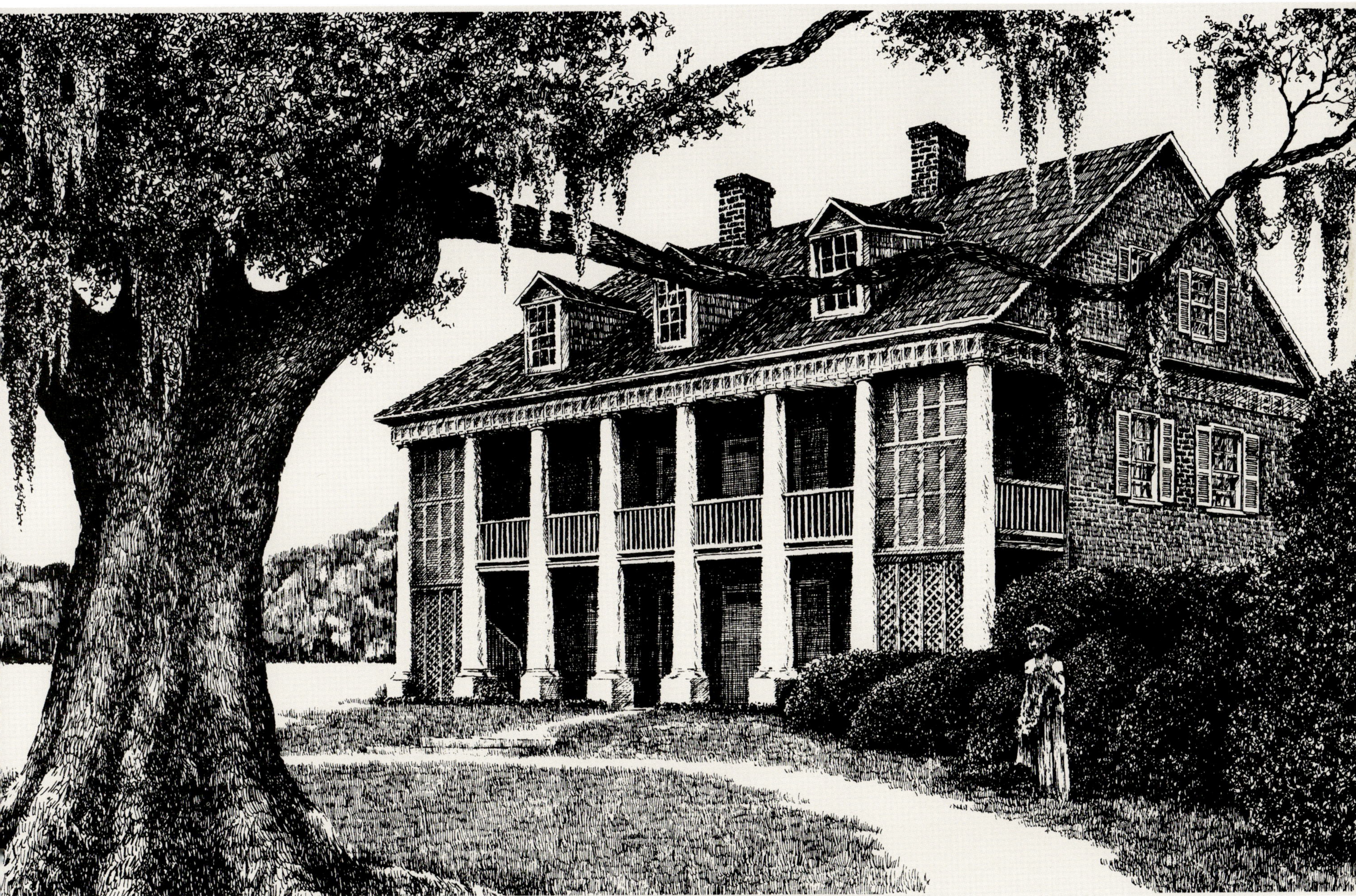

Shadows on the Teche, New Iberia, La. / *Shadows on the Teche, la Nouvelle-Ibérie, Louisiane*

This Greek Revival mansion was built in 1834 and is now a property of the National Trust for Historic Preservation.

Ce manoir de la Renaissance Grecque, construit en 1834, appartient maintenant au National Trust for Historic Preservation.

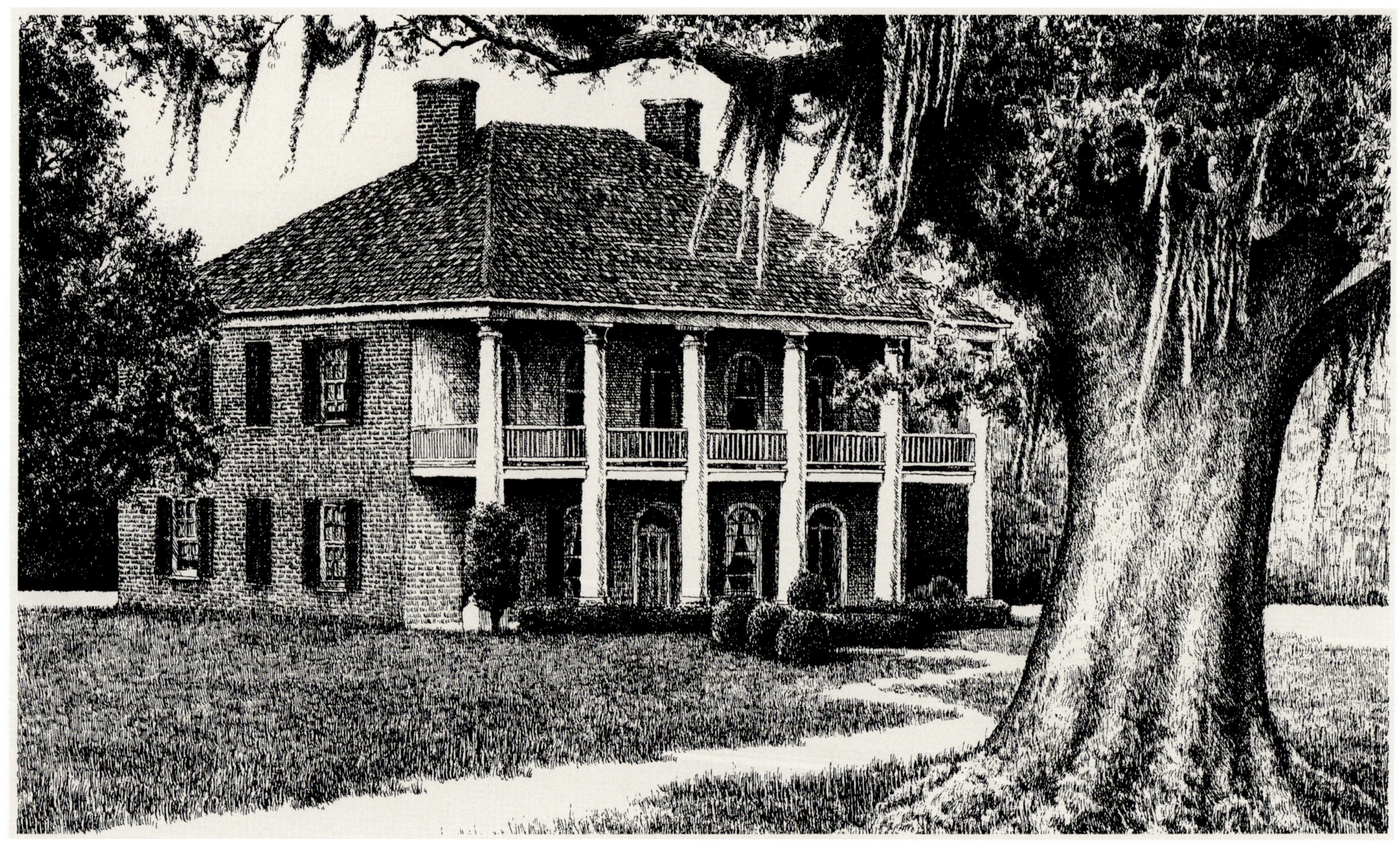

Chretien Point, Sunset, La. / *La Pointe Chrétien, Sunset, Louisiane*

This is a French-style plantation manor, with some of its features patterned after the Palace of Versailles in France.

Ceci est un manoir de plantation du style français, avec quelques caractéristiques basées sur le Palais de Versailles en France.

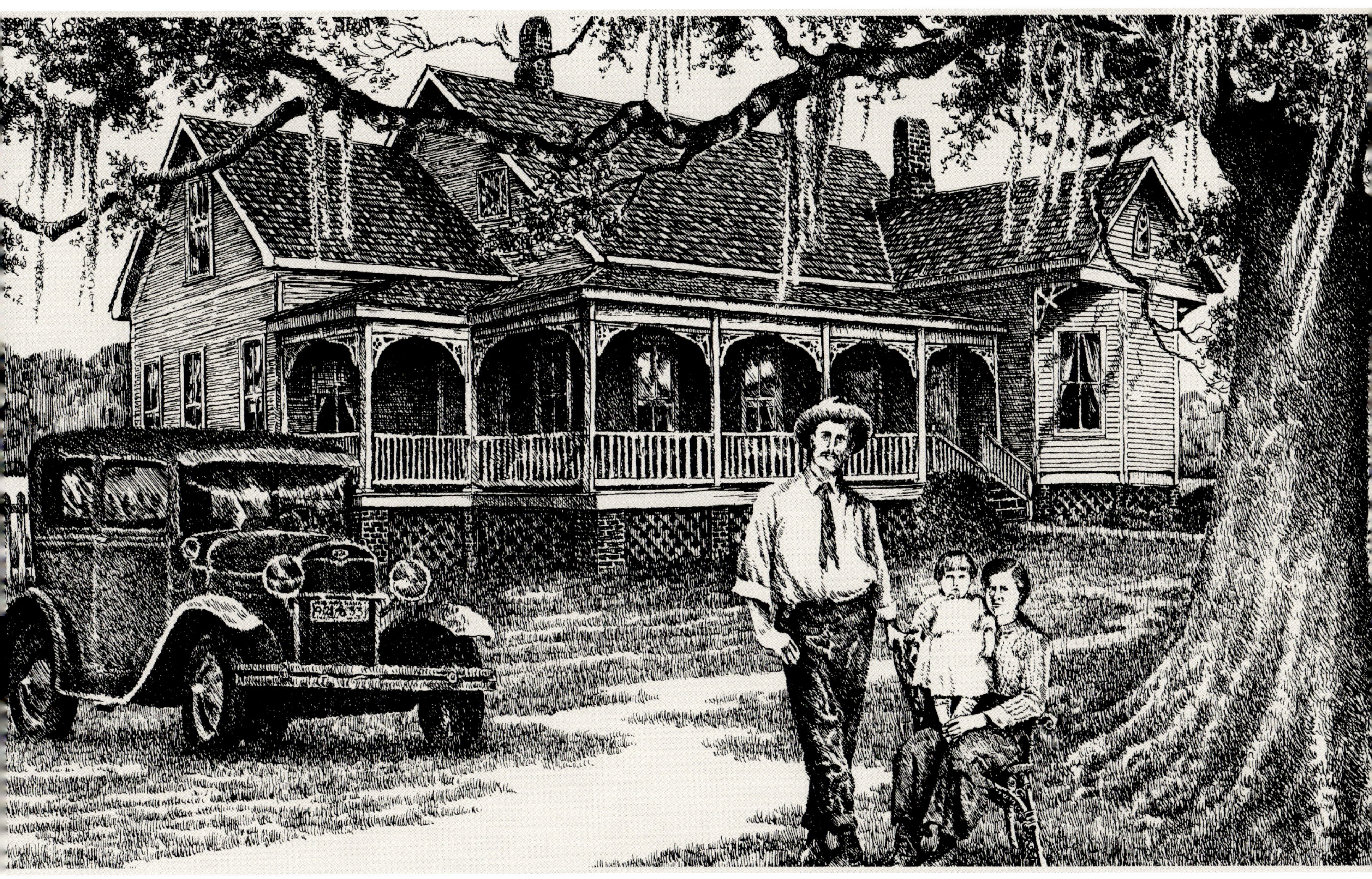

Proud Papa / *Papa Fier*

Acadian families in south Louisiana who did well for themselves in the 1930s built Victorian-style houses such as this one. The car is a 1928 Model A Ford.

Dans les années 1930, les familles acadiennes prospères du sud de la Louisiane ont construit des maisons du style victorien, comme celle-ci. Cette voiture est une Ford Modèle A de 1928.

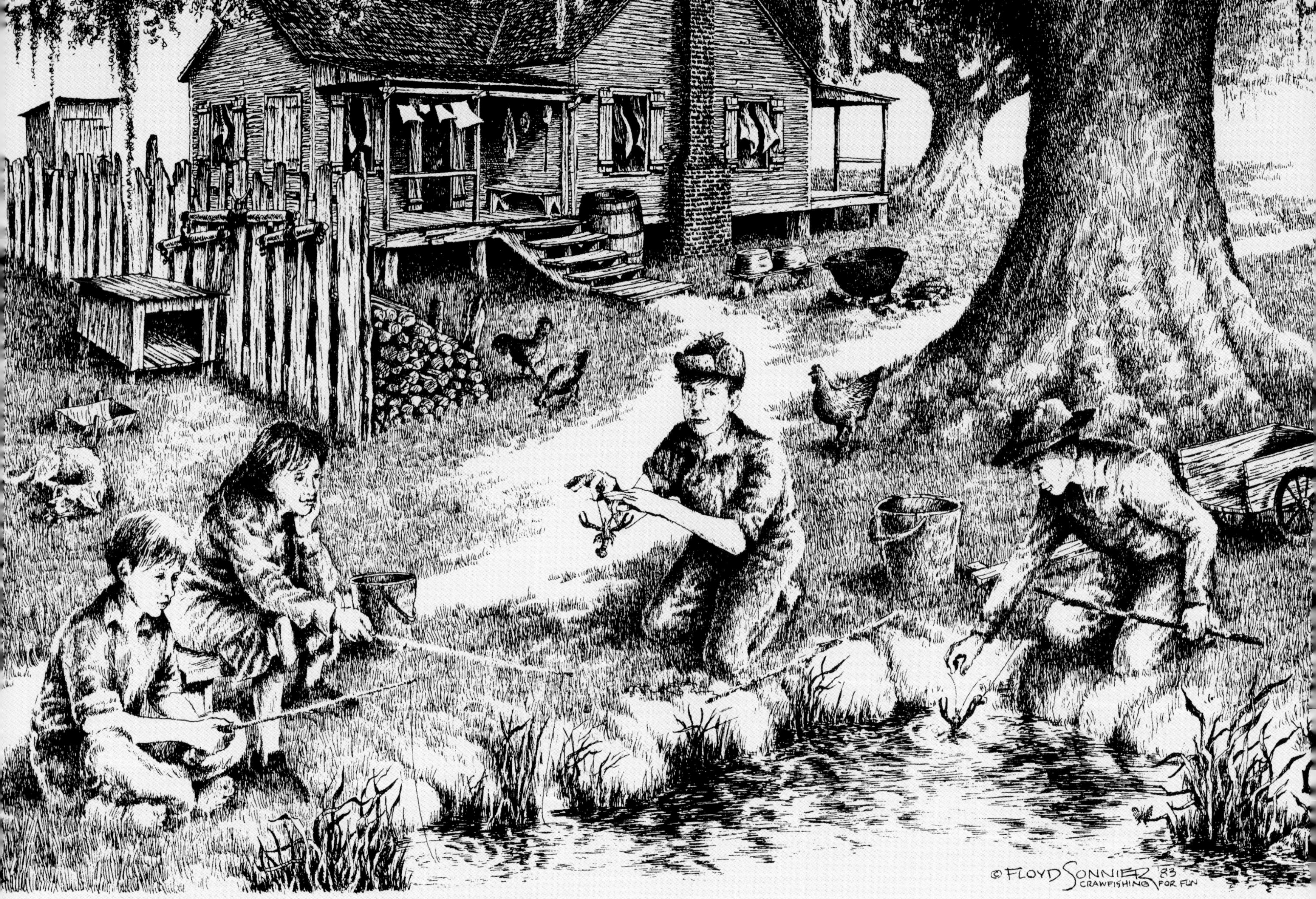

Crawfishing for Fun / *Pêcher pour s'amuser*

On Saturday mornings during the spring we went crawfishing in the ponds and coulees near our house. Mom helped us by tying small pieces of meat to long strings, which she tied to little sticks. These were our "crawfishing poles."

Le samedi matin pendant le printemps, on allait à la pêche aux écrevisses dans les marais et les coulées près de la maison. Maman nous aidait en attachant de petits morceaux de viande à de longues ficelles, qu'elle attachait à de petits bâtons. Voilà nos «cannes à pêche aux écrevisses.»

17

The Winds of Spring

When the cool winds of March start blowing, they bring back fond memories of growing up on the farm. One of the greatest feelings is knowing that with these winds the end of winter is near and spring is fast approaching.

I remember walking to meet my dad in the field, where he was plowing under the dried cotton plants and corn stalks from the previous year. At the same time, he was turning up the fresh soil, enriched by the long winter wetness. I can still smell the freshness of the earth as the plow cut through the topsoil.

I can still see my dad walking behind the plow, constantly commanding the mules, the family dog following him hoping the plow would flush out a rabbit, and the birds picking at the freshly turned earth, digging out worms and insects.

When I was a boy springtime was my favorite time of year. One of my most cherished memories is the first day of the season, when we were allowed to go outdoors barefooted. Generally, that was around mid-April, when it was warm and my mother no longer had a fear of colds and flu. It would be mid-morning on a Saturday and we would all be anticipating the great moment when she would give her "OK." I remember well rushing outside and running around on the grass. I can still feel the tickling under my feet. (Even today one of the first things I do when I get home in the evening is take off my shoes. In the summer I still walk around in my backyard with no shoes.)

In the early spring the blackberry bushes began flowering, the bees buzzing around busily feeding on the sweet nectar of the plants. Later in the spring the red berries would turn black and we would be there with our gallon cans ready to pick. *Poutine aux*

Les vents de printemps

Quand les vents frais de mars commencent à souffler, ils me font penser à ma jeunesse sur la ferme. Un des sentiments les meilleurs, c'est de savoir que ces vents apportent la fin de l'hiver et l'approche du printemps.

Je me souviens de marcher à la rencontre de mon père dans les clos, où il labourait la terre pour couvrir les pieds de coton et de maïs secs de l'année pécédente. En même temps, il travaillait la terre fraîche, enrichie par l'humidité du long hiver. Je peux toujours sentir la fraîcheur de la terre lorsque la charrue coupait à travers la première couche de sol.

Je peux toujours voir mon père marcher derrière la charrue, en donnant constamment des ordres aux mulets, suivi par le chien à la recherche d'un lapin dérangé par la charrue, et les oiseaux picorant la terre labourée pour des vers et des insectes.

Pendant mon enfance, le printemps était ma saison préférée. Une de mes meilleures mémoires se rapporte au premier jour du printemps, lorsqu'on était permis de sortir dehors nu-pieds. D'habitude, c'était en mi-avril, quand il faisait chaud et ma mère ne craignait plus les rhumes et la grippe. C'était mi-matin le samedi et on espérait le grand moment quand elle nous donnait son «O.K.» Je me souviens bien de me précipiter dehors et de courir dans l'herbe. Je peux toujours éprouver le chatouillement sous mes pieds. (Et jusqu'aujourd'hui, une de premières choses que je fais quand rentre chez moi le soir, c'est enlever mes chaussures. En été, je me promène dans la cour en arrière sans chaussures.)

Au commencement du printemps, les talles d'éronces bourgeonnaient et les mouches à miel (abeilles) bourdonnaient autour des plantes pour se nourrir de leur nectar. Plus tard dans le

mûres, or blackberry cobbler, was one of my favorite dishes.

Spring was also for crawfishing. I remember the excitement we all had in the late spring when the crawfish in the ponds were beginning to get big. On Saturday mornings my mother would cut pieces of salt meat and tie them with long strings to sticks, like fishing poles. We would head for the pond in back of the house and spend hours catching crawfish and putting them in buckets half-filled with water.

The crawfish would grab on to the meat and we would slowly pull them up until their "whiskers" would come out of the water. Grabbing the "whiskers" with our fingers, we would carefully lift the crawfish out of the water. I used to call this "crawfishing for fun." With a good catch, we would head back home, and Mom would boil the crawfish for us. Sometimes she would give us only a few to eat, then put the rest in a gumbo or *fricassée.*

My dad had his own blacksmith shop, which was housed in a small building in the pasture behind the barn. In early spring he would remove all his plow blades from the plows, heat them, and beat the blades to the sharpness he needed. I enjoyed being in the shop with him. He would let me turn the hand blower that heated the coal in the forge. Using tongs, he would hold the plow blade buried in the hot coal until the tip of the blade was bright red. Then he would lay the hot blade on the anvil, and with his cross peen hammer he would strike the blade with heavy blows. This not only hammered the blade to a good sharpness but also hardened the steel to give it more durability. He sharpened all his plow blades, hoes and shovels in this manner each time he was ready to use them.

I remember the smell of the burning coal, the sounds of the pounding of steel against steel, the steam from the hot metal being dipped in cold water, the smoke from the coal burning my eyes, and my dad dripping with sweat as he hurried his preparations for the fields.

The winds of spring ushered in the kites. Many hours of joy were spent on weekends flying homemade kites of all sizes and shapes.

One year I built a four-foot kite of light wood and brown wrapping paper. I collected old pieces of rags to make a tail. A

printemps, les mûres d'éronce rouges tournaient noires et on allait avec nos bassins pour les cueillir. La poutine aux mûres était un de mes desserts favoris.

Le printemps était aussi pour la pêche aux écrevisses. Je me souviens de notre impatience aux derniers jours du printemps, lorsque les écrevisses dans les étangs commençaient à grandir. Le samedi matin, ma mère coupait des morceaux de viande salée et les attachait aux bâtons avec de longues ficelles, comme des cannes à pêche. On se dirigeait vers l'étang derrière la maison, en passant des heures à attraper des écrevisses et les mettre dans des seaux remplis à moitié de l'eau.

Les écrevisses saisissaient l'appât et on les tirait lentement, jusqu'à ce que leurs antennes sortaient de l'eau. On attrapait les antennes avec nos doigts et on les soulevait soigneusement de l'eau. J'appelais cela «pêcher les écrevisses pour s'amuser.» Avec cette bonne pêche, on rentrait à la maison et Maman bouillait ces écrevisses pour nous. Quelquefois elle nous en donnait quelques-unes pour manger, puis elle faisait cuire le reste dans un gombo ou une fricassée.

Mon père avait sa propre forge, située dans une petite cabane dans la savanne derrière le magasin. Au début du printemps, il ôtait les lames des charrues, les chauffait, et les battait pour les aiguiser. Je m'amusais bien dans la forge avec lui. Il me permettait de tourner le soufflet qui chauffait le charbon dans la forge. Avec des tenailles, il tenait la lame de la charrue dans les braises pour la chauffer jusqu'au point d'être rouge brillant. Puis, il posait la lame chaude sur l'enclume, et il la frappait à coups forts avec son marteau de forge. Ceci servait non seulement à affiler la lame mais aussi à l'endurcir pour la rendre plus solide. Il affilait ou aiguisait toutes les lames des charrues, des pioches et des pelles de cette façon chaque fois qu'il se préparait à les utiliser.

Je me souviens de l'odeur des braises du charbon, du bruit de frapper l'acier contre l'acier, de la vapeur du métal chaud plongé dans l'eau froide, de la boucane des braises qui brûlait les yeux et de mon père trempe de sueur pendant qu'il se pressait pour aller aux clos.

Les vents de printemps emmenaient les cerfs-volants. On passait des heures joyeuses à en faire voler de toutes grandeurs et de

large kite like this, if it flies, would require a rather long tail to keep control of it. My brother, Merv, our cousin, Carroll, and I decided to fly it on a windy night. However, we went one step farther. We made a large ball with some cotton, soaked it in kerosene and tied it to a long wire, which we attached to the tail of the kite. We then lit the ball of cotton and released the kite to the wind.

The wind pulled the kite until we were at the end of our string. What a sight! A ball of fire weaving around in the dark sky was like nothing we had ever seen. Our parents never knew what we had done. The next day there were rumors in the neighborhood that mysterious balls of fire were seen shooting through the sky.

When the spring arrived it seemed like all the trees in the woods turned green almost overnight, first a pale green and then, slowly, a brighter green. My mother's azaleas would turn into huge balls of red, pink and white, giving us two weeks of magnificent beauty. And the smell of sweet olive trees filled the air with a perfume-like scent, as the winds of March continued to sing the songs of spring.

toutes formes.

Une année, j'ai construit, avec du bois léger et du papier d'emballage, un cerf-volant de quatre pieds. J'ai ramassé de vieux chiffons pour en faire la queue. Un tel grand cerf-volant, pour vraiment voler, exige une longue queue pour pouvoir le diriger. Mon frère Merv, mon cousin Carroll et moi, on a décidé de le lancer un soir où il y avait un vent bien fort. Cependant, on est allé encore plus loin. On a fait une grande boule de coton, on l'a trempée de coal oil et on l'a amarrée à un long fil attaché à la queue du cerf-volant. Là, on a allumé la boule de coton et on a lancé le cerf-volant au vent.

Le vent a pris le cerf-volant jusqu'au bout de la ficelle. Quelle vue! Une boule de feu qui voltigeait dans le ciel noir comme quelque chose que l'on n'avait jamais vu. Nos parents n'ont jamais su ce que l'on avait fait. Le lendemain, on a entendu des rumeurs dans le voisinage que des boules de feu mystérieuses jaillissaient dans le ciel.

À l'arrivée du printemps, il me semblait que tous les arbres dans le bois tournaient verts presque du jour au lendemain; d'abord, un vert pâle et puis, un vert plus vif. Les azalées de ma mère se changeaient en grandes boules de rouge, de rose et de blanc pour deux semaines de beauté. Et les olives de Chine lâchaient leur parfum dans l'air, pendant que les vents de mars continuaient à chanter les chansons de printemps.

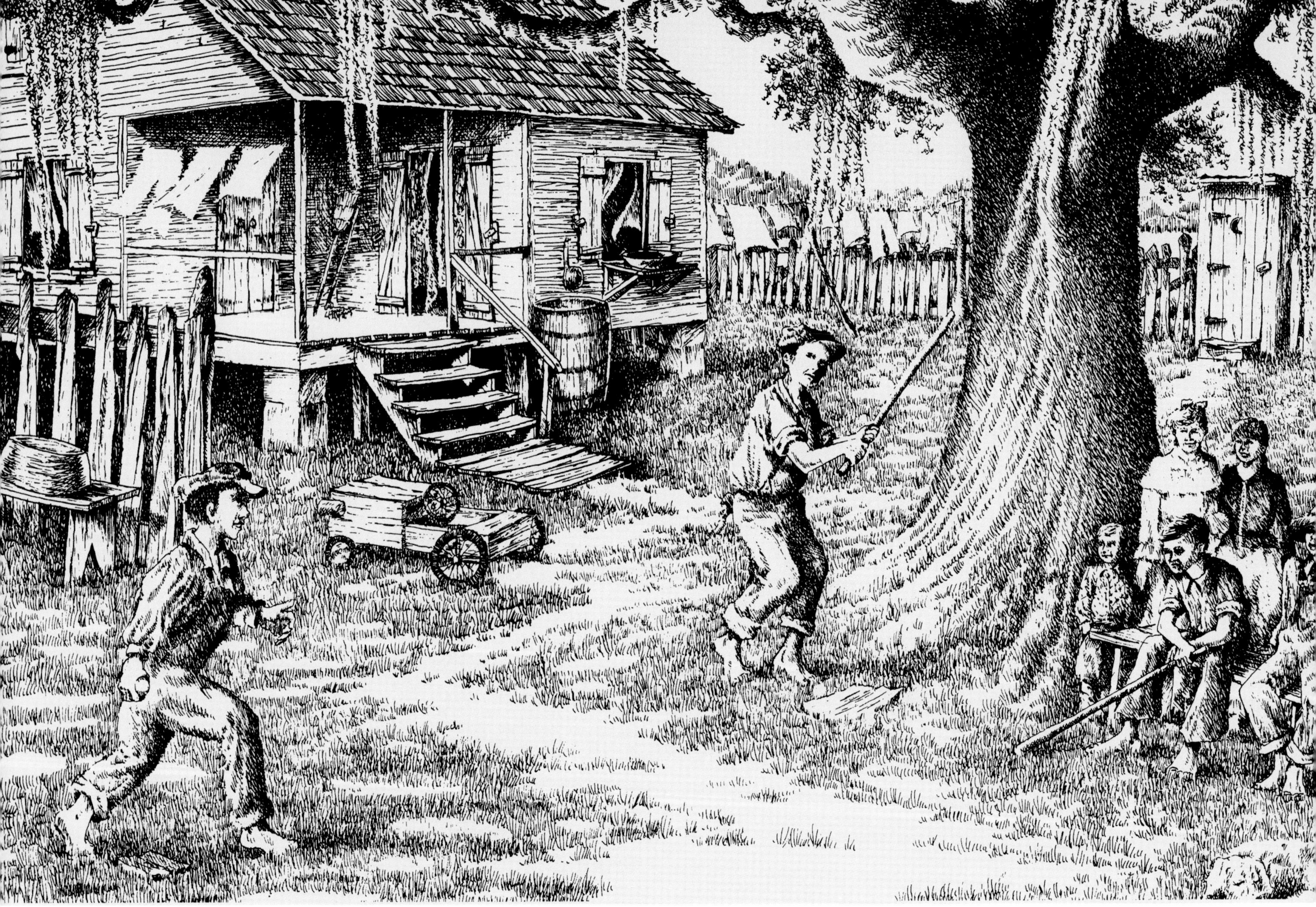

Bases Loaded / *Les buts chargés*

We played a lot of baseball when we were kids. Cousins and neighbors gathered on Sunday afternoons and played for hours. For a bat and ball we used a broom handle and a rubber ball.

On jouait au base-ball quand on était jeune. Les cousins et les voisins se rassemblaient le dimanche après-midi et on jouait pour des heures. On se servait d'un manche à balai et une pelote en caoutchouc.

18

Summertime

For us Cajun boys growing up in south Louisiana in the 1940s, summer vacation didn't mean going to the beaches of Florida or visiting the Grand Canyon. It simply meant a break from school and from the seemingly endless work in the fields.

Oh, we still had daily chores, such as caring for the farm animals, milking the cows and shucking the corn for the chickens. We also had to clean the stables, shell peas and beans for Mom's canning, and cut firewood for the stove. And, of course, there was always grass to be cut in the yard and pasture around the house. We had no gas-powered mower, only hand sickles. My mom, bless her heart, would assign all chores in the mornings so we would have the afternoons free for fun.

And fun is what the summer was all about, for the most part.

My brothers and I spent countless hours playing marbles in the shade of the backyard chinaball trees. We were in the woods, too, for hours at a time, climbing trees, picking blackberries, and fishing in the bayou.

July meant watermelons coming from the fields. I remember the long rows of watermelon vines my father and mother planted every year. The rows were about eight to ten feet wide, to give the plants plenty of room for the vines to grow long and produce abundantly. We watched with excitement as the watermelons grew from small flowers to maturity. My father would go through the patch, being careful not to step on the vines, thumping each large melon to see if it was ready for picking. He knew by the sound of the thump whether the melon was ripe. If it was ripe, he would carefully break it off the vine and set it on the side of the row. We would then carry the ripe melons to the wagon. Sometimes we

L'Été

Pour les jeunes Cadjins comme moi au sud de la Louisiane dans les années 1940, les vacances d'été ne voulaient pas dire aller aux plages de la Floride ou visiter le Grand Canyon. Ça voulait dire simplement un congé de l'école et du travail sans fin dans les clos.

On avait toujours nos travaux de tous les jours, comme soigner les animaux, tirer les vaches et égrener du maïs pour les poules. Il fallait aussi nettoyer les écuries, égrener des pois et des fèves pour les mettre en conserve et couper du bois pour le poêle. Et, bien sûr, il y avait toujours l'herbe à couper dans la cour et dans la savane autour de la maison. On n'avait pas de faucheuse de moteur à gaz (tondeuse), mais que des faux (faucilles). Ma mère, béni soit son coeur, nous assignait les travaux le matin, pour nous libérer l'après-midi.

S'amuser, c'était ça le but de l'été.

Mes frères et moi, on passait des heures innombrables à jouer aux caniques (billes) à l'ombrage des lilas dans la cour en arrière. On passait des heures entières, aussi, dans le bois, en grimpant les arbres, en ramassant des mûres et en allant à la pêche dans le bayou.

Le mois de juillet nous amenait des melons d'eau des clos. Je me souviens de longs rangs de lianes de melon plantées chaque année par mes parents. Les rangs étaient de huit à dix pieds de large, pour donner aux plantes assez de place pour s'étendre et pour produire en abondance. On les surveillait, excités par la transformation de petites fleurs en melons d'eau mûrs. Mon père marchait parmi les rangs, faisant attention de ne pas marcher sur les vignes, frappant avec le doigt chaque melon pour savoir s'il était prêt à casser. Il savait par le son si le melon était mûr. Si le melon était mûr, il le cassait soigneusement de la vigne et le mettait à côté du rang. On emportait les melons mûrs au wagon. Quelquefois, on rentrait avec un wagon plein de melons d'eau,

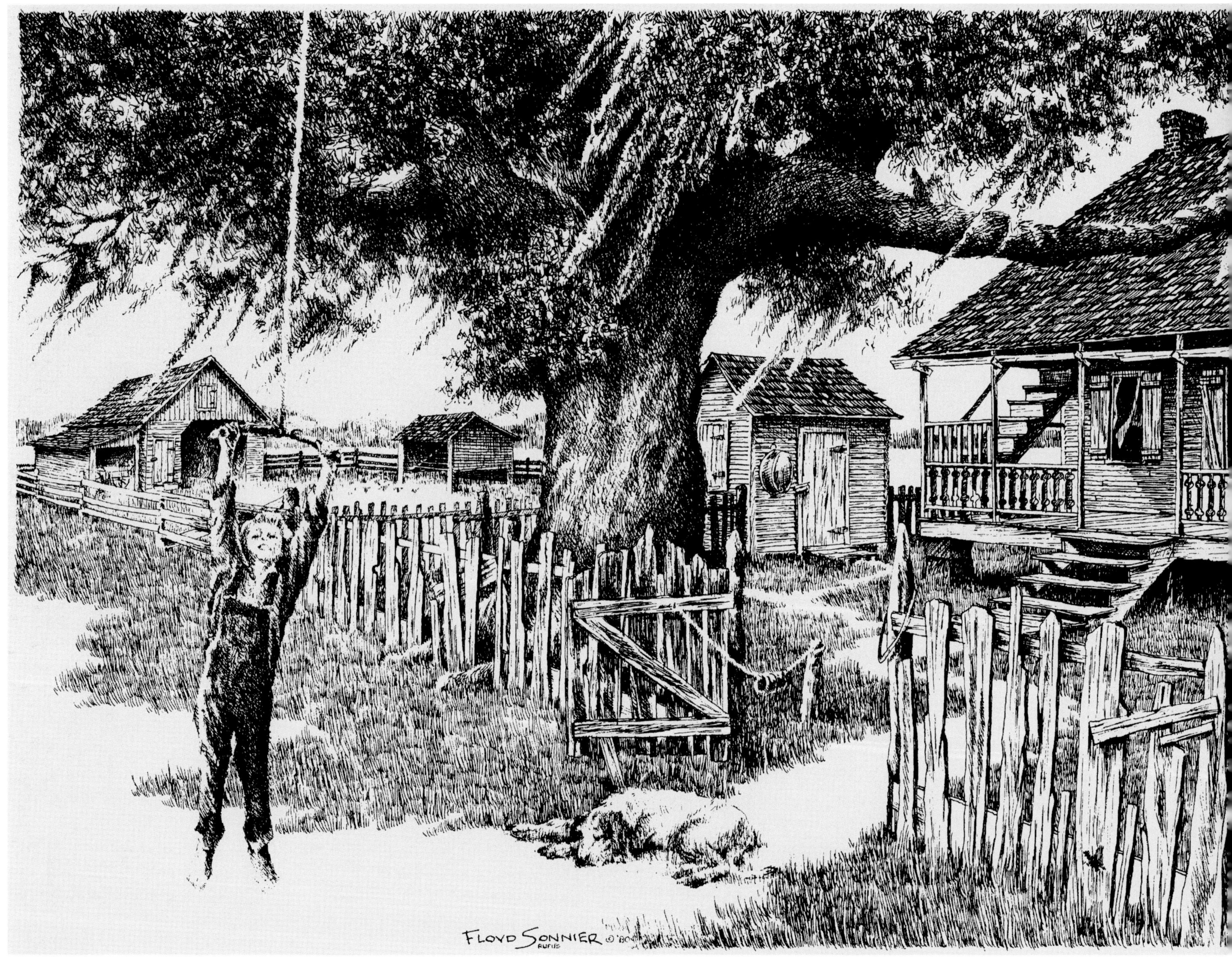
FLOYD SONNIER
RUFUS

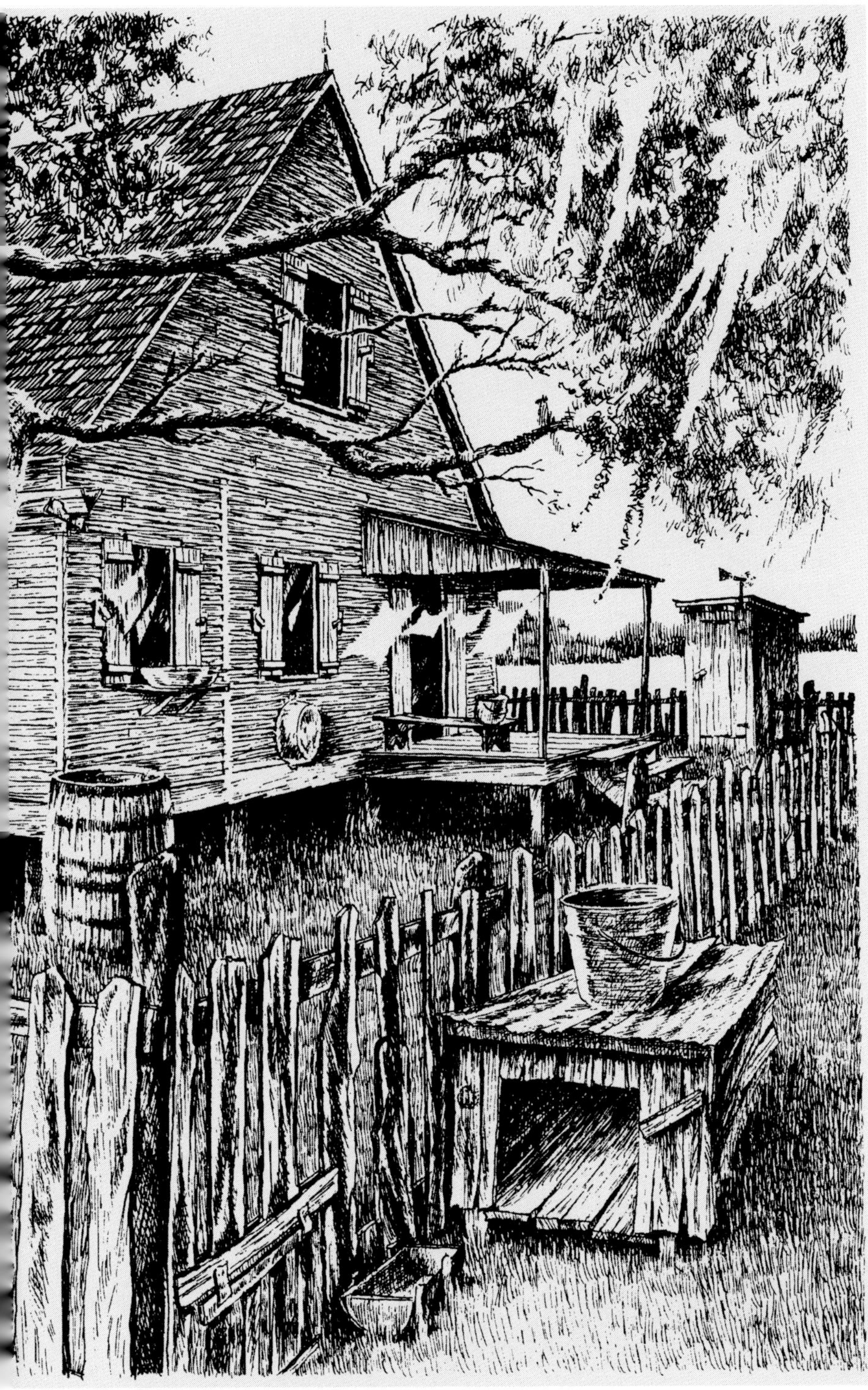

Rufus

It's summertime and the living is easy down on the farm. The model for the boy is my youngest son, Tim. The dog's name is "Flip," one of the dogs of my youth. The overall scene is a nearly complete Cajun farm, with main house, washhouse, outhouse, barn, chicken coup and doghouse.

Rufus

C'est l'été et la vie se déroule aisément à la ferme. Mon fils cadet, Tim, a posé pour ce dessin. Le chien s'appelle «Flip,» un des chiens de mon enfance. Ce que l'on voit c'est presque toute une habitation cadjinne, avec la maison, la laverie, le cabinet, le magasin, le poulailler et le nic à chien.

would bring in a wagon full of watermelons – large ones, small ones, some round, some oblong, dark green, light green and striped watermelons.

The watermelons were stored in cool places, such as dark corners of the barn, under the house and especially under the beds. We all slept on top of watermelons. And when company would come for a Sunday afternoon visit, my father would have us bring out watermelons to treat them. Our guests ate their fill and frequently left with some to bring home. July was a good time to visit our house.

The summer was also for family picnics. One Fourth of July we all gathered behind the home of my Pop Léus (my father's father) in a wooded area on one side of a pasture. The men dug a large hole in the ground, made a fire in it, and set a big screen over the hole.

There they cooked plenty of meat, mostly chicken and beef, something we had plenty of on the farm. The women set out white sheets and blankets on the ground with lots of fresh vegetables and homemade cakes and pies. And, of course, there were plenty of watermelons.

My grandparents on my mother's side, Joe and Elozia Thibodeaux of Lawtell, were also there. Both of my grandfathers stood around in white shirts, khaki pants and panama hats, talking, laughing and sipping cool home brew.

We made ice cream on the back porch on summer evenings. My dad would crush a block of ice and place it in the freezer. To hold the ice cream maker steady while he turned the handle, he would put a sack on the freezer and have me sit on it. I remember the creaking noise of the handle as it went 'round and 'round, the cool wetness of the sack on which I sat, and the delicious taste of the homemade vanilla ice cream.

Dad also made home brew every summer. My contribution to this process was to gather the bottles and wash them in hot, soapy water and rinse them well. When the beer was brewed and the bottles filled, they were placed in cool spots, some under the house and some in a sack in the cistern water.

I remember our summer afternoon swims. My brothers and I, a couple of cousins and other neighbors would meet in the woods

des grands, des petits, des ronds, des allongés, des vert-foncés, des verts-clairs et des barrés.

Les melons étaient gardés dans des endroits frais, comme dans les coins noirs du magasin, sous la maison et surtout sous les lits. On dormait tous au dessus des melons. Et lorsque la compagnie nous rendait visite le dimanche après-midi, mon père nous faisait sortir des melons d'eau pour leur servir. Tout le monde se rassasiait et, d'habitude, ils partaient avec des melons d'eau. Le mois de juillet était le bon moment pour nous rendre visite.

L'été était aussi pour les pique-niques de famille. Une année, au quatre juillet, on s'est tous rassemblés chez mon grand-père Léus (le père de mon père), derrière la maison dans un bois à côté d'une savane. Les hommes ont creusé un grand trou dans la terre, ils ont fait un feu là-dedans et ils ont mis une grande grille au-dessus du trou.

Là, ils ont cuit beaucoup de viande, principalement du poulet et du boeuf, dont on en avait beaucoup chez nous. Les femmes ont étendu par terre des draps et des couvertures blanches, sur lesquelles elles ont posé des plats de jardinage (légumes) frais, des gâteaux et des tartes. Et, bien sûr, il y avait des melons d'eau.

Mes grands-parents du côté de ma mère, Joe et Élozia Thibodeaux de Lawtell, étaient présents aussi. Mes deux grands-pères restaient debout, habillés en chemises blanches, pantalons kakis et chapeaux de paille (panama), en bavardant, en riant, et en buvant à petits coups de la bonne bière fraîche faite à la maison.

On faisait de la crème à la glace sur la galerie en arrière les soirs d'été. Mon père écrasait un grand bloc de glace et le plaçait dans la sorbetière. Pour tenir la sorbetière ferme pendant qu'il tournait le manche, il mettait un sac par-dessus et me faisait m'assir dessus. Je me souviens du grincement de la manche pendant qu'elle tournait, de l'humidité du sac sur lequel j'étais assis et de la saveur délicieuse de la glace à la vanille.

Mon père faisait de la bière tous les étés. Ma charge était de ramasser les bouteilles, de les laver dans l'eau chaude et savonneuse et de les bien rincer. Quand la bière était faite et les bouteilles remplies, on les mettait au frais, quelques-unes sous la maison et quelques-unes dans un sac dans l'eau de la citerne.

Je me souviens de nager l'après-midi en été. Mes frères et moi, nos cousins et d'autres voisins, on se rencontrait dans le bois derrière notre

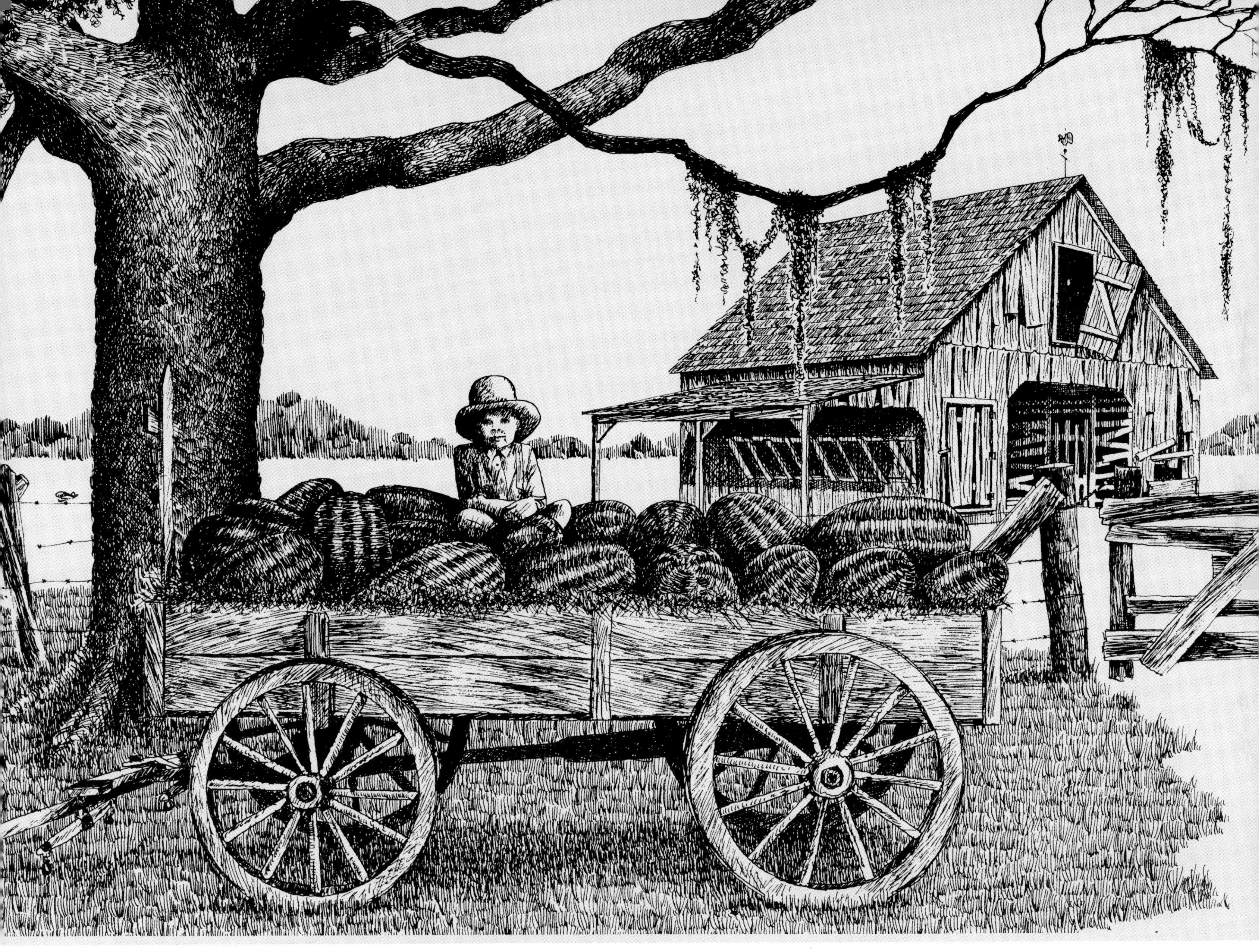

Sonny Boy / ***Sonny Boy***

One thing we grew lots of on our farm was watermelon. *Une chose que l'on cultivait beaucoup chez nous était les melons d'eau.*

behind our home. A few hundred yards away was Bayou Plaquemine Brulée, where we swam. Not having any swimsuits, we wore cut-off jeans. Sometimes we'd swim in the buff. On one such occasion a little group of girls (cousins and neighborhood kids) sneaked up on us and sat next to our clothes, laughing and giggling at our dilemma. It wasn't until we threatened to come out of the water that they finally left us to our privacy.

Not very far from our house were some rice fields. In order to flood the fields to prevent the weeds from growing, water was pumped from a deep well into a small pond that emptied into the rice fields. A few times we sneaked into the pond to swim while the well was being pumped. The water coming out was clear and clean but very cold, too cold. We preferred the murky but warmer water of the bayou.

Summertime also meant spending a couple of weeks with Grandma

maison. Un peu plus loin se trouvait le Bayou Plaquemine Brûlée, où on nageait. N'ayant point de maillots de bain, on portait des jeans coupés. Quelquefois on nageait tout nu. Une fois, un groupe de jeunes filles (des cousines et des voisines) s'est glissé furtivement auprès de nous et s'est assis sur nos vêtements, en riant à notre dilemme. Ce n'était que quand on a menacé de sortir de l'eau qu'elle nous ont quittés en paix.

Des clos de riz ne se trouvaient pas très loin de chez nous. Pour inonder les clos afin d'empêcher les mauvaises herbes, on pompait de l'eau d'un puits profond dans un petit étang qui se vidait dans les clos de riz. Quelquefois, on se faufilait dans l'étang pour nager pendant que le puits pompait de l'eau. L'eau était claire et propre, mais très froide, trop froide. On préférait l'eau trouble mais plus chaud du bayou.

L'été signifiait aussi passer quelques semaines chez Grand-mère Élozia

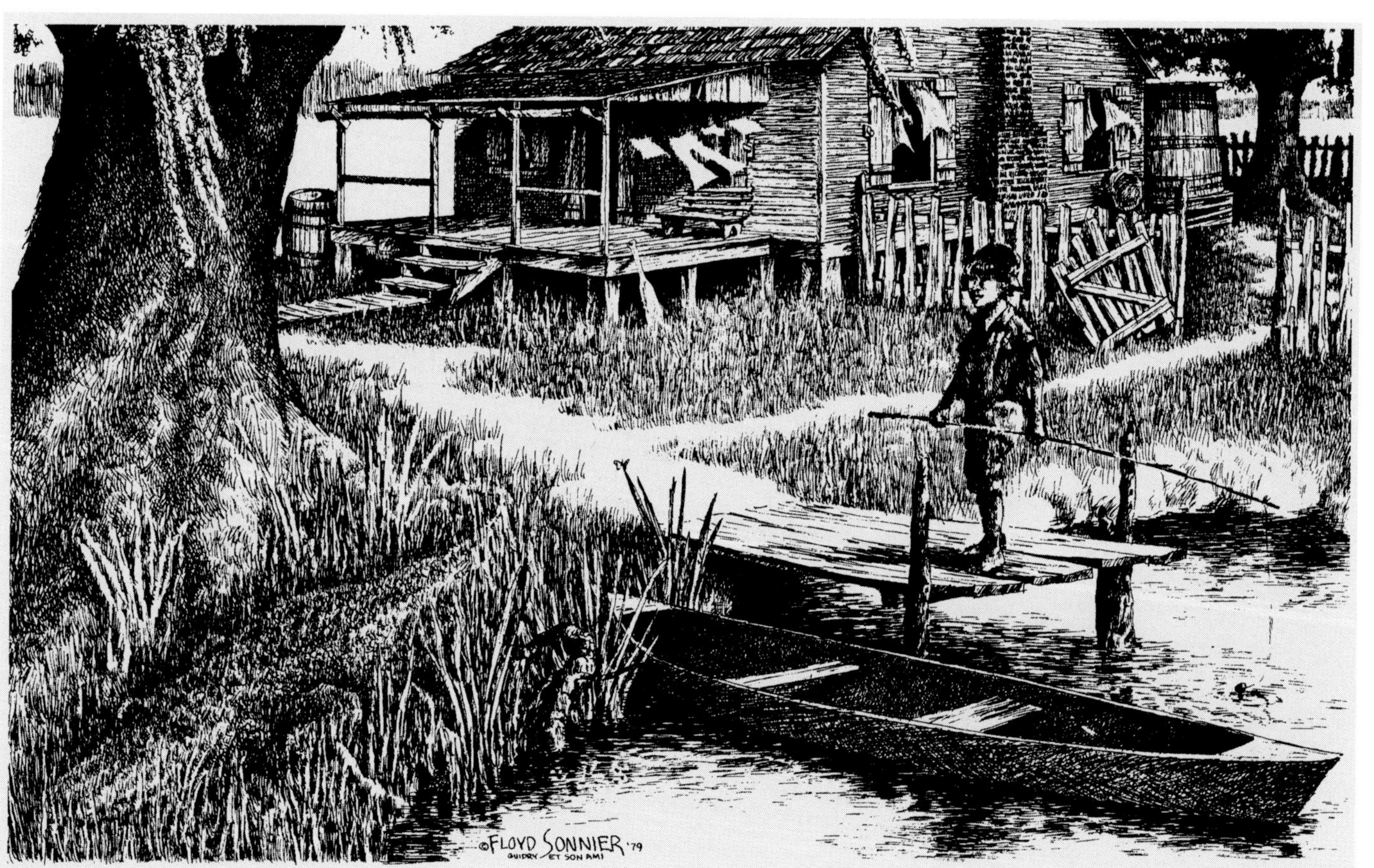

Guidry and Friend

It's true what they say about alligators in the Cajun Country: There are plenty of 'gators to be found in the wetlands of south Louisiana.

Guidry et son ami

C'est vrai, ce que l'on dit au sujet des cocodrils au Pays Cadjin: il y en a beaucoup dans les marécages du sud de la Louisiane.

Elozia and Grandpa Joe in Lawtell – and being pampered the whole time. Being their oldest grandchild, I guess I had a special place in their hearts. I also spent a lot of time with Pop Léus and Grandma Marie, who lived just down the road from us. From him, I learned as much as I could about our Cajun culture, ancestry and heritage.

I found the summer to be a time of self-discovery, a time to find one's self, as it were. Sure, I enjoyed playing games in the backyard, the pasture, the woods and the barn with my brothers and sister, my cousins and friends. But summer also allowed me to spend time with myself. I spent hours roaming the fields and woods alone, with my imagination. I played in my dad's barn, alone. I lived in a world of imagination for short periods of time. I was brought back to reality only when my mom would call me in for lunch, supper or a chore.

During vacation I had more time to read, so I did. I read anything I could put my hands on, mostly used magazines. My mother loved romance magazines, so I read those, too. I remember once I was sick during the summer, so to cheer me up my dad bought me a subscription to *LIFE* magazine.

Another aspect of life in the summer was after-dinner naps. Mom required us to nap or at least rest after our noon meal every day. We would lie down on the linoleum floor near one of the screen doors and doze off for a while. Sometimes I'd read a little then fall asleep.

Though I went to bed at night with my head near an open window, many times I wasn't able to fall asleep because it was just too hot. I had to fan myself to sleep. I remember lying there and hearing the night noises of the farm and woods: the crickets in the trees and the frogs in the pond singing their amorous songs; the cows in the barn swatting mosquitoes with their tails; and the distinct barking of a dog chasing a raccoon or some other animal.

Sometimes I would stare out into the night and watch the flickering of fireflies outside my window. Occasionally I caught a glimpse of a shooting star. I marveled over the beauty of the stars, and I wondered about the size of the universe.

et Grand-père Joe à Lawtell – et d'être bien gâté chaque minute. Puisque j'étais l'aîné des petits-enfants, je pense que j'avais une place spéciale dans leurs coeurs. Je passais beaucoup de temps chez Grand-père Léus et Grand-mère Marie, qui habitaient près de chez nous. De ce grand-père, j'ai appris autant que je pouvais au sujet de notre culture, de nos ancêtres et de notre héritage.

Pour moi, l'été était un temps pour la découverte de moi-même. Bien sûr, je m'amusais à jouer dans la basse-cour, la savane, le bois et le magasin avec mes frères et ma soeur, mes cousins et mes amis. Mais l'été me permettait de la solitude. Je passais des heures à parcourir les champs et le bois, seul avec mon imagination. J'ai vécu dans un monde imaginaire pendant de grands bouts de temps. Je ne revenais à la réalité que lorsque ma mère m'appelait pour dîner, pour souper ou pour travailler.

Pendant les vacances j'avais plus de temps à lire, et j'en profitais. Je lisais tout ce que je pouvais mettre les mains dessus, surtout des revues. Ma mère adorait les contes d'amour, alors, je les lisais aussi. Je me souviens d'une fois quand j'étais malade pendant l'été et mon père, pour m'encourager, m'a acheté un abonnement à la revue «Life.»

Un autre aspect de la vie pendant l'été était les petits sommes après le repas du midi. Mom insistait que l'on se repose tous les jours après le repas du midi. On se couchait sur le plancher de linoléum près de la porte en grille et on s'endormait. Quelquefois je lisais un peu avant de m'endormir.

Bien que je me couchais la nuit avec la tête près d'une fenêtre ouverte, souvent je n'arrivais pas à m'endormir à cause de la chaleur étouffante. Il fallait m'éventer. Je me souviens d'être couché et d'entendre les bruits nocturnes de la ferme et du bois: les criquets (grillons) dans les arbres et les grenouilles dans les étangs qui chantaient, les vaches dans l'écurie qui frappaient les maringouins (moustiques) avec leurs queues; et le jappement distinct du chien à la poursuite d'un chaoui (raton laveur) ou d'un autre animal.

Quelquefois je regardais par la fenêtre et j'observais les petites lueurs des mouches à feu (lucioles). De temps en temps j'apercevais une étoile filante. Je m'émerveillais de la beauté des étoiles et de la grandeur de l'univers.

On many occasions I've been asked whether I was afraid I might run out of subjects to draw. Of course, the answer is "no way," as one might surmise from this feature of miscellaneous drawings, ranging from historic buildings and old oil wells to shrimp boats and wild ducks.

Souvent, on me demande si j'ai peur d'être à court d'idées pour des sujets à dessiner. Bien sûr, la réponse est «Pas question!» On peut voir ceci par ces dessins divers, qui vont des bâtiments historiques et de vieux puits d'huile aux bateaux de chevrettes et des canards sauvages.

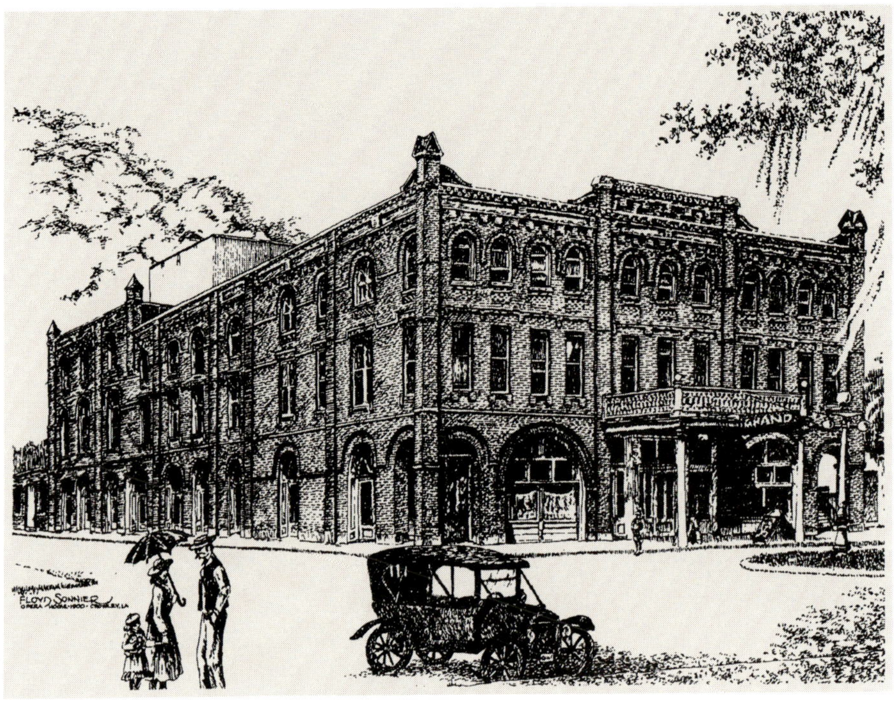

Grand Opera House, Crowley, La.
Le Grand Théâtre de l'Opéra de Crowley, Louisiane

Established in 1901, the Grand Opera House of the South was part of the Southern circuit for traveling shows until the 1940s. A century after its original opening, it was undergoing a major restoration, with owners planning to re-open it for plays, opera and other stage performances.

Établi en 1901, le Grand Théâtre de l'Opéra du Sud faisait partie de la tournée des spectacles voyageurs jusqu'aux années 1940. Un siècle plus tard, il éprouvait une restauration majeure, et les propriétaires comptaient de rouvrir pour des pièces, de l'opéra et d'autres spectacles de théâtre.

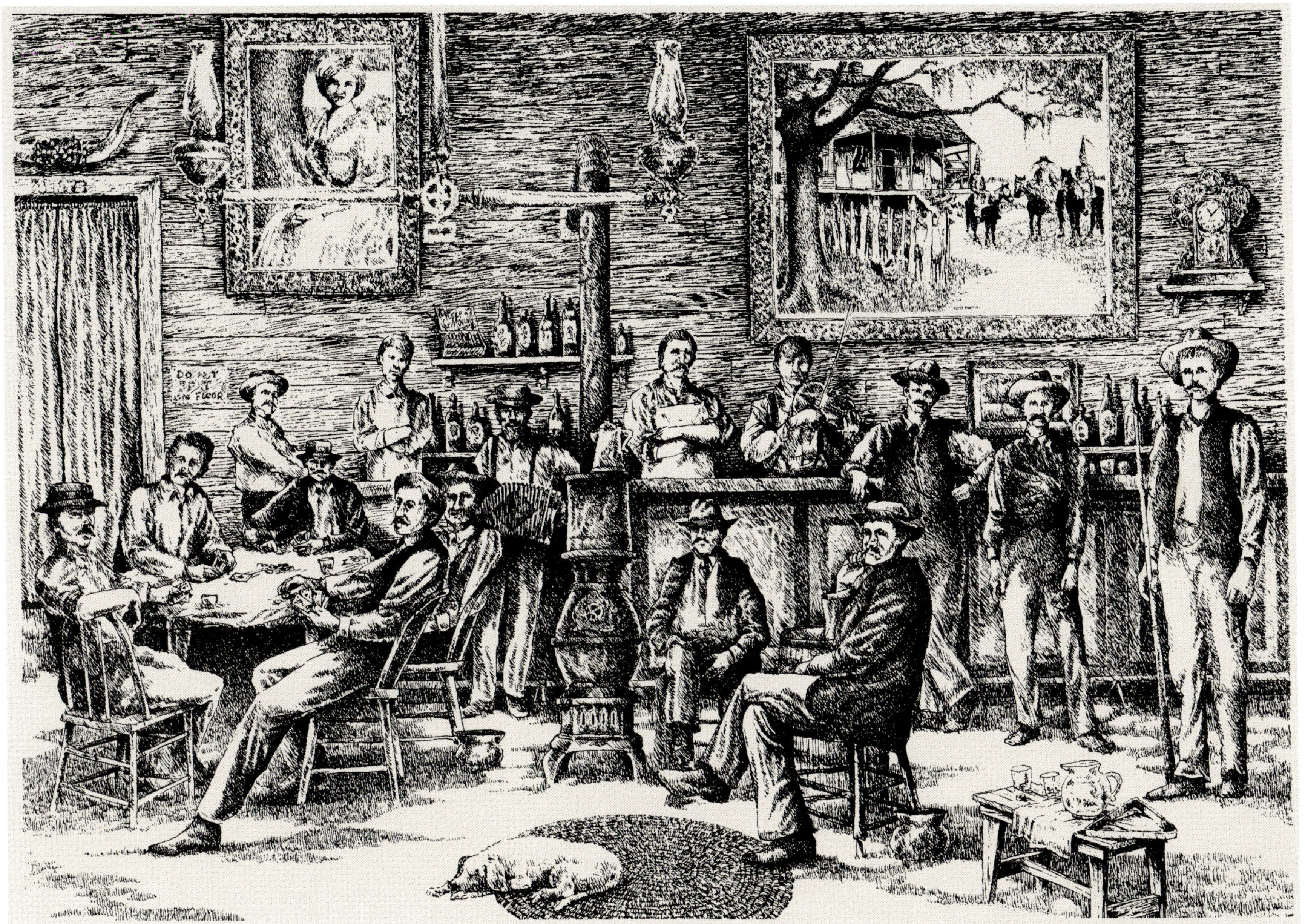

Louisiana Country Club / *Le Club Privé de la Louisiane*

This turn-of-the-century country club is one of my few drawings of indoor scenes. On the wall behind the bar are two of my other works, "Jolie Blonde" and "Courir du Mardi Gras."

Ce club privé du début du siècle est un de mes rares tableaux d'intérieur. Sur le mur derrière le bar se trouvent deux de mes autres dessins, «Jolie Blonde» et «Courir du Mardi gras.»

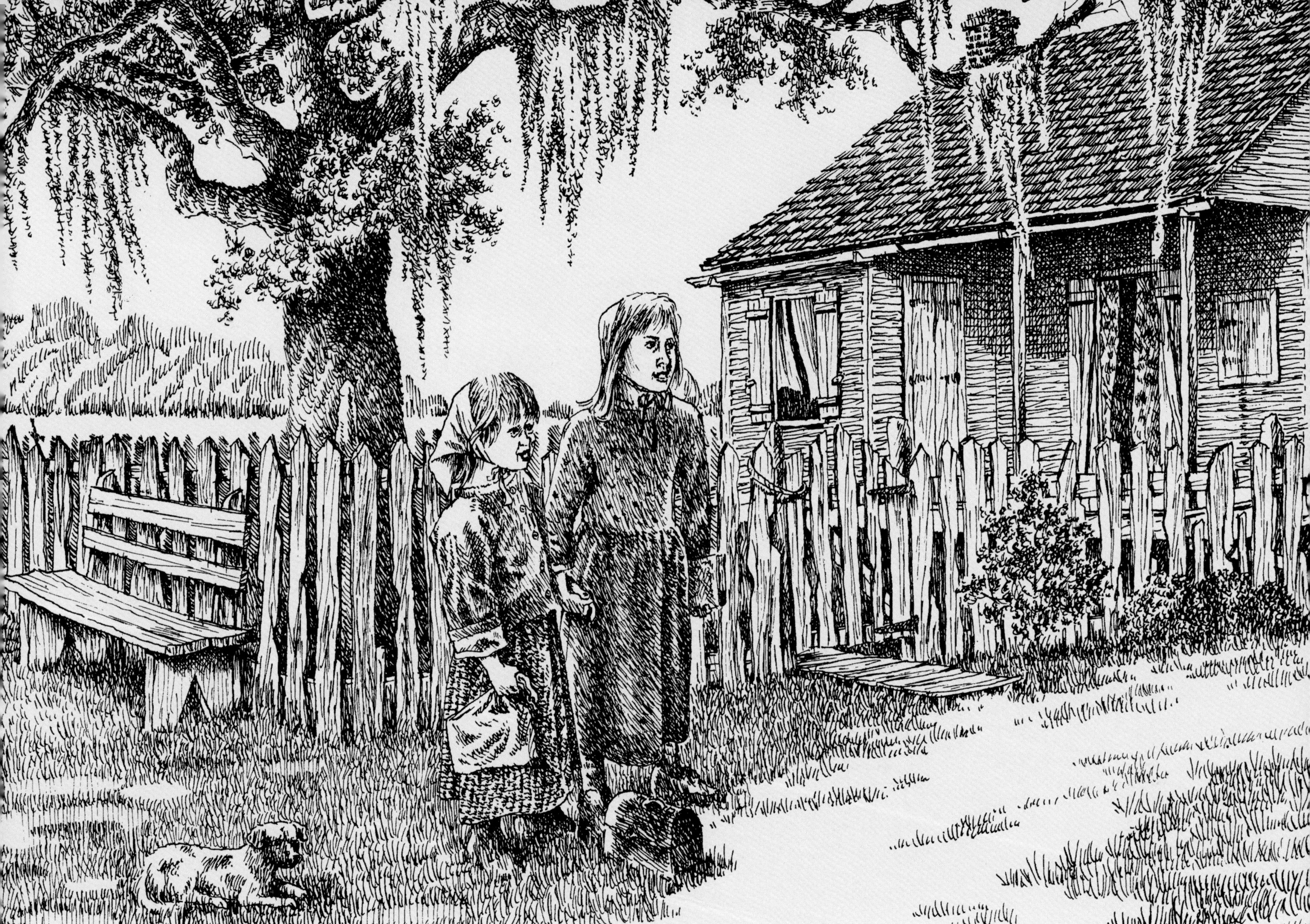

Back to School / *La rentrée à l'école*

Country girls wait for the school bus outside their house in the morning. In the early 1900s many children got to school in horse-drawn buses.

Les filles de la campagne attendent le transfert (l'autobus scolaire) près de leur maison le matin. Au début des années 1900, beaucoup d'enfants montaient dans des voitures tirées par des chevaux pour aller à l'école.

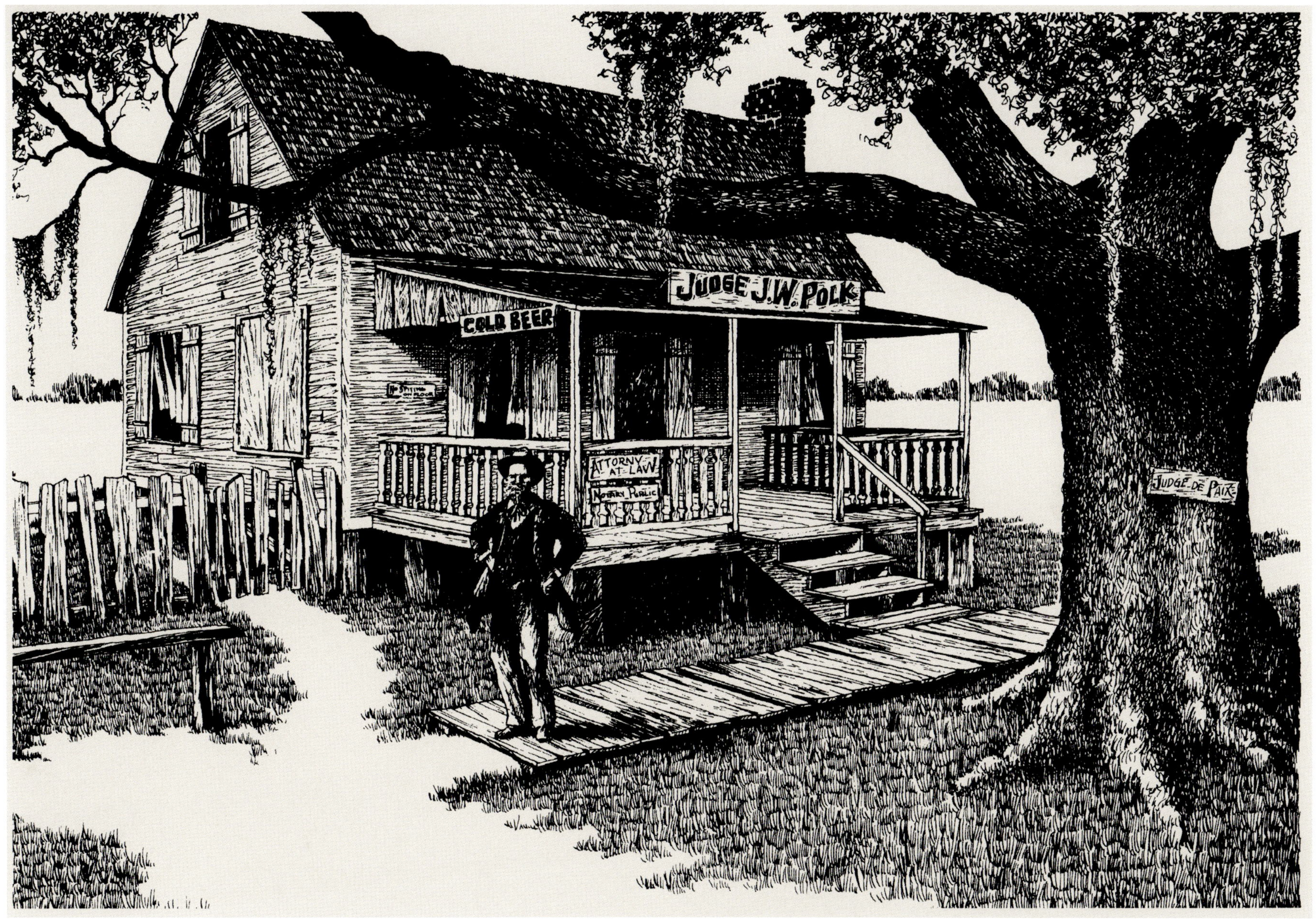

Law on the Bayou / ***La loi au bayou***

This is one of my relatively early works, depicting a south Louisiana judge and his office. It was done for my good friend John Weinstein, an attorney in Opelousas.

Ceci est un de mes premiers dessins, qui dépeint un juge du sud de la Louisiane à son bureau. Je l'ai dessiné pour mon bon ami John Weinstein, un avocat aux Opélousas.

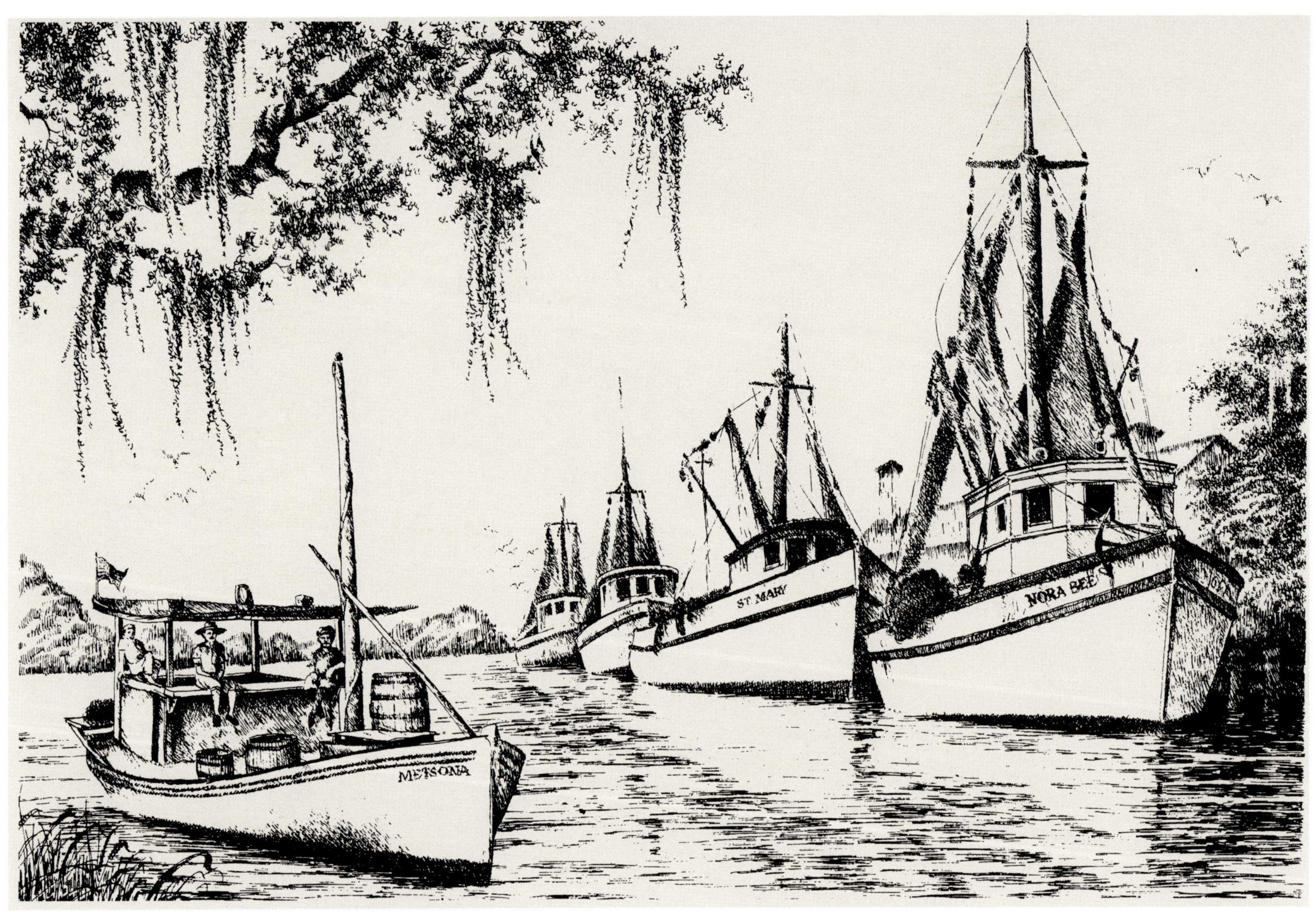

Shrimp Boats A-Coming / *Les bateaux de chevrettes s'en viennent*

Shrimp trawlers are docked on Bayou Petit Caillou near Chauvin, just south of Houma. With the Gulf of Mexico being so close, shrimping is a major part of the economy of Louisiana's coastal communities.

Les chalutiers sont amarrés au quai au Bayou Petit Caillou près de Chauvin, au sud de Houma. Puisque le Golfe du Mexique est si près, la pêche aux chevrettes joue un rôle important dans l'économie des communautés côtières louisianaises.

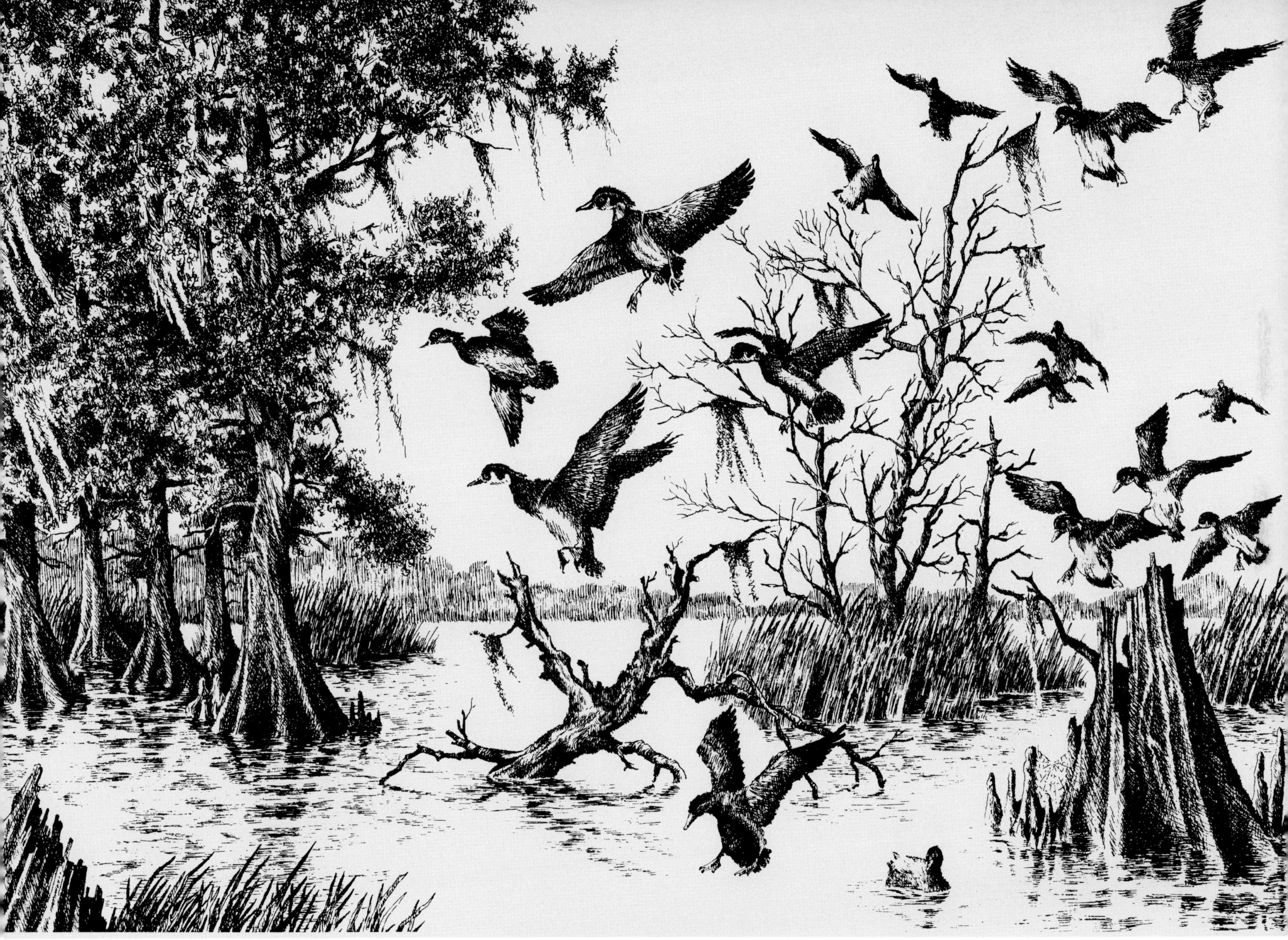

Cypress Home / *Maison de cipre*

A flock of wood ducks lights in a pond near cypress trees in south Louisiana's wetlands.

Une bande de canards branchus se pose dans un marais près des cipres dans les marécages du sud de la Louisiane.

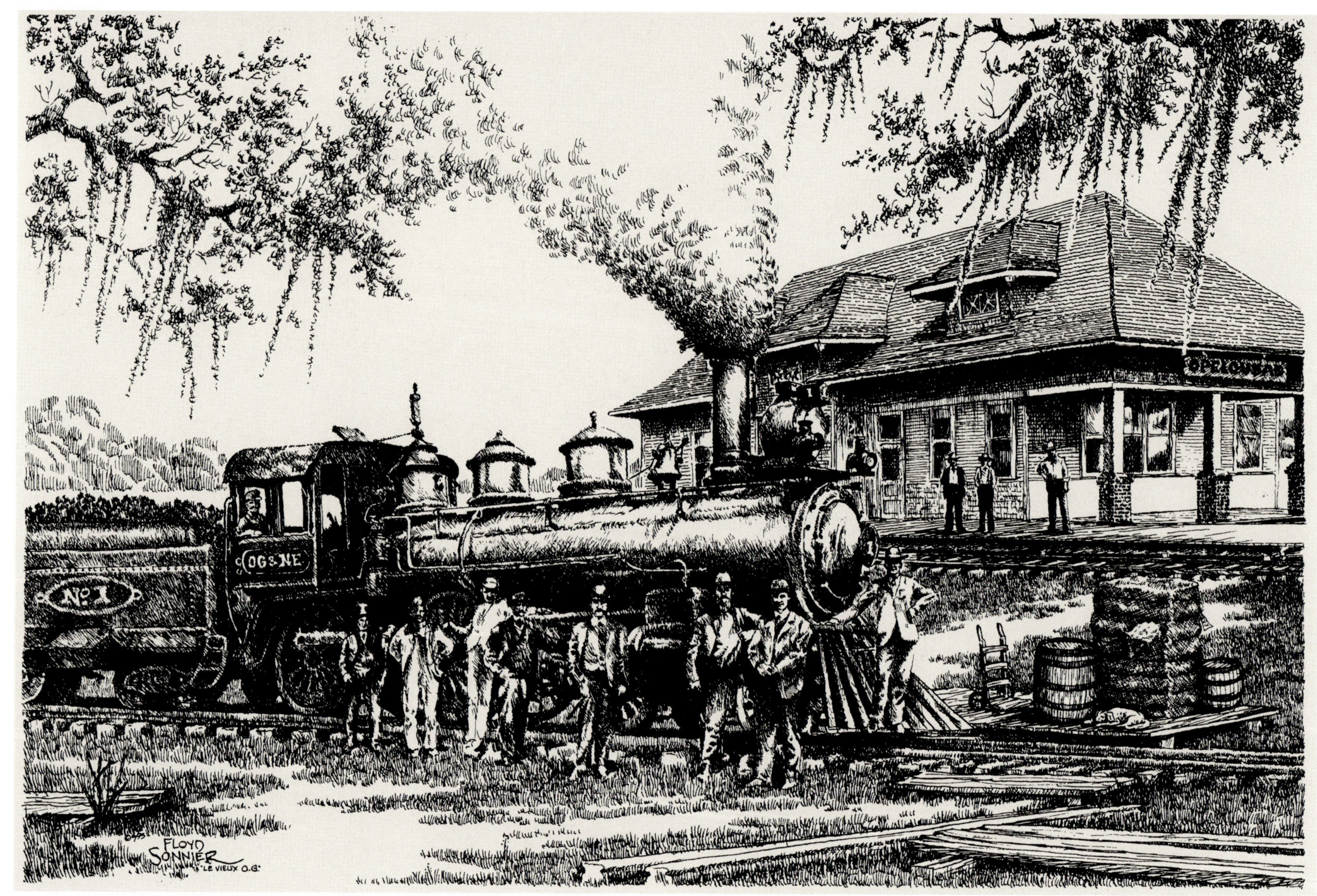

The Old Opelousas Gulf / *Le vieux Opelousas Gulf*

When I was a boy, I heard the whistle of the Opelousas Gulf and NE locomotive as it passed through Church Point. Carrying bales of cotton and other farm commodities, the train traveled between Opelousas and Crowley on a regular basis.

Quand j'étais jeune, j'entendais le sifflet de la locomotive d'Opelousas Gulf and NE pendant qu'elle passait à travers de la Pointe de l'Église. Transportant des balles de coton et d'autres marchandises agricoles, ce char à vapeur voyageait régulièrement entre les Opélousas et Crowley.

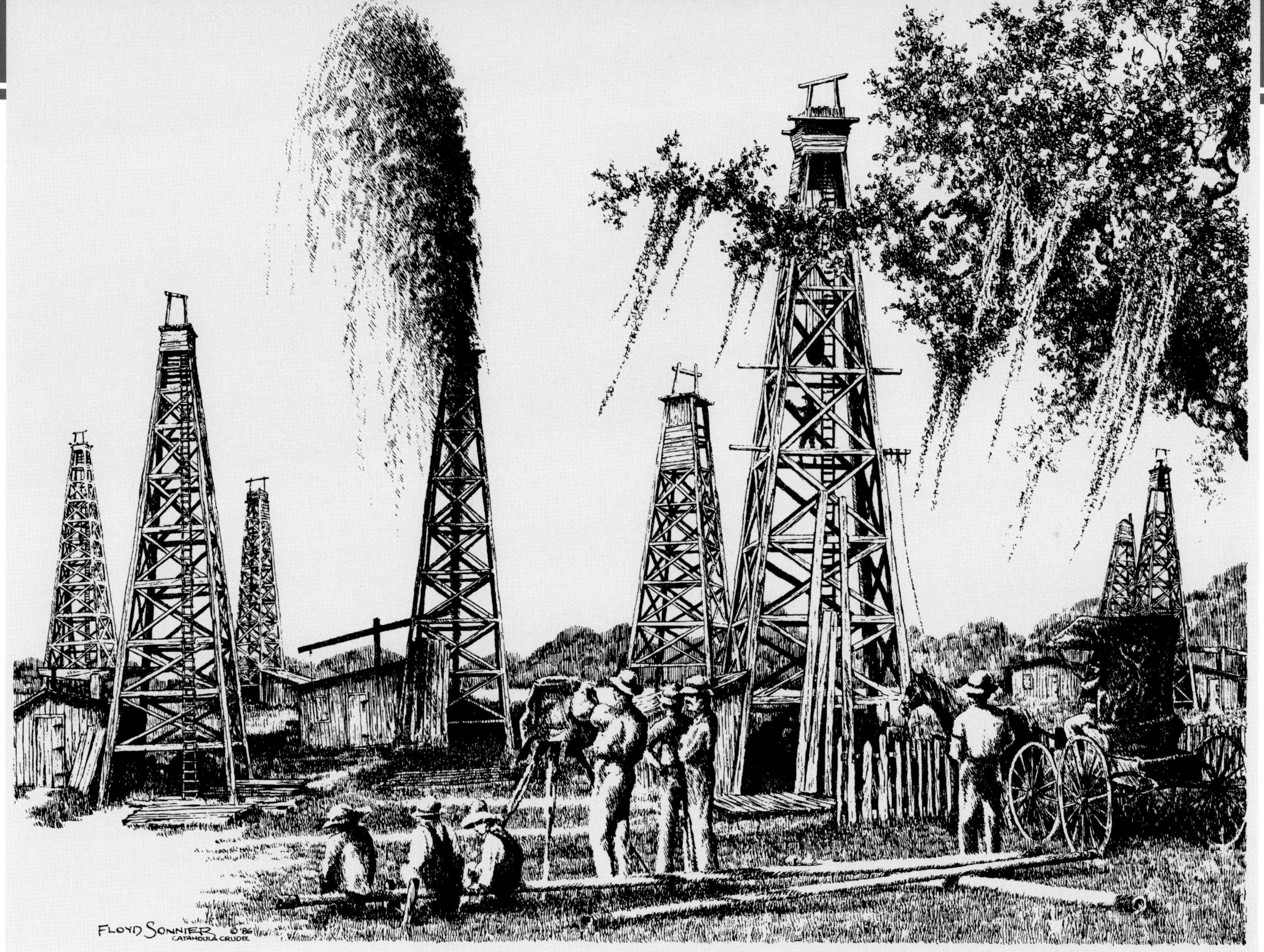

Catahoula Crude / *L'Huile pas raffinée de Catahoula*

A drilling rig strikes oil as neighborhood kids gather 'round to watch and a photographer prepares to record the event for posterity. This is one in a series of drawings I did to commemorate the early days of Louisiana's oil industry.

Un puits d'huile trouve de l'huile brute pendant que les enfants du voisinage se rassemblent pour guetter et un photographe se prépare à enregistrer l'événement. pour la postérité. Ce dessin fait partie d'une série faite pour commémorer le début de l'industrie pétrolière en Louisiane.

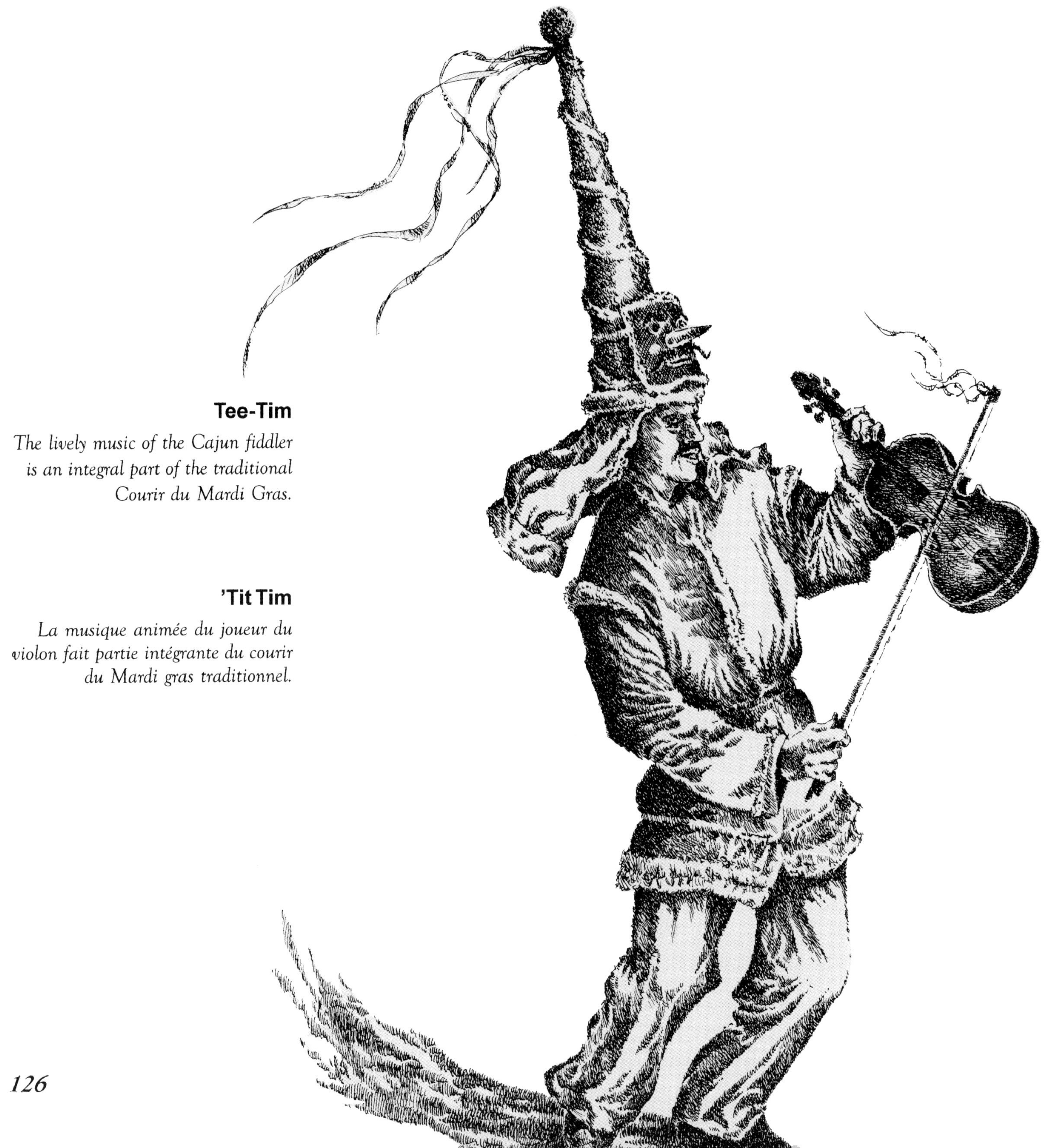

Tee-Tim

The lively music of the Cajun fiddler is an integral part of the traditional Courir du Mardi Gras.

'Tit Tim

La musique animée du joueur du violon fait partie intégrante du courir du Mardi gras traditionnel.

19

Mardi Gras

It was *Mardi Gras* in the country sometime around 1940, the year before I entered first grade. From a distance I could see a cloud of dust being kicked up by a band of horses. I could hear an accordion and a fiddle playing the melody of a Cajun two-step.

Two by two the horses approached our house carrying colorfully dressed riders wearing tall, pointed hats with streamers that waved in the breeze.

Gardez-donc là-bas, les Mardi Gras viennent! Look yonder, here comes the Mardi Gras!

Mardi Gras (French for Fat Tuesday) was and still is the big celebration that goes on throughout south Louisiana on the day before Lent begins. The following day, Ash Wednesday, is the beginning of the Lenten season. Lent runs for 40 days and is a solemn time of prayer, sacrifice and reflection – the exact opposite of the rowdiness of *Mardi Gras*.

Le Courir de Mardi Gras (the *Mardi Gras* run) is the country-style Mardi Gras which begins early Tuesday morning when 25 to 50 or more men and boys on horses – dressed in colorful homemade costumes with masks and tall, pointed hats, called *capuchons* – band together in a somewhat organized manner and are led by an unmasked leader called *Le Capitaine*. *Mardi Gras* was always a blending of fantasy with reality, a fun-filled day when worries and cares were cast away.

The riders, all friendly neighbors and relatives, would leave from a designated gathering place early in the morning then circle their village at a slow pace, returning to the starting point by late afternoon. Along the way they would visit farm houses. Upon approaching someone's home, *Le Capitaine* – dressed in everyday

Le Mardi gras

C'était le Mardi gras à la campagne vers 1940, l'année avant ma première année d'école. De loin, je pouvais voir un nuage de poussière agité par une bande de chevaux. Je pouvais entendre un accordéon et un violon qui jouaient la mélodie d'une danse de deux-pas cadjinne.

Deux par deux, les chevaux venaient vers notre maison, montés de cavaliers habillés de toutes couleurs et portant de grands chapeaux pointus surmontés de banderoles qui voltigeaient dans le vent.

'Gardez-donc là-bas, les mardi gras viennent!

Le Mardi gras était, et reste encore, la grande fête au sud de la Louisiane le jour avant le commencement du Carême. Le lendemain, le mercredi des Cendres, est le premier jour de Carême. Le Carême est une période de quarante jours de prière, de pénitence et de réflexion, le contraire de la folie du Mardi gras.

Le courir de Mardi gras est le Mardi gras de la campagne, qui commence de bonne heure le mardi matin, lorsque 25 à 50 hommes et garçons, montés à cheval, habillés de costumes pittoresques, masqués et portant de grands chapeaux pointus appelés des capuchons, se rassemblent sous la direction d'un chef sans masque, le capitaine. Le Mardi gras était toujours un mélange de fantaisie et de réalité, une journée de gaieté pendant laquelle les soucis et les tracas sont mis de côté.

Les cavaliers, tous des voisins ou de la parenté, quittaient tôt le matin d'un endroit désigné pour faire le tour peu à peu du village, en retournant au point de départ tard dans l'après-midi. Tout le long de la route, ils rendaient visite aux maisons des habitants. En s'approchant de la maison, le capitaine, habillé de vêtements de

Mardi Gras Gumbo

After being greeted by the farmer and his family, Mardi Gras revelers would perform by singing, dancing, and playing Cajun music. To reward them, the farmer would throw out a live chicken or two for the horsemen to chase and catch. That night, after the revelers completed their sweep through the countryside, a huge gumbo was prepared using these chickens, as well as guineas and sausage.

Le gombo de Mardi gras

Après avoir été accueillis par l'habitant et sa famille, les mardi-gras chantaient, dansaient, et jouaient de la musique cadjinne. Pour les récompenser, le fermier leur jetait un poulet vivant ou deux, que les cavaliers chassaient et attrapaient. Ce soir, la tournée à travers la campagne terminée, on préparait un grand gombo avec ces poulets, aussi bien qu'avec des pintades et de la saucisse.

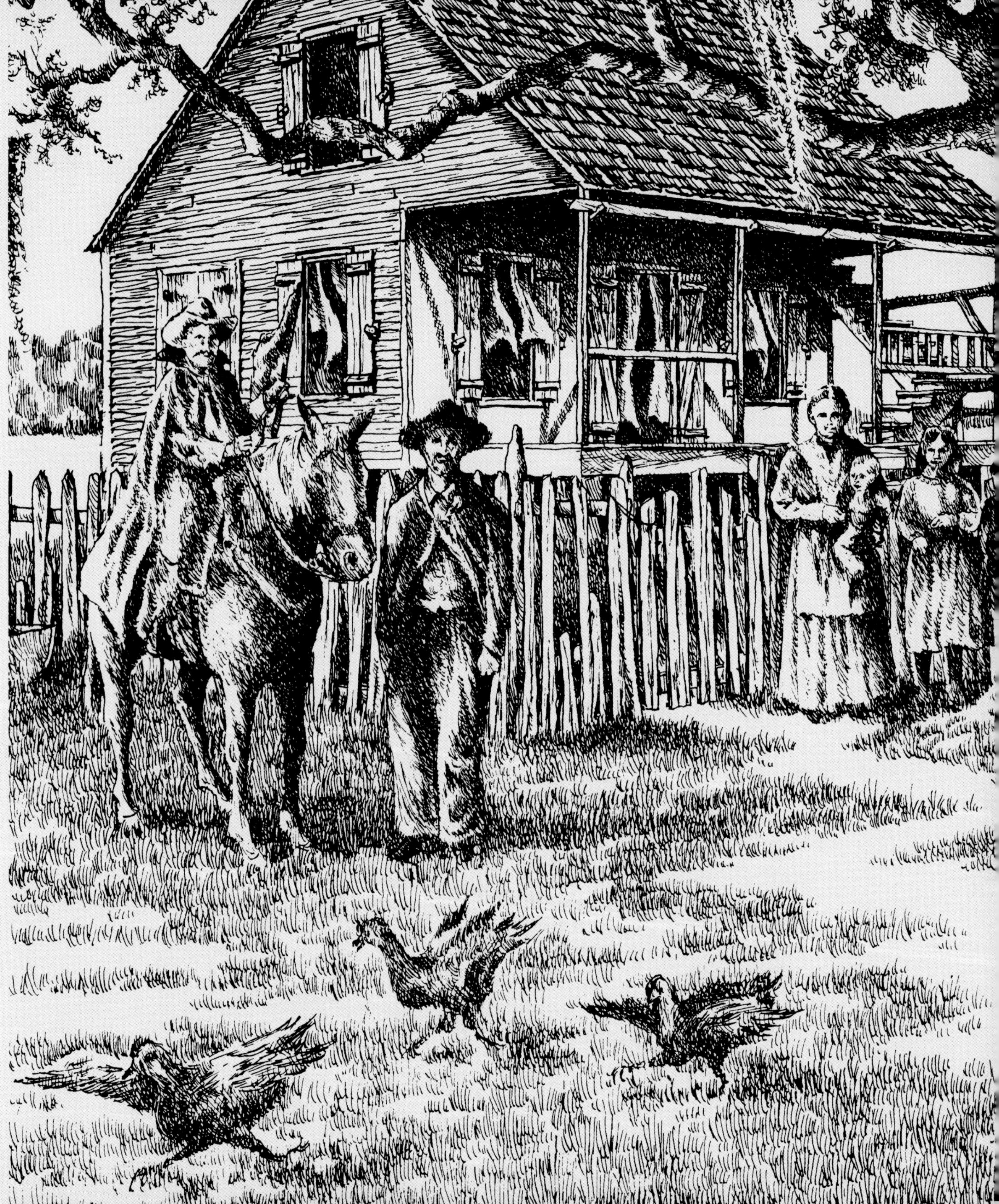

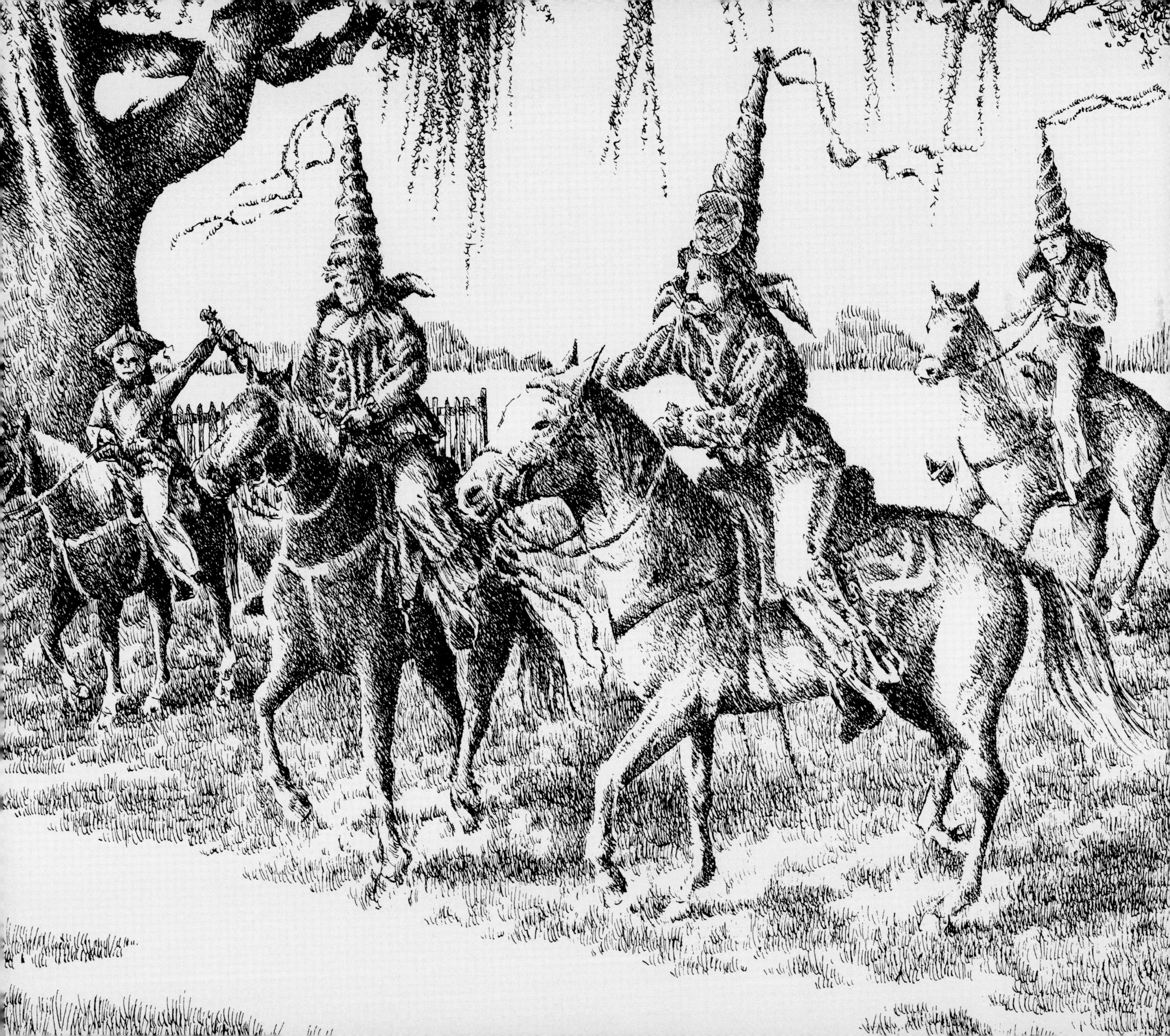

clothes except for a purple cape and carrying a flag or a cow horn – would ride ahead to the house and ask the farmer if he would welcome the *Mardi Gras*. If the farmer agreed, and most did, *Le Capitaine* would drop the flag or blow the horn to signal the crew, who were waiting at the road, that they were invited. What a sight! Thirty or more horses galloping full speed toward the house with colorfully dressed riders whooping and hollering was something to see.

The *Mardi Gras* riders would entertain the farmer and his family by dancing and singing. Then they begged for a reward. Some farmers would throw a live chicken or guinea to the crowd. The band of men and boys would then scramble to catch the chicken. Sometimes they would receive a bag of rice or some pork sausage. They moved from farm house to farm house, collecting rewards in exchange for their entertainment.

All the bounty was carried back in a wagon which followed the group to town for a huge gumbo to feed everyone there that night. Musicians would come in to finish the night with a Cajun dance, referred to by many as a *fais do do*. At midnight everyone went home, as the Lenten season was now beginning.

When I was in grammar school *Mardi Gras* was not a holiday as it is today. We children were in school when we'd see the riders coming at a distance. The nuns would gather all the kids into classrooms like mother hens protecting their chicks. Some of us would break away and run to the school yard fence to get a closer look. On one occasion a rider and his horse jumped the fence and galloped into the school yard, pretending to chase us around.

I don't think I've ever had so much fun. The nuns did not seem to share our sense of glee.

tous les jours sauf pour une cape violette et portant un drapeau ou une corne de vache, allait en avant du groupe pour demander aux habitants la permission de faire approcher les mardi gras. Si la permission était accordée, ce qui arrivait presque toujours, le capitaine voyageait (agitait) le drapeau ou soufflait dans la corne pour communiquer l'invitation aux cavaliers qui attendaient au chemin. Quel spectacle: trente ou plus de cavaliers costumés, montés à cheval, qui galopaient à pleine vitesse envers la maison en criant!

Les Mardi gras, ou les cavaliers masqués, dansaient et chantaient pour amuser le fermier et sa famille. Puis, ils quémandaient pour une récompense. Quelques fermiers leur jettaient des poules ou des pintades vivantes. La foule se précipitaient pour les attraper. Quelquefois, ils recevaient un sac de riz ou des saucisses. Ils allaient d'une habitation à l'autre pour solliciter des récompenses en échange pour leur bouffonnerie.

Toutes ces provisions étaient remmenées au village dans le wagon qui suivait de près le groupe pour un grand gombo le soir, auquel tous étaient invités. En plus du gombo, des musiciens jouaient pour un fais do do, c'est à dire, un bal. À minuit, tout le monde rentraient chez eux, car c'était le commencement du Carême.

Dans le temps où j'étais à l'école élémentaire, le Mardi gras n'était pas un jour de congé tel qu'il est maintenant. Nous les enfants, on était en classe quand on voyait approcher les mardi gras. Comme des mères poules, les soeurs nous rassemblaient tous dans les salles de classe. Quelques enfants s'échappaient pour courir à la barrière afin de mieux voir ce qui se passait. Une fois, un cavalier et son cheval ont sauté la barrière et ont galopé dans la cour de l'école, en faisant semblant de nous poursuivre.

Je ne pense pas que je ne me suis jamais autant amusé. Il me semble que les soeurs n'ont pas partagé notre joie ce jour-là.

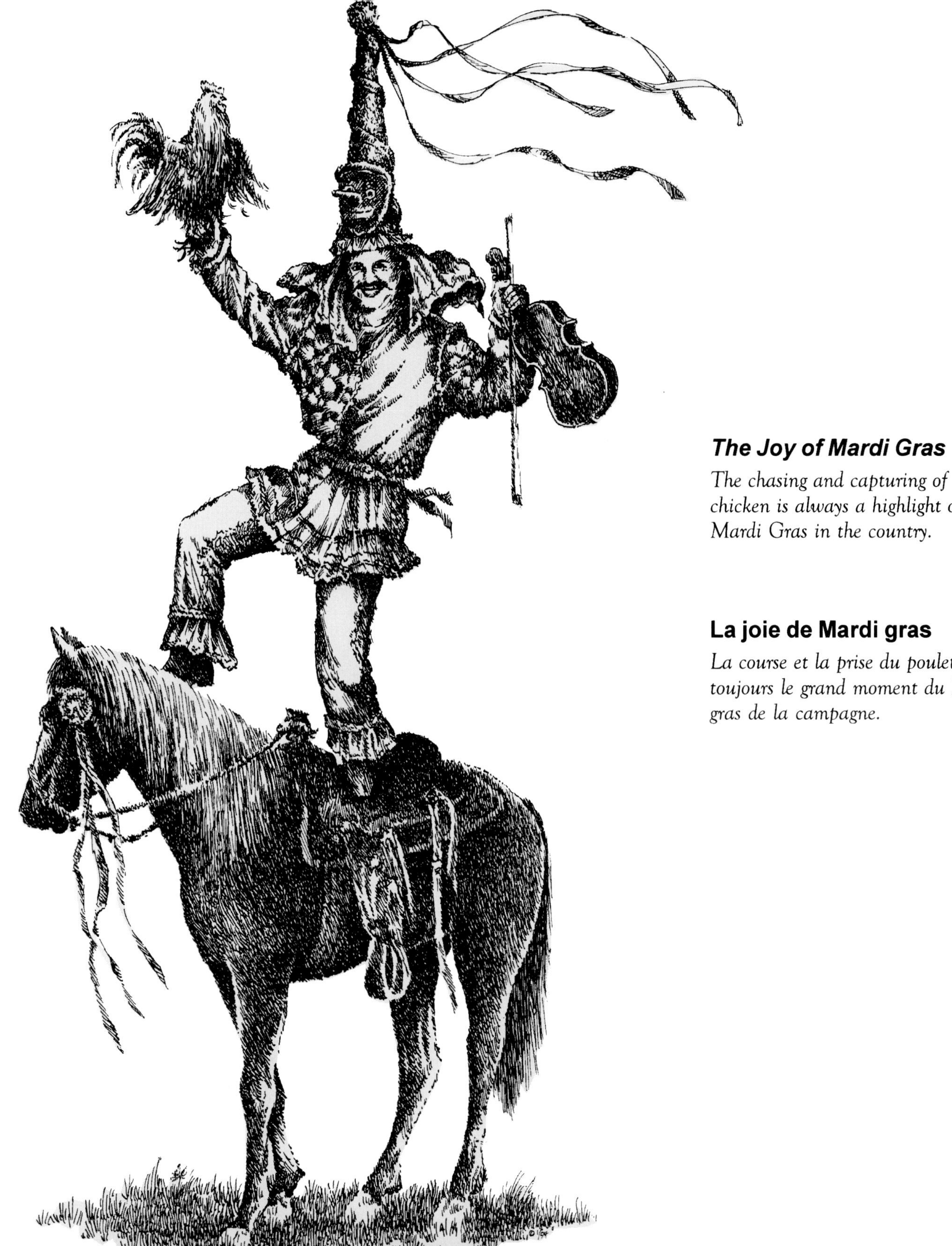

The Joy of Mardi Gras

The chasing and capturing of the chicken is always a highlight of Mardi Gras in the country.

La joie de Mardi gras

La course et la prise du poulet étaient toujours le grand moment du Mardi gras de la campagne.

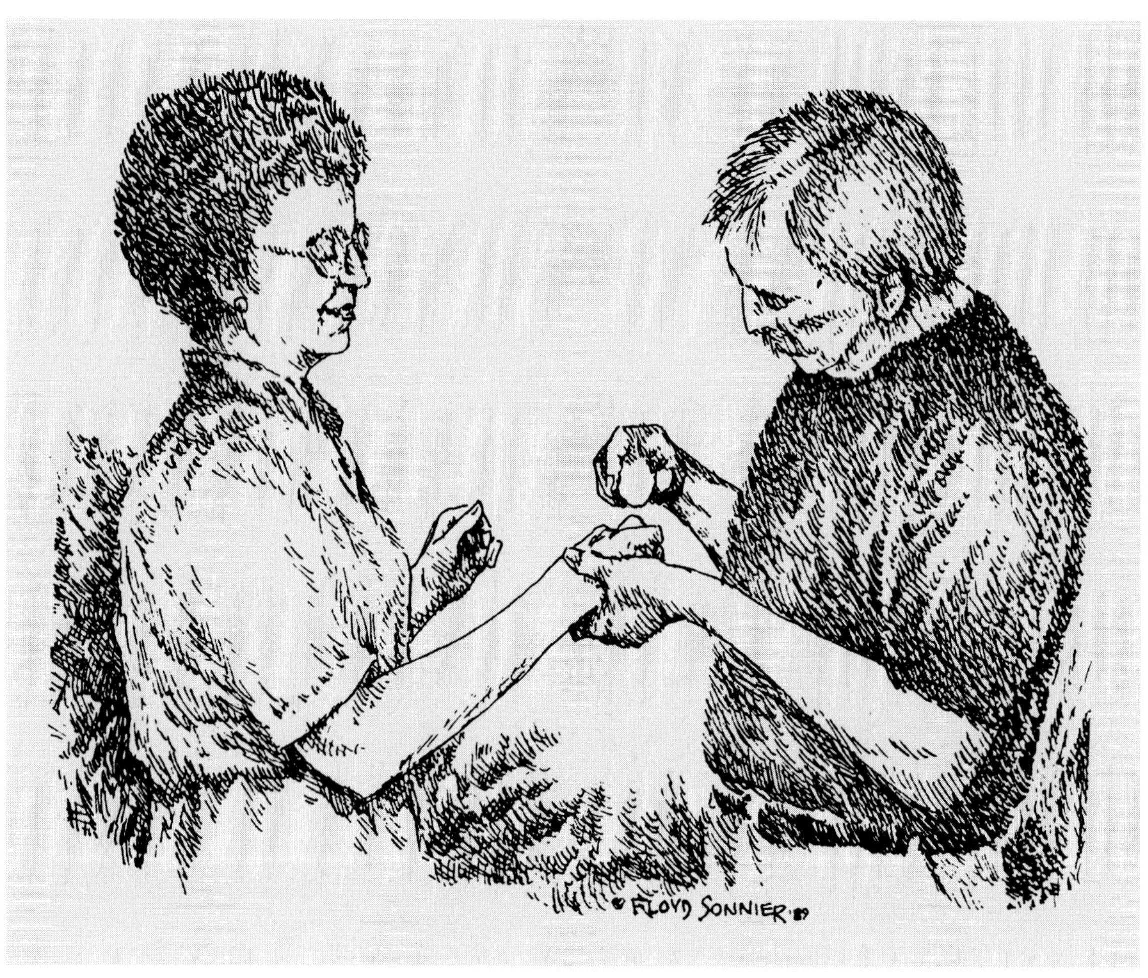

Egg Pocking / *Pâquer les oeufs*

Egg pocking is an Eastertime tradition in our part of the country. It's a practice that involves knocking two hard-boiled eggs against each other. One egg will break, so the winner is the one whose egg remains intact; he/she gets to keep the broken egg as a prize. To prepare for pocking, I boil and dye eggs on the Saturday before Easter, just as I did when I was growing up. This drawing shows my sister, Kathy, and me pocking.

Pâquer les oeufs est une tradition de Pâques dans notre coin du pays. Il s'agit de cogner un oeuf bouilli dur contre un autre. Un oeuf va casser, donc, le vainqueur est celui dont l'oeuf reste intact; il prendra l'oeuf cassé comme sa prise. Pour préparer pour cette coutume, je fais bouillir et teindre des oeufs le samedi avant Pâques, le même que je faisais quand j'étais jeune. Dans ce dessin il y a ma soeur, Kathy, et moi en train de pâquer des oeufs.

20

Easter On The Farm

The most important holy day in Christianity is Easter Sunday, the day on which Jesus Christ rose from the dead. Christians throughout the world attend church on this occasion to celebrate and meditate on this central tenet of the faith.

Easter is a family holiday, a time when children are given chocolate bunnies and are sent out into the yard to hunt for Easter eggs. When I was growing up it was also a time for women to don their new Easter bonnets and to model their new spring clothes if they had them.

As Catholic Christians our family never missed Mass on Easter Sunday. We seldom missed Mass on any Sunday.

On the Saturday before Easter my mother would boil dozens of eggs for us to dye. Living on a farm, one thing we had plenty of was eggs! I recall the excitement of sitting around the kitchen table with my brothers and sisters and large cups of different-colored dyes. We chose a different color for each egg and rolled it in the dye until the desired shade was reached. Each of us claimed to have the prettiest eggs.

Using a small wax stick, I would spend a lot of time drawing designs on the hot eggs before submerging them in the dyes. I tried to produce multicolored egg designs, a feat that required patience.

Even today I still dye eggs every Easter Saturday morning. My sons seem to have lost interest, but my daughter, Annette, and I still find great enjoyment in it. I think I will always dye eggs for Easter.

La fête de Pâques à la campagne

Le jour saint le plus important selon le christianisme est le dimanche de Pâques, le jour de la résurrection du Jésus-Christ. Les chrétiens pratiquants à travers le monde assistent à la messe à cette occasion, pour célébrer et méditer sur cette doctrine centrale de leur foi.

La fête de Pâques est une fête familiale, quand on donne aux enfants de petits lapins faits de chocolat et quand on les envoie à chercher des oeufs bouillis cachés dans l'herbe de la cour. Pendant mon enfance, c'était aussi une occasion qui permettait aux femmes de s'habiller en chapeaux de Pâques et de présenter leurs habits et accessoires neufs, si elles en avaient.

Comme catholiques pratiquants, notre famille ne manquait jamais la messe le dimanche de Pâques. On ne la manquait presque jamais pendant toute l'année.

Le samedi avant Pâques, ma mère nous faisait bouillir des douzaines d'oeufs à teindre. Puisqu'on habitait une ferme, on avait plein d'oeufs. Je me souviens de l'excitation, lorsque je me mettais à la table de la cuisine avec mes frères et mes soeurs, des tasses remplies de teinture de toutes différentes couleurs devant nous. On choisissait une différente couleur pour chaque oeuf, puis on roulait l'oeuf dans la teinture pour obtenir la meilleure nuance de couleur. Chacun de nous prétendait avoir les plus beaux oeufs.

Avec un petit crayon de cire, je passais beaucoup de temps à faire des dessins sur les oeufs chauds avant de les submerger dans la teinture. J'essayais de produire des dessins de plusieurs couleurs, ce qui exigeait plein de patience.

Même aujourd'hui je continue à teindre des oeufs le samedi matin avant Pâques. Mes fils semblent d'avoir perdu l'intérêt, mais ma fille

One of the most celebrated Easter customs in the Cajun country is *pâquer les oeufs*, or egg-pocking, a practice that involves knocking two Easter eggs against each other, with the winner taking the broken egg as a reward. The object is to collect as many broken eggs as possible without breaking yours. The champion egg is proudly displayed all day on Easter Sunday. The broken eggs end up in a potato salad. Many Cajun families still pock eggs on Easter morning.

My brothers and sisters and I all had our share of eggs to pock. These were eggs that we had hand-picked and dyed ourselves. On Easter we would all be ready to challenge or be challenged by anyone willing to pock. The act of pocking was a highly regarded, well-planned, usually serious ceremonial part of Easter Sunday morning.

Many men and women arrived at Easter Sunday Mass with their highly polished, very colorful pocking eggs, ready to challenge anyone after Mass.

For my family, the Lenten season ended on Saturday at noon, the day before Easter. My brothers and sisters and I watched the kitchen clock with great anticipation and with our little bags of candies in hand. Our greatest sacrifice was giving up candy for Lent, but now Lent was just about over, and we could practically taste the candy even before we put it in our mouths!

Miss Molly

Miss Molly, an elderly resident of a Houma, La., nursing home, as she appeared in her youth.

Annette et moi, on y trouve toujours beaucoup de plaisir. Je crois que je vais continuer à teindre des oeufs pour Pâques.

Une des coutumes de Pâques la plus courante chez les Cadjins est celle de pâquer les oeufs, qui veut dire frapper deux oeufs bouillis, l'un contre l'autre. Celui dont la coquille d'oeuf reste intacte gagne l'oeuf cassé de l'autre. Le but du jeu est de prendre autant d'oeufs que possible sans briser le sien. L'oeuf qui est champion est exposé avec fierté pendant toute la journée le dimanche de Pâques. Les oeufs cassés finissent dans une salade de pomme de terre. Encore aujourd'hui, beaucoup de familles cadjinnes pâquent des oeufs le matin de Pâques.

Mes frères, mes soeurs et moi, on avait tous notre part d'oeufs à pâquer, des oeufs que l'on avait choisis et passés à la teinture nous-mêmes. À Pâques, on était tous prêts à participer à ce jeu. Pâquer le dimanche matin de Pâques était une pratique bien estimée et bien planifiée, sérieuse et non sans cérémonie.

Beaucoup de monde arrivaient à la messe de Pâques avec leurs oeufs bien brillants, bien colorés, prêts à porter un défi à n'importe qui après la messe.

Pour ma famille, la saison de Carême terminait le samedi à midi, le jour avant Pâques. Mes frères, mes soeurs et moi, on guettait avec grande impatience la pendule de la cuisine, nos petits sacs de bonbons à la main. Notre pénitence la plus pénible était de renoncer aux bonbons pour le Carême, mais maintenant le Carême se terminait. On pouvait presque goûter les bonbons avant de les mettre dans la bouche!

Mademoiselle Molly

Mademoiselle Molly, habitante âgée d'une maison de repos à Houma, en Louisiane, telle qu'elle paraîssait dans sa jeunesse.

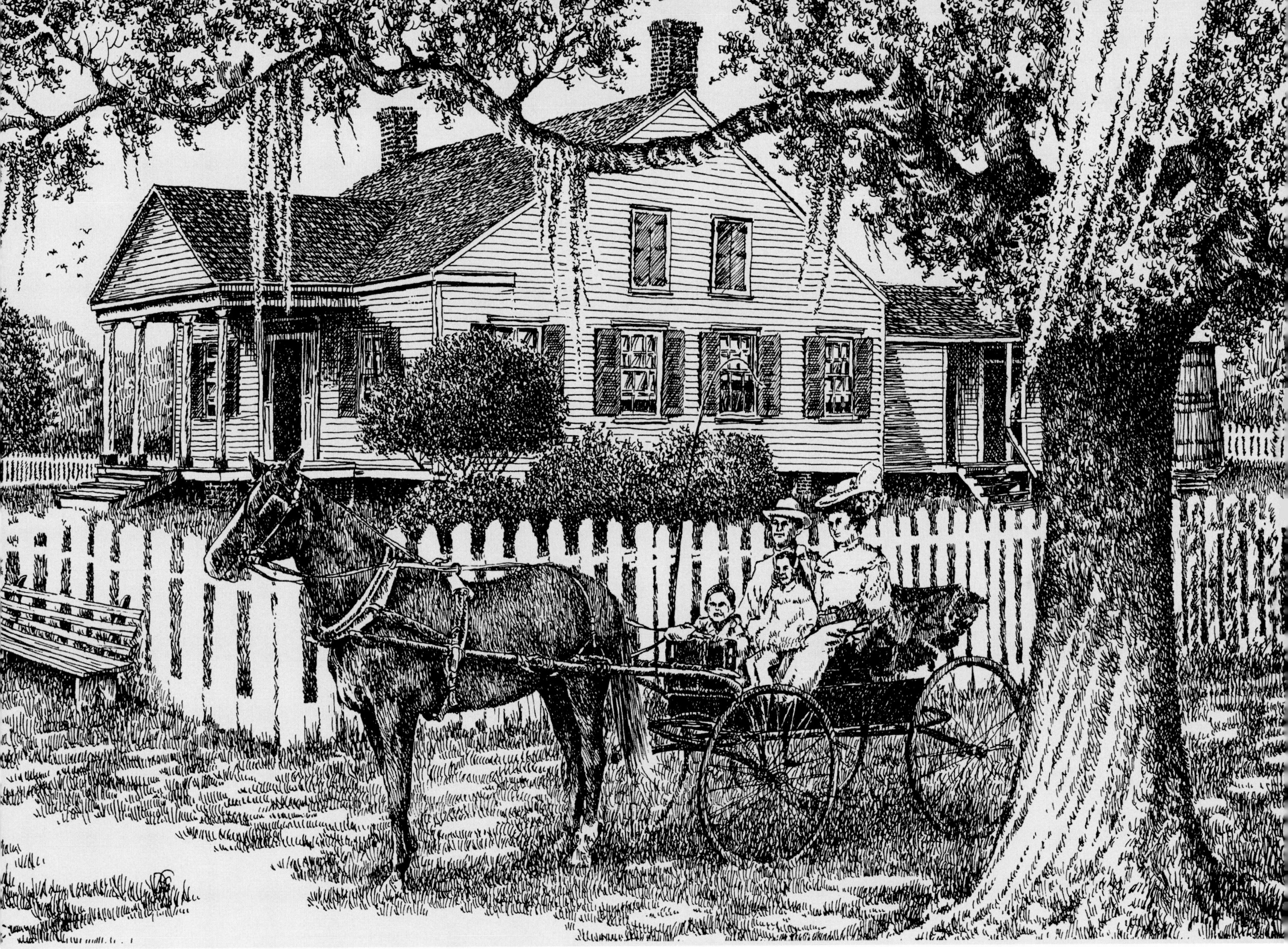

At the Arceneaux's / *Chez les Arceneaux*

A southwest Louisiana family dressed in their Sunday best prepares to leave for church services on Easter morning.

Une famille du sud-ouest de la Louisiane, toute bien faraude (endimanchée), se prépare pour aller à l'église le dimanche de Pâques.

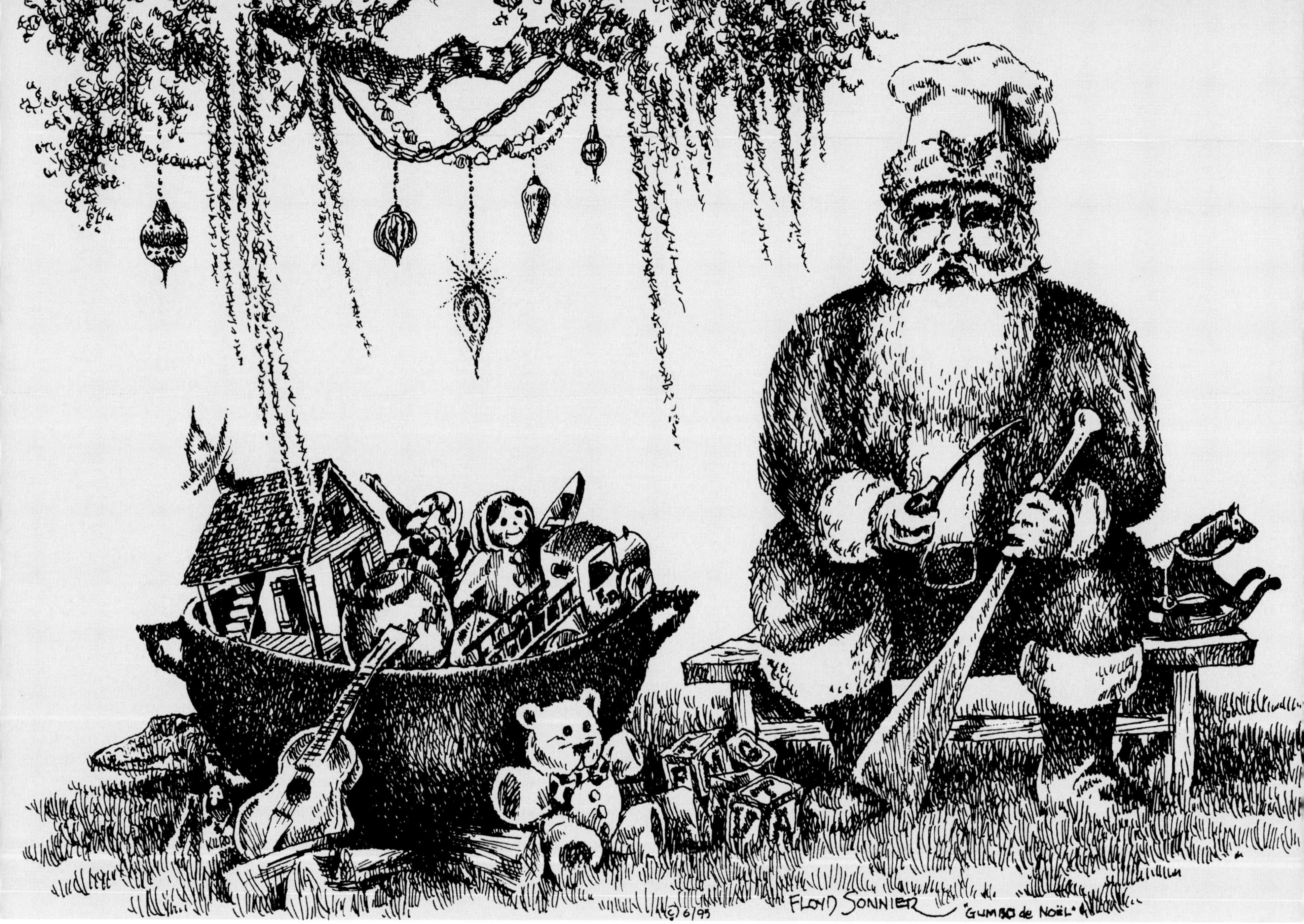

Christmas Gumbo / *Le gombo de Noël*

Santa Claus in the Cajun Country is a theme I've illustrated many different ways over the years. These drawings usually are used on Christmas cards.

Le Père Noël au Pays Cadjin est un thème que j'ai illustré de plusieurs façons à travers les années. Ces dessins sont d'habitude imprimés sur mes cartes de Noël.

21

A Young Boy's Christmas

The Depression years of the 1930s and the war years of the early '40s were extremely hard times for young couples trying to rear children. Life on the farm was rough, with the bare necessities being provided only through hard work and perseverance. During these tough times Christmas was an especially welcome time of the year.

We were excited when Christmas was coming, and we eagerly anticipated the arrival of Santa Claus. We were living in lean times and we learned not to expect much in the way of material things. What toys we received were simple. Because metal was needed for war machinery, most toys were made of other materials, such as wood or cardboard.

Growing up on a poor sharecropper's farm diminished the prospects of getting expensive toys. So the receiving of a toy was greatly appreciated and brought enjoyment and many hours of pure happiness.

Being only 15 months apart in age, my brother, Mervin, and I were always treated as twins by our parents. So, we always received the same things. One Christmas we each got wooden tommy guns that went "clack-clack-clack" when a handle was turned. Another time Santa brought us each a set of cowboy guns and holsters. The pistols were cast with a plastic material used in making doll heads and the holsters were fashioned out of heavy cardboard. The holsters were imprinted with a fancy Western design.

Many of our toys were homemade. My dad was very good with his hands and made wonderful little wooden wagons and *charrettes* (carts). One of us would sit in the *charrette* and steer the front wheels with our feet while the other pushed from behind. We

Le Noël d'un jeune garçon

Les années 1930 de la Grande Dépression et les années 1940 pendant la guerre étaient des années très difficiles pour les jeunes couples qui élevaient des enfants. La vie sur la ferme était dure, et on ne subsistait que par un travail pénible et persistant. Pendant ces temps durs, Noël était un moment de l'année qui était le bienvenu.

On attendait l'approche du Noël et l'arrivée de Papa Noël. On vivait dans un temps maigre, donc, on avait appris de ne pas attendre beaucoup de biens matériels. Les jouets que l'on recevait étaient simples. Puisque le métal était nécessaire pour les machines de guerre, les jouets se faisaient plutôt avec d'autres matières comme du bois ou du carton.

Puisqu'on était pauvre, habitant une ferme d'un métayer pauvre, on n'avait pas d'espoir de recevoir des jouets chers. Alors, les rares bébelles que l'on recevait nous donnaient grand plaisir et plein de joie.

Ayant à peine quinze mois de différence en âge, mon frère Merv et moi, on était toujours traités comme des jumeaux par nos parents. Donc, on recevait les même choses comme cadeaux. Un Noël, on avait chacun reçu un fusil en bois qui claquait lorsqu'on tournait une manivelle. Une autre fois, comme jouets, Santa Claus nous a apporté chacun un ensemble de pistolets et d'étuis. Les pistolets étaient faits de plastique comme celui utilisé pour les têtes de poupée, et les étuis étaient façonnés de carton lourd, repoussé d'un beau dessin western.

Beaucoup de nos jouets étaient faits à la maison. Mon père était très doué avec ses mains et il faisait de merveilleux petits wagons et des charrettes en bois. L'un de nous s'assisait dans la charrette pour

took turns pushing. There were also homemade rag dolls and wooden baby cradles for the girls. Many memorable hours were spent playing with these marvelous toys. I would not trade these memories for all the store-bought toys in the world.

The first Christmas tree I can remember was a beautiful holly branch. Dad, Mervin and I went into the woods behind the house and found a large holly tree. Dad chose a large branch, one with lots of red berries, and carefully cut it and carried it home. He then made a wooden stand for it and placed it by the fireplace in our parlor. We made paper chains by cutting strips of crayon-colored paper and gluing the ends together into links. The brightly colored chains and the red berries were the only decorations on the tree. Still, it was beautiful, a wonderful Christmas tree.

I remember growing up learning the true meaning of the holy season of Christmas. There was great emphasis on the birth of the Christ Child. It was present in the many small wooden, clay and cardboard nativity scenes in our house and the homes of others in our community. The small handmade gifts given to us by our parents and godparents symbolized the spiritual act of giving of oneself. And the thought of not sharing the celebration of midnight Mass with our family, friends and neighbors never entered our minds. Christmas was simple. Christmas was a loving, giving, family time of year. And, more importantly, it was the celebration of the birth of Jesus.

guider, avec nos pieds, les roues de devant, tandis que l'autre poussait d'en arrière. On prenait notre tour pour pousser. Il y avait aussi des poupées de chiffon et de petits berceaux de bois pour les filles. On passait des heures innombrables à jouer avec ces bébelles splendides. Je ne donnerai pas ces mémoires pour tous les jouets chers du monde.

Le premier arbre de Noël dont je me souviens était une belle branche de houx. Papa, Merv et moi, on est allé au bois derrière la maison où on a trouvé un grand houx. Papa a choisi une grande branche avec un tas de baies rouges, et il l'a soigneusement coupée et rapportée à la maison. Il a fait un support de bois et il a placée la branche là-dedans, près de la cheminée dans le salon. Pour faire des guirlandes de papier, on a coupé des bandes de papier coloriées de crayon et on les a collées ensemble pour faire des chaînes. Les chaînes coloriées et les baies rouges étaient les seules décorations sur l'arbre. Cependant, notre arbre de Noël était merveilleux.

Je me souviens de bien d'apprendre la vraie signification de cette saison sainte de Noël. On insistait vivement sur la naissance de l'enfant Jésus. On le voyait dans les crèches, ou les Nativités faites de bois, de glaise et de carton tout partout dans les maisons de la communauté. Les petits cadeaux faits à la maison et à la main que nos parents, nos parrains et nos marraines nous offraient symbolisaient l'acte spirituel de se donner aux autres. Et l'idée de ne pas partager la célébration de la messe de minuit avec la famille, les amis et les voisins ne nous est jamais entrée dans la tête. Noël était bien simple. Noël voulait dire un temps familial d'amour et de générosité. Et, plus important, la célébration de la naissance du bébé Jésus.

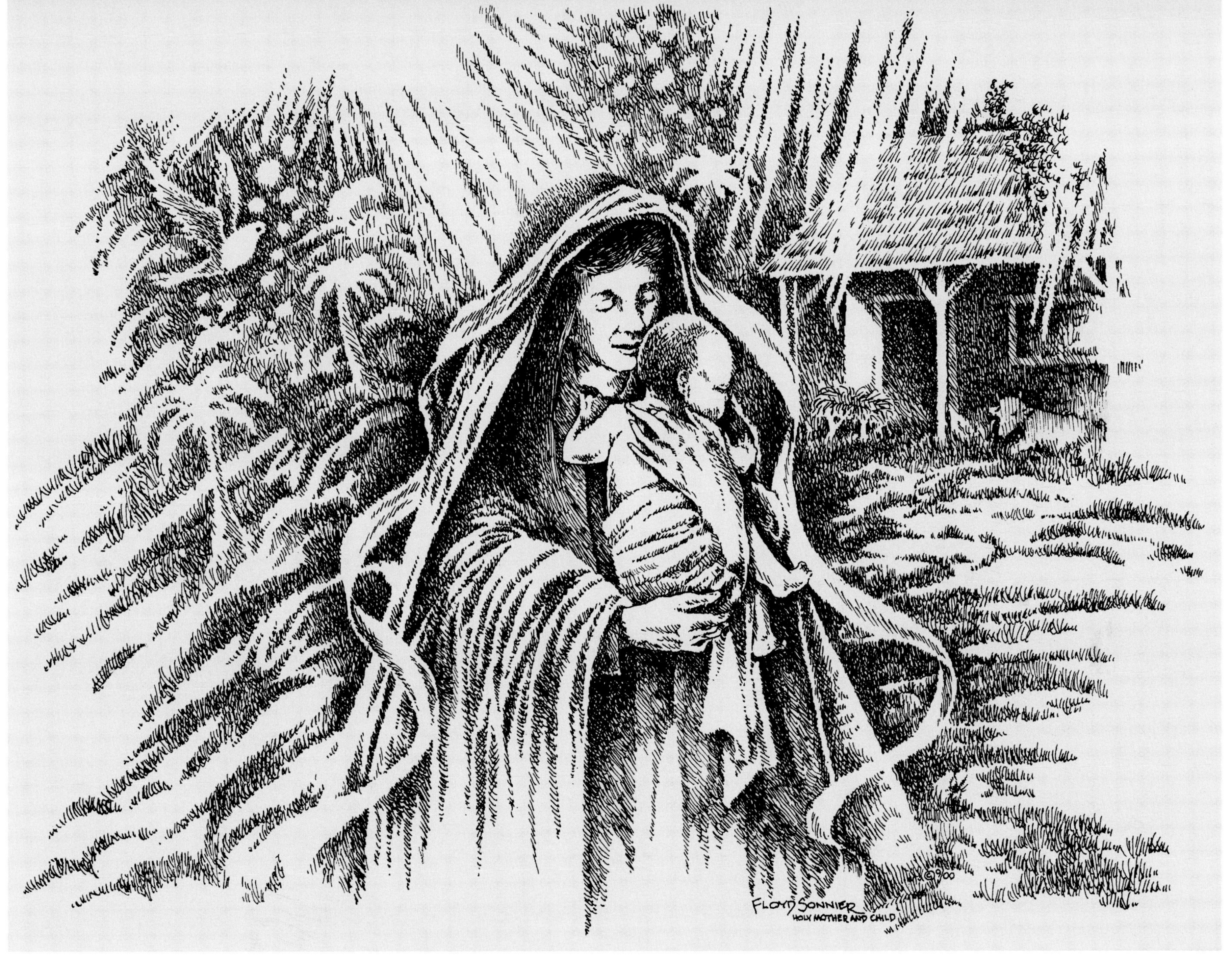

Holy Mother and Child / *La Sainte Mère et son enfant*

A classic symbol of the Christmas Season: Mary with the Baby Jesus.

Un symbole classique de la saison de Noël: Marie avec le Bébé Jésus.

Nicholas

That's St. Nicholas outside our window after bringing us fresh fruit on his annual visit.

Nicolas

Voici le St-Nicolas, dehors notre chassis (fenêtre) après avoir apporté des fruits frais au cours de sa visite annuelle.

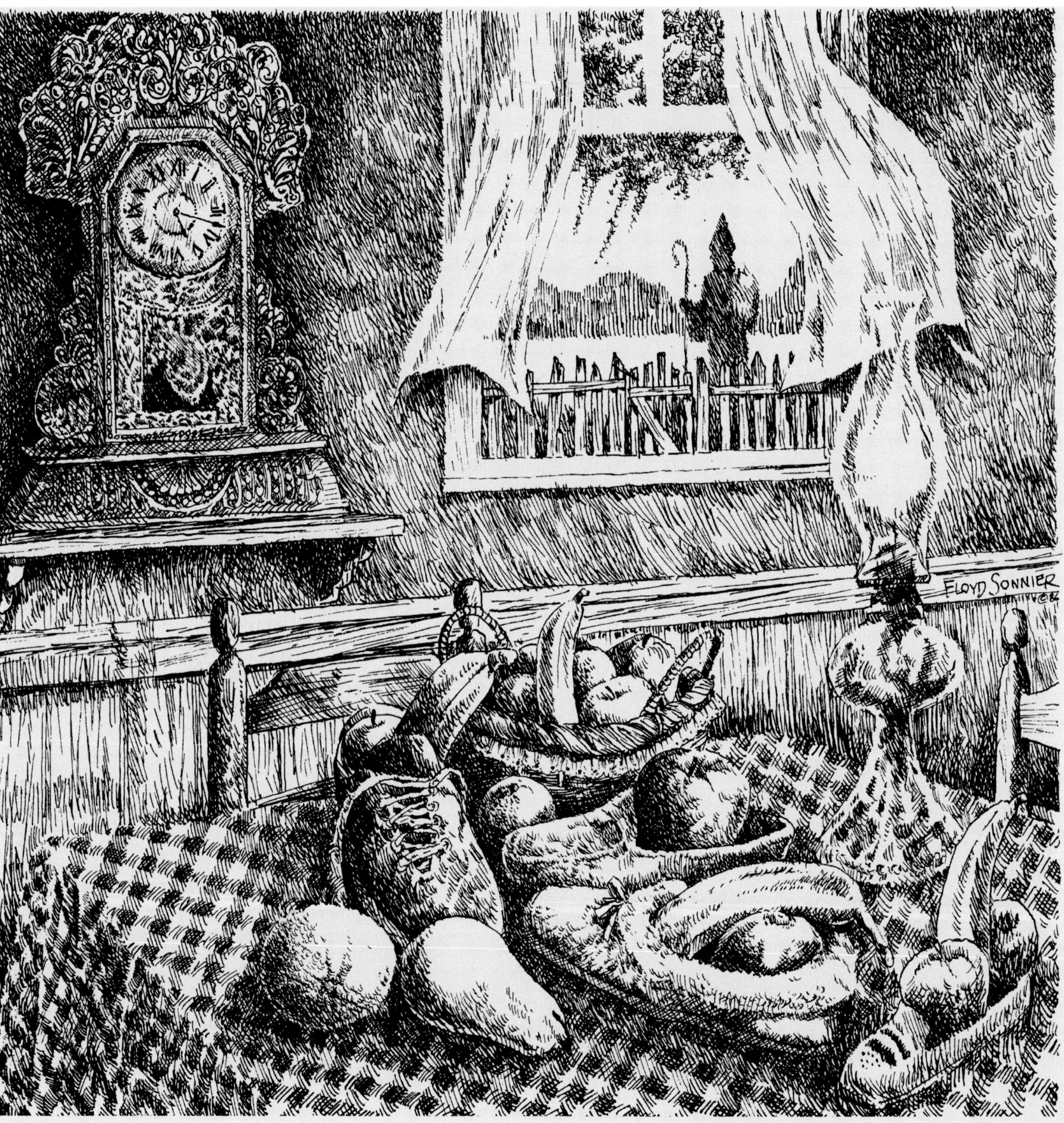

22

The Visits of St. Nicholas

When I was growing up, Saint Nicholas (pronounced Nee-ko-la in French) visited our home on a regular annual basis. This was a custom that came down through generations in my family.

We did not look for Nicholas on December 6, as our German friends and neighbors did in Roberts Cove, just south of our home. December 6 is Nicholas' feast day and the date observed by most Europeans as the day of his visits. At our house and at most Cajun homes in our immediate area Nicholas paid a visit on New Year's Eve.

Christmas was, of course, the main event of the holiday season. We received toys from Santa Claus, attended Mass, and spent the day with uncles, aunts, grandparents, cousins and lots of food. Then there was the New Year's Day celebration. The noon meal was practically a repeat of Christmas, only the cousins would change. But it was very late at night on New Year's Eve when Nicholas would pay us a visit.

The night before New Year's, my mother was busy preparing food to bring with us to one of our grandparents' houses the next day. The beautiful cakes, freshly baked that afternoon, would be in full view, tempting the strongest of wills to resist. I hung around the kitchen during the mixing and baking for a chance at licking the bowl or spoon for the last delectable morsel of sweet batter. All the cakes were baked for the next day's desserts. However, Mom always baked an extra layer, or *massepain*, for us to have that night.

Les visites de Saint Nicolas

Quand j'étais jeune, le Saint Nicolas nous rendait visite chaque année. C'était la coutume transmise à travers les générations dans notre famille.

On n'attendait pas Nicolas le 6 décembre, comme faisaient nos amis et nos voisins allemands au sud de chez nous à L'Anse Robert. Le 6 décembre est la fête de Nicolas, la date observée par la plupart des Européens comme le jour de ses visites. Chez nous et chez la plupart des Cadjins dans les environs, Nicolas nous rendait visite la veille de l'an.

Le Noël était, bien sûr, l'événement principal de la saison. On recevait des jouets de Papa Noël, on assistait à la messe et on passait la journée avec nos oncles, nos tantes, nos grands-parents, nos cousins et beaucoup de manger. Puis, il y avait la célébration de jour de l'an. Le repas du midi était à peu près une répétition de celui de Noël; il n'y avait que les cousins présents qui changeaient. Mais c'était tard dans la nuit la veille de l'an que Nicolas arrivait.

La veille de l'an, ma mère s'occupait à préparer le manger pour contribuer au repas du lendemain chez nos grands-parents. Les beaux gâteaux qui sortaient du four cet après-midi-là étaient en pleine vue et ils nous tentaient tellement. Je restais près de la cuisine pendant que Maman les préparait, en attendant l'occasion de goûter la pâte qui restait dans le bol ou sur la cuillère. Elle préparait tous les gâteaux pour le lendemain; cependant, elle faisait toujours un gâteau pour nous, un massepain pour le soir.

Quand c'était l'heure de se coucher, on posait nos souliers sur la

As bedtime approached, we gathered our shoes and placed them on the kitchen table. This was a New Year's Eve custom in our family and, I suppose, in many other Cajun families. St. Nicholas would be paying a visit to our home in the middle of the night. He would bring fruit for us children as we slept. The fruit would be placed in the shoes we left on the table, and hopefully also in a basket left out for extras.

We woke on New Year's morning to the sweet smell of the fruit, especially apples, all over the house. We would jump out of bed, hitting the cold linoleum floor with our bare feet and rushing with anticipation to the kitchen to check on our shoes. Lo and behold, we would find an apple, a banana, an orange, a pear, and maybe even a quarter or a pack of chewing gum in our shoes. We didn't get fresh fruit very often, so this was a real treat.

My wife, Verlie, and I brought up our four children with the same customs I enjoyed as a boy. Even today, we still leave our shoes out on the kitchen table. Though fruits are plentiful today, the sight and smell of a fresh apple sticking out of an old shoe on New Year's morning is still a thrill.

The story of St. Nicholas goes back to the fourth century in Asia Minor. There lived a man named Nicholas, Bishop of Myra, later to be called Saint Nicholas. He was known for his kindness and gift-giving to children, something he did to celebrate the birth of Jesus. For centuries, other men in Europe imitated him, dressing in bishop's robes and bringing gifts to children. It was the Dutch who brought this custom to America; the visits of Santa Claus grew out of this tradition.

Why the custom of the fruits? My dad told me that the giving of the fruit was like a continuation of Christmas gift-giving, that it had religious significance. Just as the magi honored the Baby Jesus with gifts, so, too, do parents express love and appreciation for their children by giving these gifts.

table de la cuisine. C'était la coutume chez nous et, je pense, chez beaucoup d'autre familles cadjinnes. Saint Nicolas nous rendait visite plus tard la nuit. Il nous apportait des fruits pendant que l'on dormait. Les fruits étaient mis dans les souliers que l'on avait laissés sur la table, et peut-être aussi dans un panier que l'on avait laissé pour des supplémentaires.

On se réveillait le matin du jour de l'an à l'arôme des fruits, surtout des pommes, tout partout dans la maison. On sautait du lit, en courant nu-pieds à travers le plancher froid de linoléum, pour voir ce qu'il y avait dans nos souliers. Et voilà, on y trouvait une pomme, une banane, une orange, une poire et peut-être même une pièce de vingt-cinq sous ou un paquet de chewing-gum. Puisqu'on ne recevait pas souvent des fruits, c'était vraiment un plaisir.

Ma femme Verlie et moi, on a élevé nos enfants avec les mêmes coutumes que celles que j'ai eues comme enfant. Même aujourd'hui, on laisse les souliers sur la table. Malgré l'abondance des fruits aujourd'hui, voir une pomme fraîche dans un vieux soulier le matin du jour de l'an me remplit de joie toujours.

L'histoire de Saint Nicolas remonte au quatrième siècle en Asie Mineure. Il y habitait un homme du nom de Nicolas, Evêque de Myra, qui est devenu le Saint Nicolas. Il était reconnu pour sa bonté et les cadeaux qu'il donnait aux enfants, ce qu'il faisait pour célébrer la naissance du bébé Jésus. Pendant des siècles, d'autres hommes en Europe l'ont imité, s'habillant en vêtements d'évêque et offrant aux enfants des cadeaux. C'était les Hollandais qui ont apporté cette coutume en Amérique; les visites de Saint Nicolas sont venues de cette tradition.

Pourquoi la coutume des fruits? Mon père m'a dit que, lorsqu'on donnait des fruits, on continuait les cadeaux de Noël, et que cette tradition avait une importance religieuse. De même que les Rois mages ont honoré le bébé Jésus avec des cadeaux, les parents expriment leur affection et leur appréciation pour leurs enfants en leur donnant ces cadeaux.

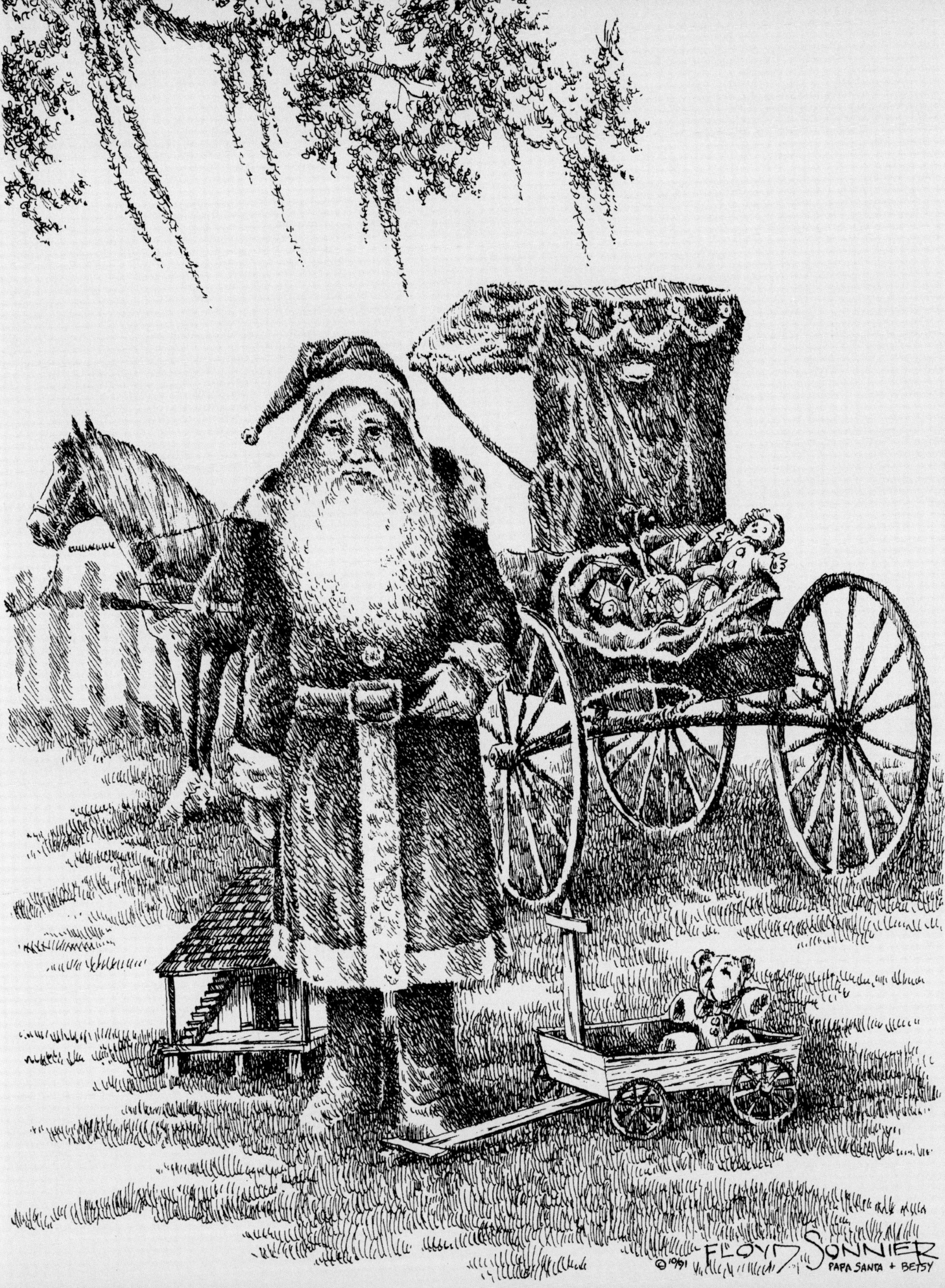

Papa Santa & Betsy

Santa Claus bringing toys to children on Christmas is a custom that grew out of the tradition of St. Nicholas' annual visits.

Papa Noël et Betsy

La coutume du Père Noël qui apporte des jouets aux enfants est venue de la tradition des visites annuelles de Saint Nicolas.

My Wife and Children

I've done many portraits down through the years, but none mean more to me than those of my wife and children.

J'ai fait beaucoup de portraits au cours des années, mais aucun signifie autant que ceux de ma femme et de mes enfants.

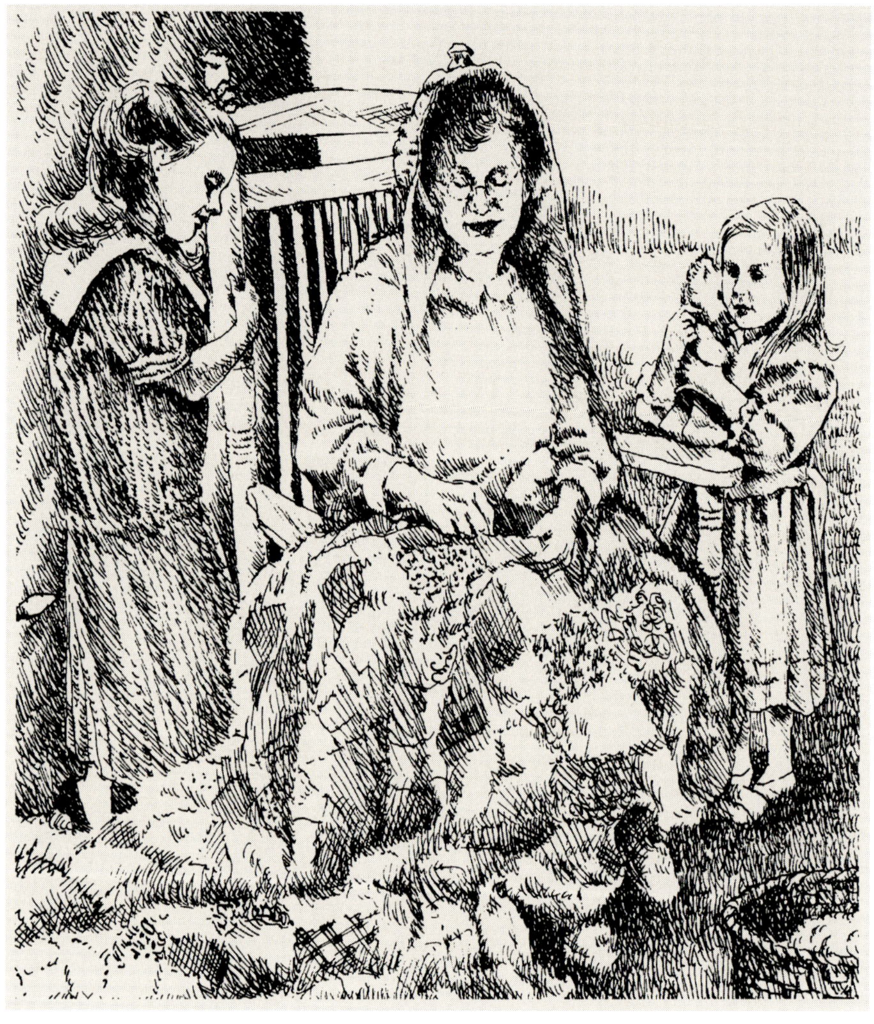

Verlie

My biggest fan and supporter and the love of my life is my wife, Verlie, modeling here for a drawing titled "Maman's Passing Down." This work depicts a grandmother explaining to her grandchildren how things were made when she was a girl.

Ma plus grande admiratrice et l'amour de ma vie est ma femme, Verlie, qui a posé pour ce dessin intitulé «Maman transmet son art.» Cette oeuvre montre une grand-mère qui explique à ses petits-enfants comment les choses se faisaient quand elle était jeune.

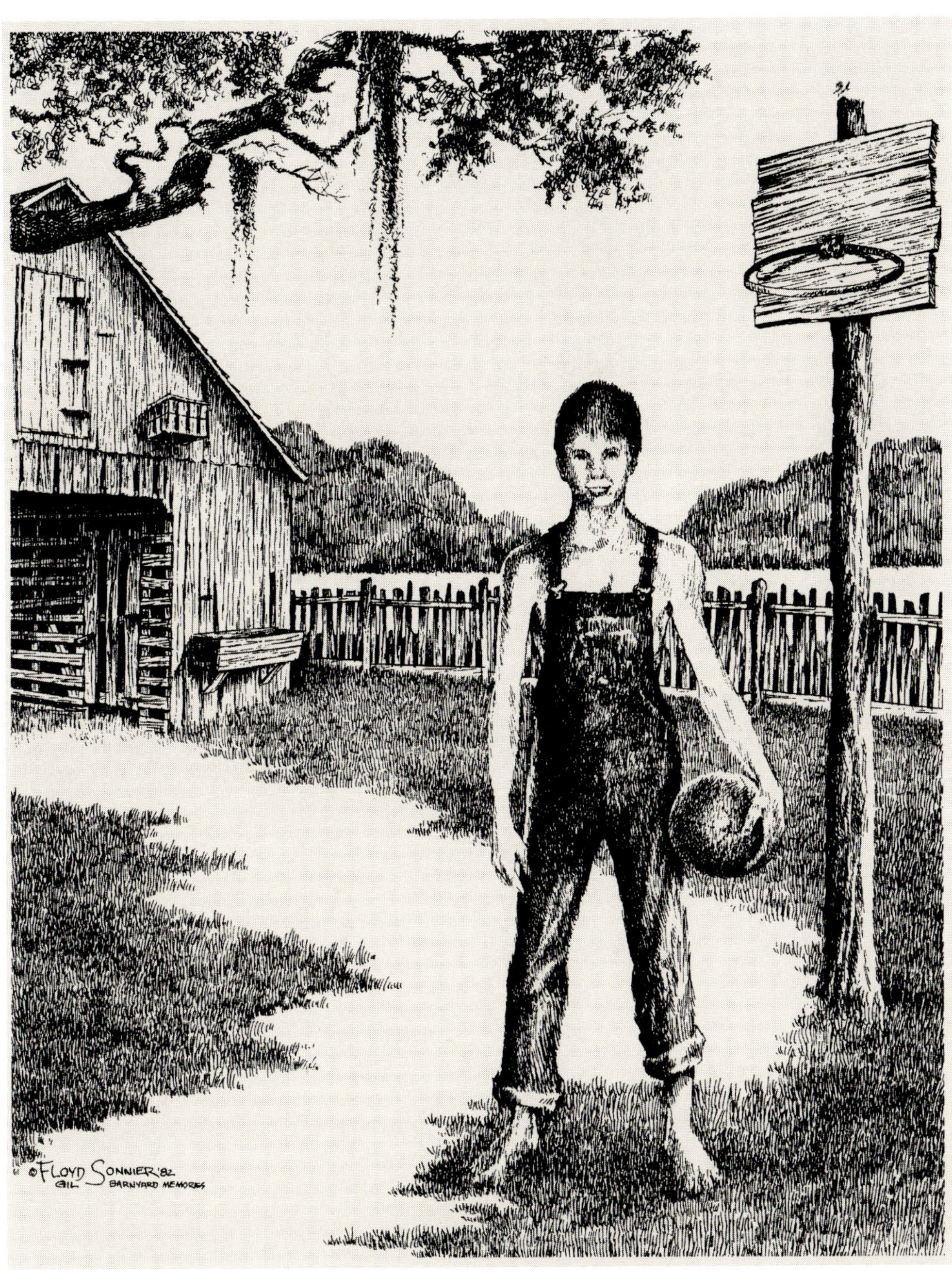

Gil

My oldest son, Gil, is the basketball player in the family. He's the model for this drawing which is set in the barnyard where I played ball as a boy.

Mon fils aîné, Gil, est le joueur de basket de la famille. C'est lui qui a posé pour ce dessin. La scène est la basse-cour où j'ai joué au basket dans mon enfance.

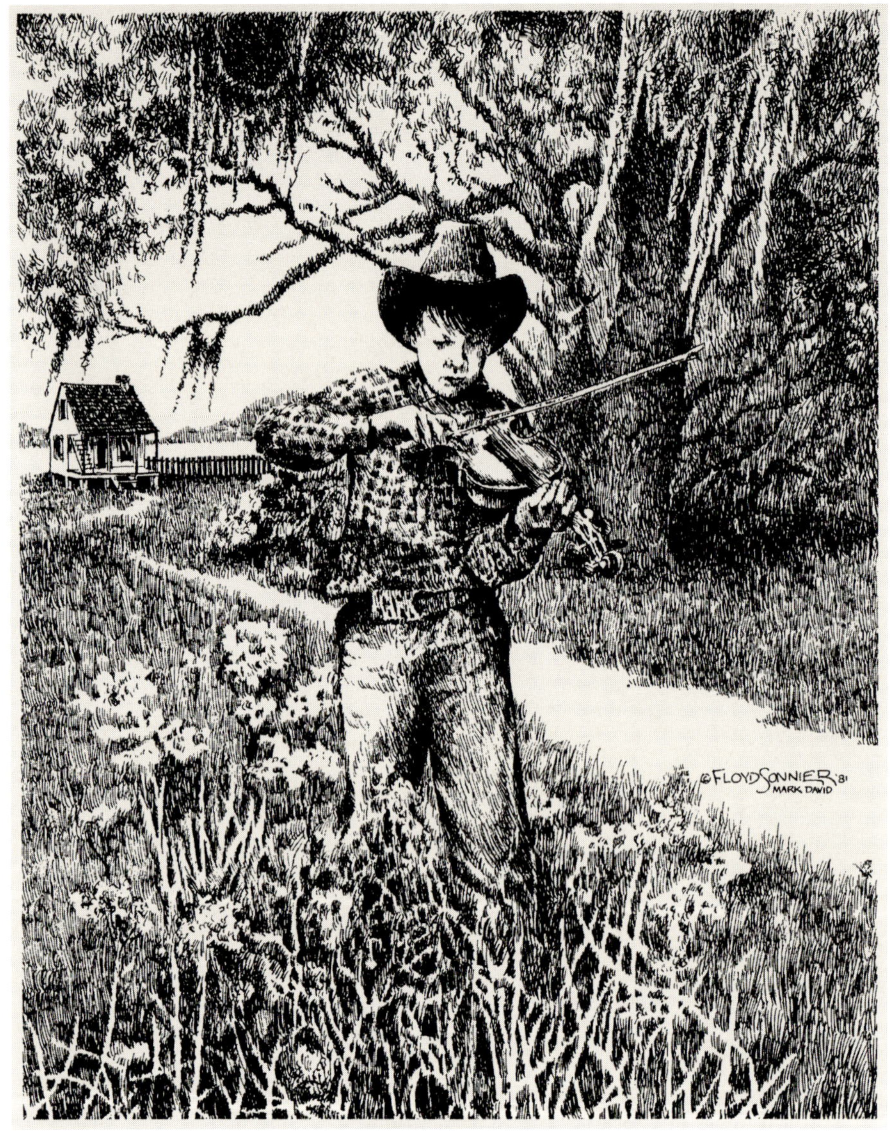

Mark David

The second of my three sons is Mark David, who is talented in both the musical and visual arts.

Le deuxième de mes trois fils est Mark David, qui a du talent pour la musique et les beaux-arts.

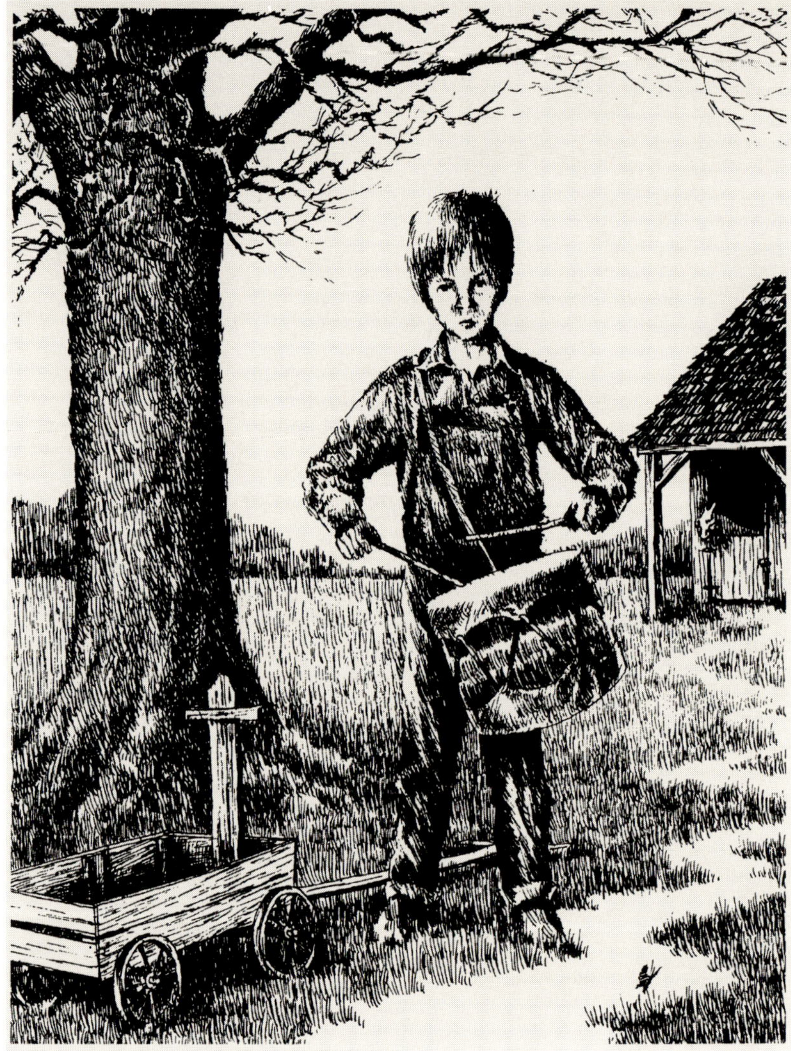

Tim

The youngest of my three boys, Tim was something of a loner when he was growing up. He was a lot like me as a boy, in that he could entertain himself for hours at a time. This drawing, titled "Timmy and His Little Drum," was used to illustrate a Christmas story I wrote some years ago.

Le cadet de mes trois fils, Tim était un peu solitaire quand il était jeune. Il était comme moi quand j'étais garçon, du fait qu'il pouvait s'amuser tout seul pour des heures. Ce dessin, intitulé «Timmy et son petit tambour,» a servi d'illustration pour un conte de Noël que j'ai écrit quelques années passées.

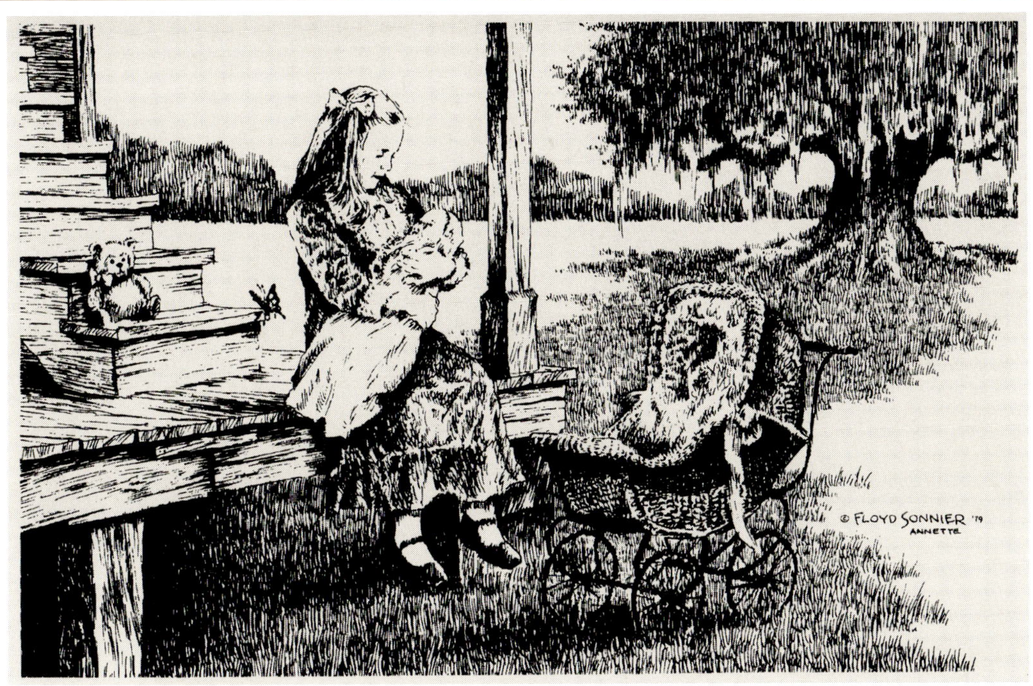

Annette

My only daughter and the youngest of my children, Annette modeled for this drawing of a girl on Christmas morning playing with the new doll she received as a present.

Ma seule fille et la cadette de mes enfants, Annette a posé pour ce dessin d'un matin de Noël où une fille joue avec le catin neuf qu'elle a reçu comme cadeau.

Matthew

My first grandchild, Matthew Joseph Sonnier, is the son of Mark and Tina Sonnier.

Mon premier petit-enfant, Matthew Joseph Sonnier, est le fils de Mark et de Tina Sonnier.

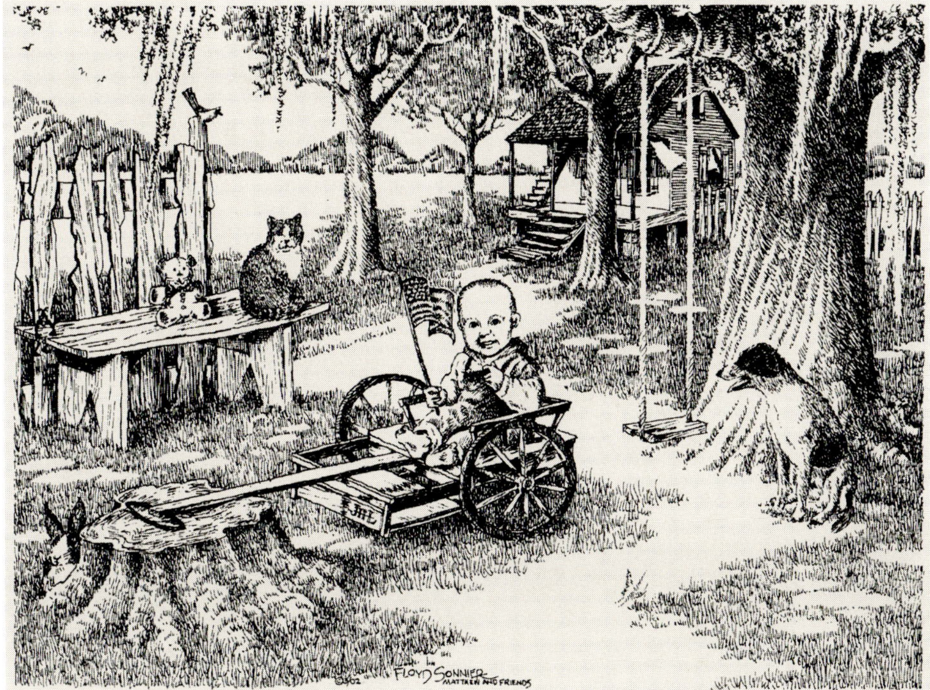

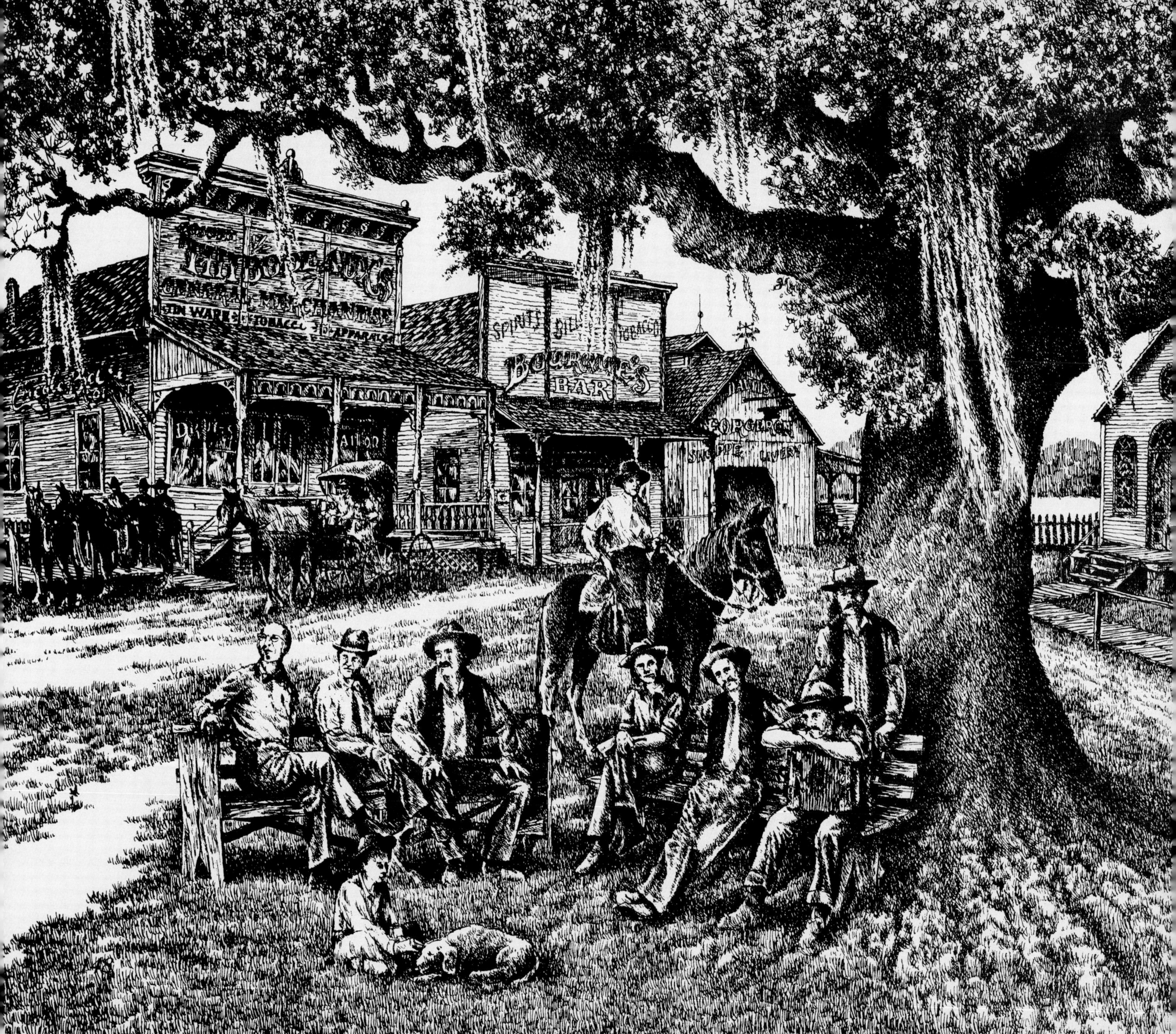
TIN WARE
APPARALS
SPIRITS
TOBACCO
BAR
SHOPPE
LIVERY

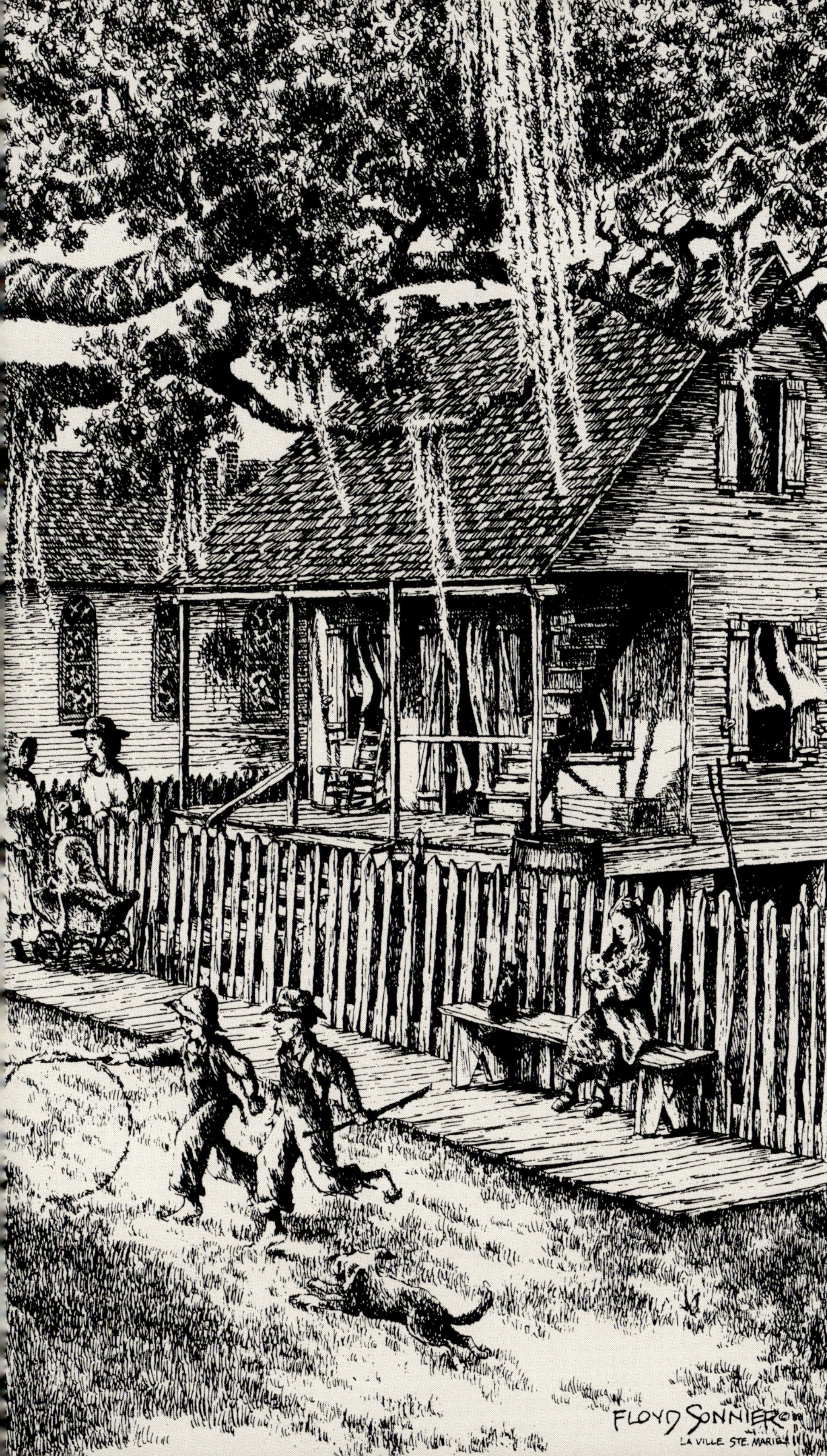

La Ville Ste-Marie

This is a special drawing containing members of my family. It was made into my one-hundredth limited-edition print, so I call it my centennial print. Ste. Marie is a fictitious Cajun village named for the street where my gallery is located in Scott, La. The young man on the horse represents my father when he was 20 years old. Right below him on the bench to the right are my three sons and me. On the bench next to us are Albert Bourque and his sons, "Toot" and Pete; the Bourques are the ones who owned the building which I used as my first art gallery. On the far right of the scene, the girl sitting on the bench by the fence is my daughter, Annette. Of the two ladies talking over the fence, the one on the right is my wife, Verlie.

Ceci est un dessin particulier des membres de ma famille. Puisqu'il est devenu ma centième estampe d'une édition de tirage limité, je l'ai intitulée mon estampe centenaire. Ste-Marie est un village cadjin fictif nommé pour la rue dans la ville de Scott en Louisiane où est situé mon atelier. Le jeune homme à cheval représente mon père quand il avait vingt ans. Au-dessous de lui, sur le banc à droite sont mes trois fils et moi. Sur le banc à côté de nous sont Albert Bourque et ses fils, «Tout» et Pete; les Bourque sont ceux qui étaient propriétaires de la bâtisse où se trouvait mon premier atelier. Tout à droite de la scène, la fille assise sur le banc près de la barrière est ma fille, Annette. Il y a deux femmes qui se parlent à la barrière; celle à droite est ma femme, Verlie.

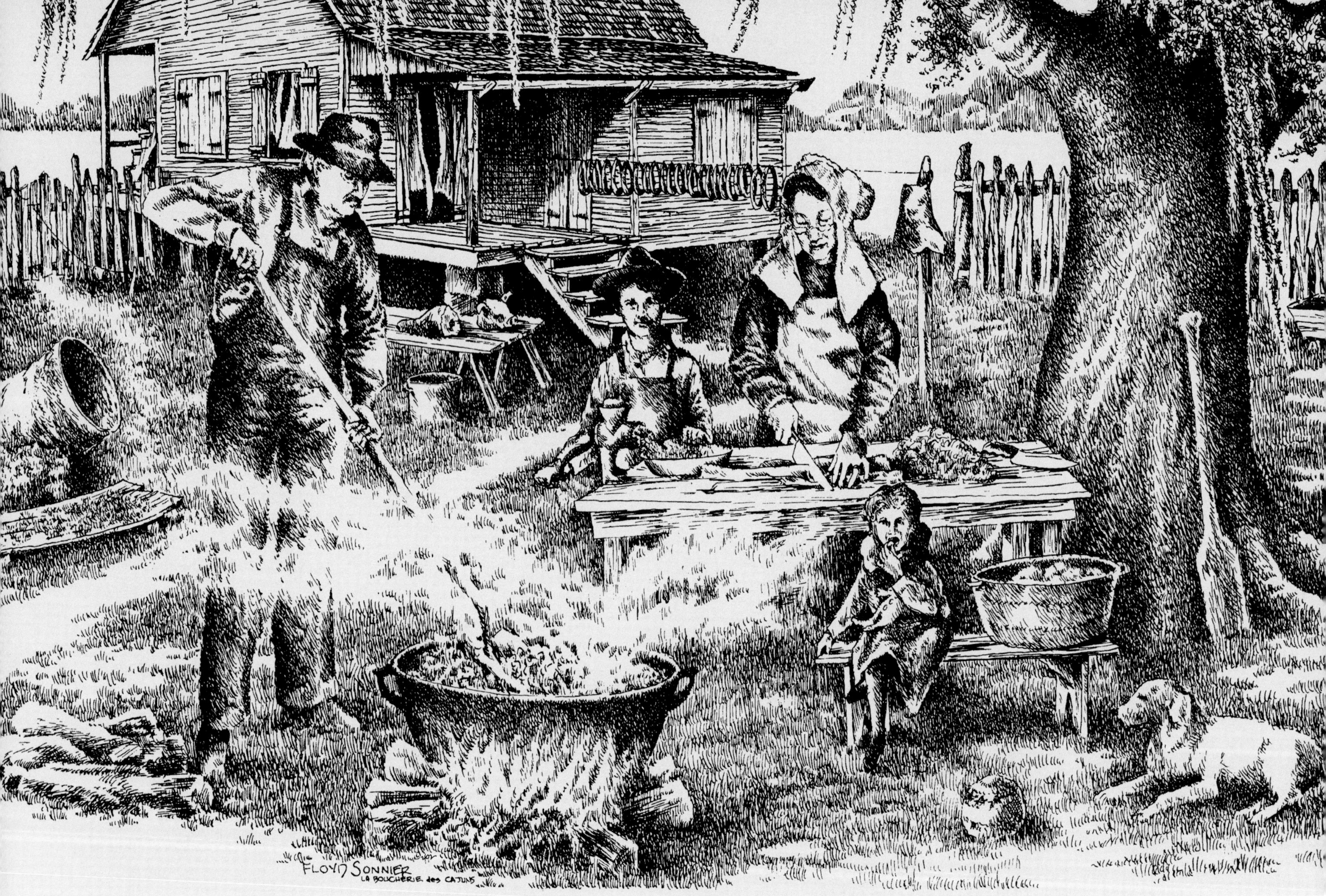

Cajun *Boucherie* / *Une boucherie cadjinne*

A Cajun man stirs a pot of cracklins, or gratons, *during an old-fashioned* boucherie *as his wife slices meat for cracklins and his son grinds pork for* boudin. *The* boucherie, *or hog butchering, is a Cajun tradition that continues today in rural south Louisiana. By the way, that's me modeling for the Cajun man.*

Un Cadjin brasse dans une chaudière de gratons au cours d'une boucherie traditionnelle, pendant que sa femme tranche de la viande pour les gratons et son fils hache de la viande de porc pour le boudin. La boucherie est une tradition qui continue jusqu'aujourd'hui à la campagne du sud de la Louisiane.

23

The Boucherie

For as far back as I can remember, it seems that my dad picked the coldest day of the year to have his annual *boucherie*, or hog butchering. Since it was always on a weekday, we had to miss school to help with the many chores.

The day began long before sunrise. With sleepy eyes, my brothers and I started by gathering the firewood needed to boil the water to scald the butchered hogs.

The winter chill provided us with the coldness necessary to cool the freshly cut meat. The cold, crisp air also helped generate the traditional excitement and enthusiasm I always associated with the *boucherie*.

A gathering of uncles, aunts, cousins and close neighbors ensured there would be plenty of help and contributed to the festive mood and atmosphere through the long, hard day. They all came to provide a helping hand, or *coup de main*, as we say in French.

In addition to the good company, the rewards of the *boucherie* included hot cracklins, highly seasoned *boudin*, *fricassée de reintier* (back bone stew), smothered liver served over rice dressing, and smoked sausage.

The day before the *boucherie* was always a busy one. Three or four big black pots, or *chaudières*, were taken out of storage, cleaned and readied for the boiling of water and the cooking of the cracklins. Plenty of firewood was gathered. Knives were sharpened and utensils of all kinds were made ready. Large tables were brought outdoors and cleaned to be used as cutting tables. A 55-gallon drum was prepared for scalding of the just-killed hogs. It was buried one-third of the way in the ground and at a 45-degree

La Boucherie

Dès mes premiers souvenirs, il me semble que mon père choisissait le jour le plus froid de l'année pour faire boucherie. Puisque c'était toujours sur une journée de semaine, il fallait manquer de l'école pour pouvoir aider.

La journée se commençait bien avant le lever du soleil. Encore un peu endormis, mes frères et moi, on commençait à ramasser du bois de chauffage pour faire bouillir l'eau pour échauder les cochons abattus.

Le froid de l'hiver permettait à conserver la viande. L'air froid et vif aidait à générer l'enthousiame toujours associé à la boucherie.

Un rassemblement d'oncles, de tantes, de cousins et de voisins assurait plein de main-d'oeuvres, et contribuait à la camaraderie et à l'esprit de fête pendant toute la longue journée de travail. Ils sont tous venus pour nous donner un coup de main.

En plus de la bonne compagnie, les récompenses d'une boucherie comprenaient des gratons chauds, du boudin bien assaisonné, de la fricassée de reintier, du foie étouffé servi sur du farc au riz et de la saucisse boucanée.

Le jour avant la boucherie, on était toujours très occupé. Trois ou quatre grandes chaudières étaient sorties, lavées et préparées pour faire bouillir de l'eau et pour cuire les gratons. On ramassait beaucoup de bois de chauffage. On aiguisait les couteaux et on sortait des outils de toutes sortes. On sortait et nettoyait de grandes tables pour couper la viande. Un baril de 55 gallons était préparé pour échauder les cochons. On enterrait ce baril à un tiers dans la terre, à un angle de 45 degrés.

Papa et nous, les garçons, on prenait charge de tous les travaux

angle.

Dad and we boys took care of all the outdoor chores. Meanwhile, Mom and my sisters would prepare all of the seasonings to be used in the *boudin* and other sausage. Onions, onion tops, garlic cloves and parsley were chopped. Pots of rice were cooked to be used in making the *boudin*. Sweet potatoes were baked, to be eaten with fresh, hot cracklins. Many clean rags and paper bags were also gathered to help manage the grease and drippings. We all went to bed early because the next morning my dad would wake us way before daylight.

I can still see my dad's silhouette against the starry, pre-dawn sky with the flicker of the large *boucherie* fire dancing against his skin and heavy clothing. The steam of the boiling water coming from the four large black pots mingled with the frosty air; the aroma of the burning wood mixed with the laughter of the men arriving for the long day's work.

At the end of the day, everyone pitched in to clean up and left the place neater and cleaner than it was that morning. During a period of relaxation, Dad's wine bottle, saved for the occasion, was passed around. Our tired, aching muscles were given a rest, and the joy and contentment of having finished another *boucherie* could literally be felt in the cold night air.

After everything was done, each helping family would depart with a share, or *rôti*, which consisted of a roast or large piece of meat, a bunch of *boudin*, a bag of cracklins and a promise of some smoked sausage when it was ready.

Late at night, after Dad, my brothers and I had carefully taken in the racks of smoked sausage and placed them in the kitchen to cool, I lay in my warm bed, tired though feeling secure.

dehors. Au même temps, Maman et mes soeurs préparaient tous les assaisonnements pour le boudin et les autres saucisses. Elles coupaient en morceaux des oignons, des queues d'oignon, des gousses d'ail et du persil. Elles mettaient au feu de grandes chaudiérées de riz pour faire le boudin. Elles mettaient au four des patates douces, pour manger avec les gratons chauds. Elles rassemblaient beaucoup de chiffons propres et de sacs en papier pour absorber de la graisse. On se couchait tôt le soir, car le lendemain, notre père allait nous réveiller bien avant le jour.

Je peux toujours voir la silhouette de mon père contre le ciel étoilé d'avant-jour, avec des lueurs du feu de la boucherie qui dansaient contre sa peau et ses vêtements lourds. La vapeur de l'eau bouillante dans les quatre grandes chaudières se mêlait de l'air frileux, et l'arôme du bois brûlant se mêlait des rires des hommes qui arrivaient pour le travail de la journée.

À la fin de la journée, tout le monde donnaient un coup de main pour nettoyer et ranger le désordre et, quand ils étaient partis, la place était plus propre qu'elle était le matin. Pendant une période de repos, on faisait circuler la bouteille de vin de Papa, mise à côté pour l'occasion. On reposait nos muscles fatigués et on éprouvait, dans l'air froid de la nuit, la joie et le contentement d'avoir accompli une autre boucherie.

Après tout était fini, chaque famille quittait avec sa part, ou sa portion, qui comprenait un rôti ou un grand morceau de viande, un tas de boudin, un sac de gratons et la promesse des saucisses boucanées quand elles seraient prêtes.

Tard dans la nuit, après que Papa, mes frères, et moi, on avait soigneusement rentré les râteliers de saucisses boucanées et les avait plaçées dans la cuisine pour les refroidir, je me couchais, me réchauffant entre les couvertes, épuisé mais content.

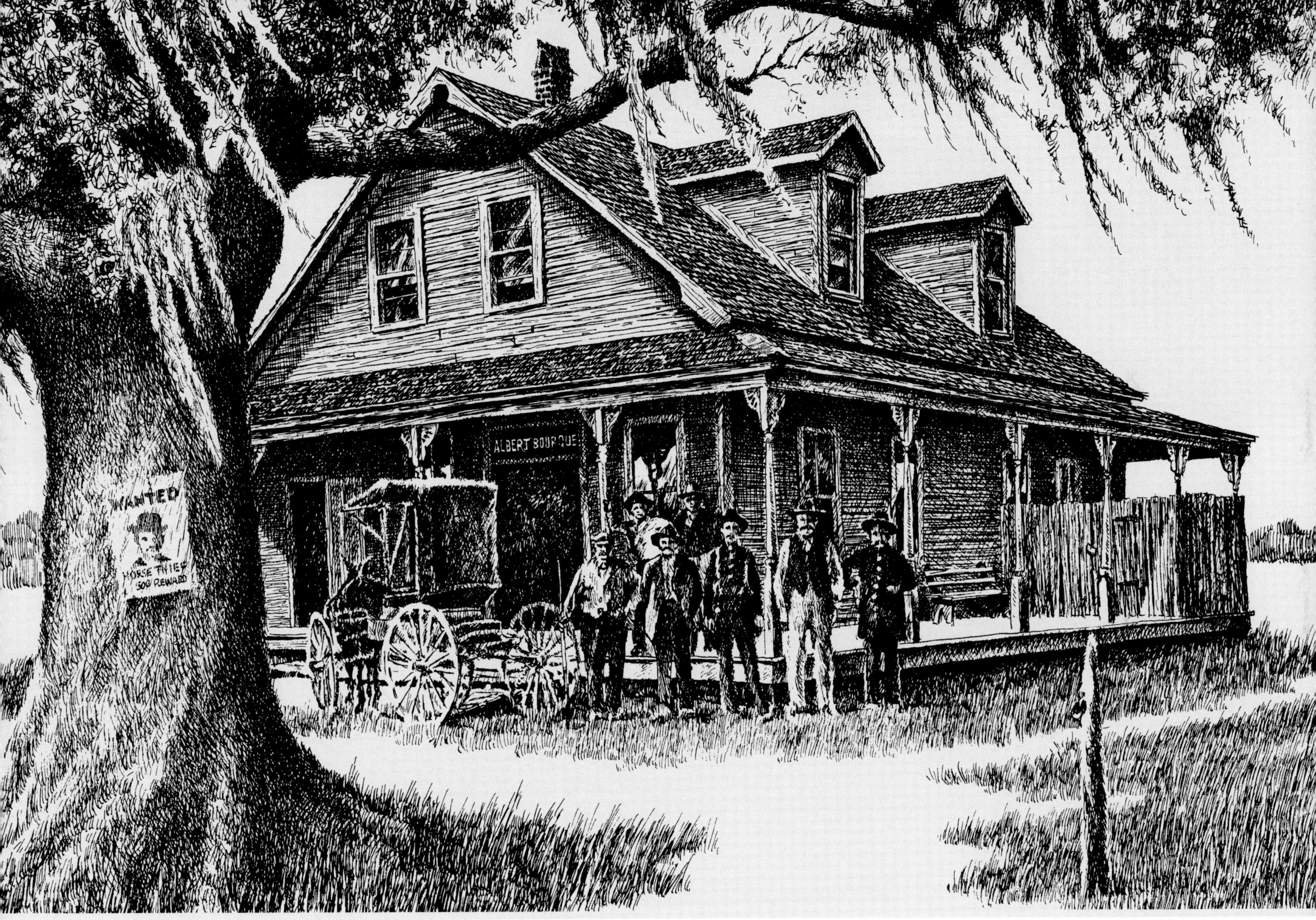

Albert Bourque's Bar / *Le bar d'Albert Bourque*

Built as a saloon in 1902 on St. Mary Street in Scott, La., this old building served as my first art gallery. Albert Bourque, builder and owner of the bar until 1960, is the man in the white suspenders.

Construit comme un café en 1902 sur la rue Ste-Marie à Scott, en Louisiane, ce vieux bâtiment a servi comme mon premier atelier. Albert Bourque, constructeur et propriétaire du café jusqu'à 1960, est l'homme qui porte les bretelles blanches.

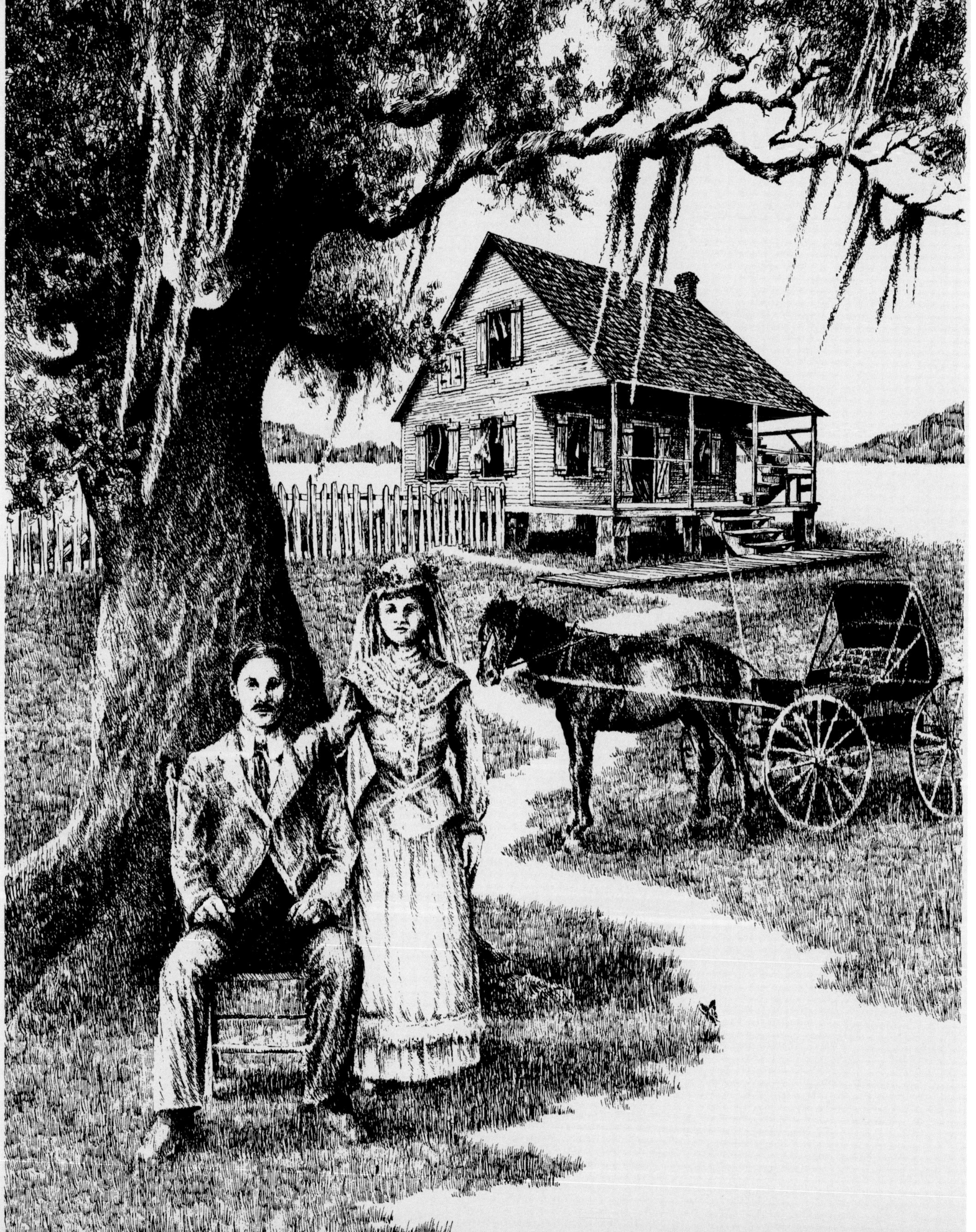

Joseph and Marie

A newly wed Cajun couple are at home in the country following their wedding in Church Point. Behind them are their farm house and their means of transportation, the horse and buggy.

Joseph et Marie

De nouveaux mariés sont chez eux à la campagne suite à leurs noces à la Pointe de l'Église. En arrière, on peut voir leur maison de campagne et leur moyen de transport, le cheval et le boghei.

24

From The Buggy To The Car

Until the late 1940s and early '50s, the buggy was an important mode of transportation in rural south Louisiana. For many families it was the only means of going to town, going to church, and visiting family and neighbors.

Buggies came in many shapes and styles. The most popular was the one-seater with a black canvas top that could be folded back to catch a bit of sun.

A well-kept buggy and a fine horse were a young man's pride and joy. He would pick up his *belle* on Saturday evening for the dance, usually held in someone's home. On Sunday afternoon, the top of the buggy would come down and he and his sweetheart would go riding and visiting in the countryside.

For his wedding day, the young man would polish the buggy and brush his horse to a sheen for the trip back to his house from church with his young bride. A sight to behold was the bride and groom in the first buggy followed by some 15 or 20 buggies with friends and relatives dressed in their finest, laughing, singing, enjoying the festive occasion. Young men, all dressed up, would trot alongside on saddled horses to join in the excitement.

My dad's buggy horse, "Betsy," was black and not very big. She pulled the buggy when needed and did very little else on the farm. The buggy was used mostly on weekends, for going to town on Saturday afternoons, going to Mass on Sunday mornings and visiting relatives. Rarely was the buggy used during the week.

Every month or so we took a trip to see my grandparents, who lived near the community of Lawtell. The eight-mile trip took two

Du boghei au char

Jusqu'aux années 1940 et au début des années 1950, le boghei était un moyen important de transport dans la campagne du sud de la Louisiane. Pour beaucoup de familles, c'était le seul moyen d'aller au village ou à l'église et de rendre visite à la famille et aux voisins.

Les bogheis étaient de plusieurs formes et styles. Le plus populaire était celui avec un seul siège et une capote de toile noire qui se pliait pour laisser passer un peu de soleil.

Un boghei bien entretenu et un bon, beau cheval étaient la fierté et la joie d'un jeune homme. Il allait chercher sa belle le samedi soir pour aller danser au bal, d'habitude un bal de maison chez quelqu'un. Le dimanche après-midi, on baissait la capote du boghei pour une promenade à la campagne.

Le jour de ses noces, le jeune homme nettoyait son boghei et brossait son cheval pour rentrer chez lui de l'église avec la jeune mariée. Quelle vue: les nouveaux mariés dans le premier boghei, suivi de quinze ou vingt bogheis remplis d'amis et de parenté tous habillés dans leurs meilleurs habits, en riant, en chantant et en prenant plaisir de la belle occasion. Les jeunes hommes, bien habillés, trottaient à côté à cheval pour participer aux réjouissances.

Le cheval de boghei de mon père, «Betsy,» était noir et non pas trop grand. Elle halait le boghei quand on en avait besoin et ne faisait presque rien d'autre comme travail à la ferme. D'habitude on utilisait le boghei la fin de semaine, pour aller au village le samedi après-midi, pour aller à la messe le dimanche matin et pour rendre visite à la famille. On l'utilisait rarement pendant la semaine.

hours. I remember being six or seven years old and, with my younger brother, Mervin, standing on the back of the buggy behind the seat while our parents sat in the seat for the long, tiring trip. My little sister, Irma, would sit on my mom's lap. I remember my dad constantly commanding Betsy to keep her on a steady pace. He made a loud kissing-like sound with his lips to signal her not to slow down.

The little box on the back of the seat would be filled with fresh vegetables and a freshly baked cake.

Dad took very good care of his horse, as he did all his farm animals. Once we would arrive at Grandpa and Grandma Thibodeaux's house, he would unhitch Betsy, feed her, give her water, brush her down and let her out in the pasture. Later that afternoon we made the return trip home.

Around 1941 my dad bought a car, so the buggy was stored away in our old barn and Betsy was retired to the pasture.

Uncle Leo, my dad's brother who lived on the farm next to ours, had an old Model A Ford. Occasionally, and especially at night, my dad would borrow the car to go visiting. The family had outgrown the buggy. Anyway, visiting in a car was much more exciting. I remember fighting with my brother and sister to see who would sit by the windows.

One day my dad heard of a Mr. Joubert from Lawtell who had a car he wanted to sell. Dad and Uncle Leo went to Lawtell to look at the car. Because of the War, car batteries and tires were rationed and therefore very hard to come by. Mr. Joubert's car did not have a battery, but it did have four brand new tires. The car was a blue 1928 Model A Ford. My dad asked Mr. Joubert how much he wanted for the old car. Mr. Joubert said he had just gotten four new tires that had cost him $35.00, and all he wanted was his money back. Dad paid him the $35.00 for the four new tires – and got the car, to boot!

I remember seeing the two old 1928 Model A Fords, one pulling the other, coming down the old dirt road that led to our house. We all ran out to see them up close, and I will never forget the grin on my dad's face as he came up to the house steering the old car. "Old Blue," as we called it later, was parked in the backyard under a chinaball tree until my dad was able to purchase a

Chaque mois on allait voir mes grands-parents, qui habitaient près de la communauté de Lawtell. Le trajet de huit miles prenait deux heures. Je me souviens, à l'âge de six ou sept ans, avec mon frère cadet Merv, de rester debout derrière le siège du boghei pendant que nos parents étaient assis sur le siège. Ma soeur Irma se mettait sur les genoux de ma mère. Je me souviens que mon père donnait les ordres constamment à Betsy de tenir un bon pas. Il faisait un bruit de baiser avec ses lèvres pour lui communiquer de ne pas se ralentir.

La petite boîte derrière le siège était remplie de légumes fraîches et d'un gâteau que ma mère avait fait.

Papa soignait bien son cheval, comme il faisait avec tous ses animaux de la ferme. Une fois arrivé chez nos grands-parents, il dételait Betsy, il lui donnait à manger et à boire, il la brossait et puis, il la lâchait dans la savane. Plus tard dans l'après-midi on faisait le trajet de retour.

Vers 1941 mon père a acheté une voiture, donc, le boghei a été mis dans le vieux hangar et Betsy a pris sa retraite à la savane.

Mon oncle Léo, le frère de mon père qui habitait la ferme à côté de la nôtre, avait une vieille Ford Modèle A. De temps en temps, et surtout le soir, mon père empruntait son char pour aller rendre visite. La famille avait devenue trop grande pour le boghei. Enfin, rendre visite par voiture était beaucoup plus intéressant. Je me souviens de me battre avec mon frère et ma soeur pour le droit de se mettre près de la glace.

Un jour mon père a entendu dire qu'un certain Monsieur Joubert de Lawtell avait un char à vendre. Accompagné de son frère Léo, il est allé à Lawtell pour voir le char. À cause de la guerre, les batteries et les pneus étaient rationnés et bien difficiles à obtenir. Le char de Monsieur Joubert n'avait pas de batterie, mais il avait quatre pneus neufs. La voiture était une Ford bleue, un Modèle A, faite en 1928. Mon père a demandé à Monsieur Joubert combien il voulait pour ce vieux char. Il lui a répondu qu'il venait d'acheter quatre pneus neufs qui lui avaient coûté $35.00, et tout ce qu'il voulait c'était d'être récompensé pour cela. Mon père lui a payé les $35.00 pour ses quatre pneus neufs, et il a obtenu le char, en plus!

Je me souviens de voir les deux vieilles Fords Modèle A de 1928, l'une halant l'autre, sur le vieux chemin de terre qui menait à notre

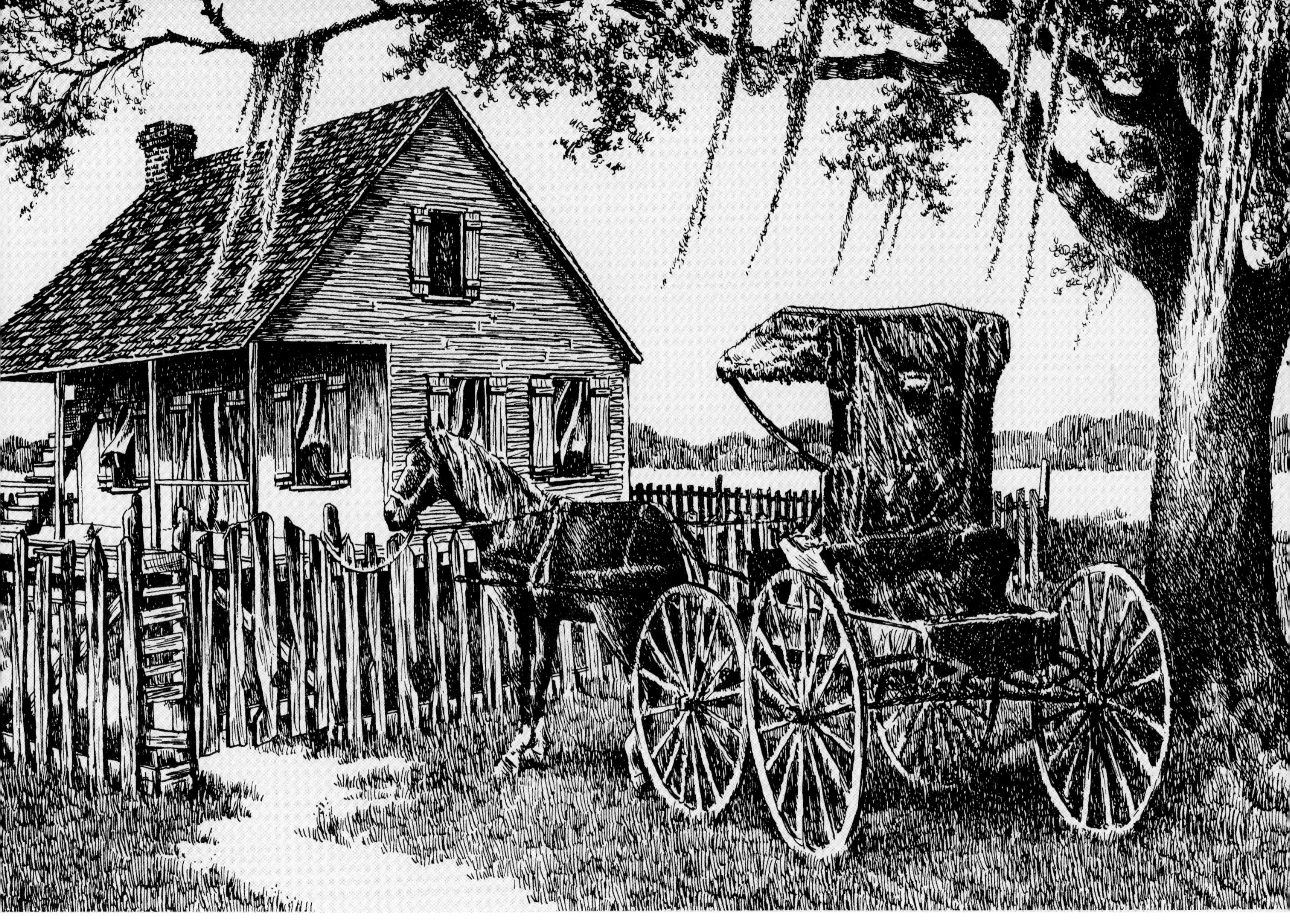

Betsy's Sunday Afternoon / *Le dimanche après-midi de Betsy*

Our horse, "Betsy," had but one job: to provide "horse power" for the family buggy, primarily on weekends. On Sundays she pulled us to church and to visit relatives; on Saturdays, to Church Point to shop for groceries and to socialize.

Notre cheval, «Betsy,» n'avait qu'une tâche: de fournir «la puissance en chevaux» pour le boghei de la famille, surtout le weekend. Le dimanche, elle nous amenait à l'église et à rendre visite à la famille; le samedi, à la Pointe de l'Église pour faire des achats et pour rencontrer des amis.

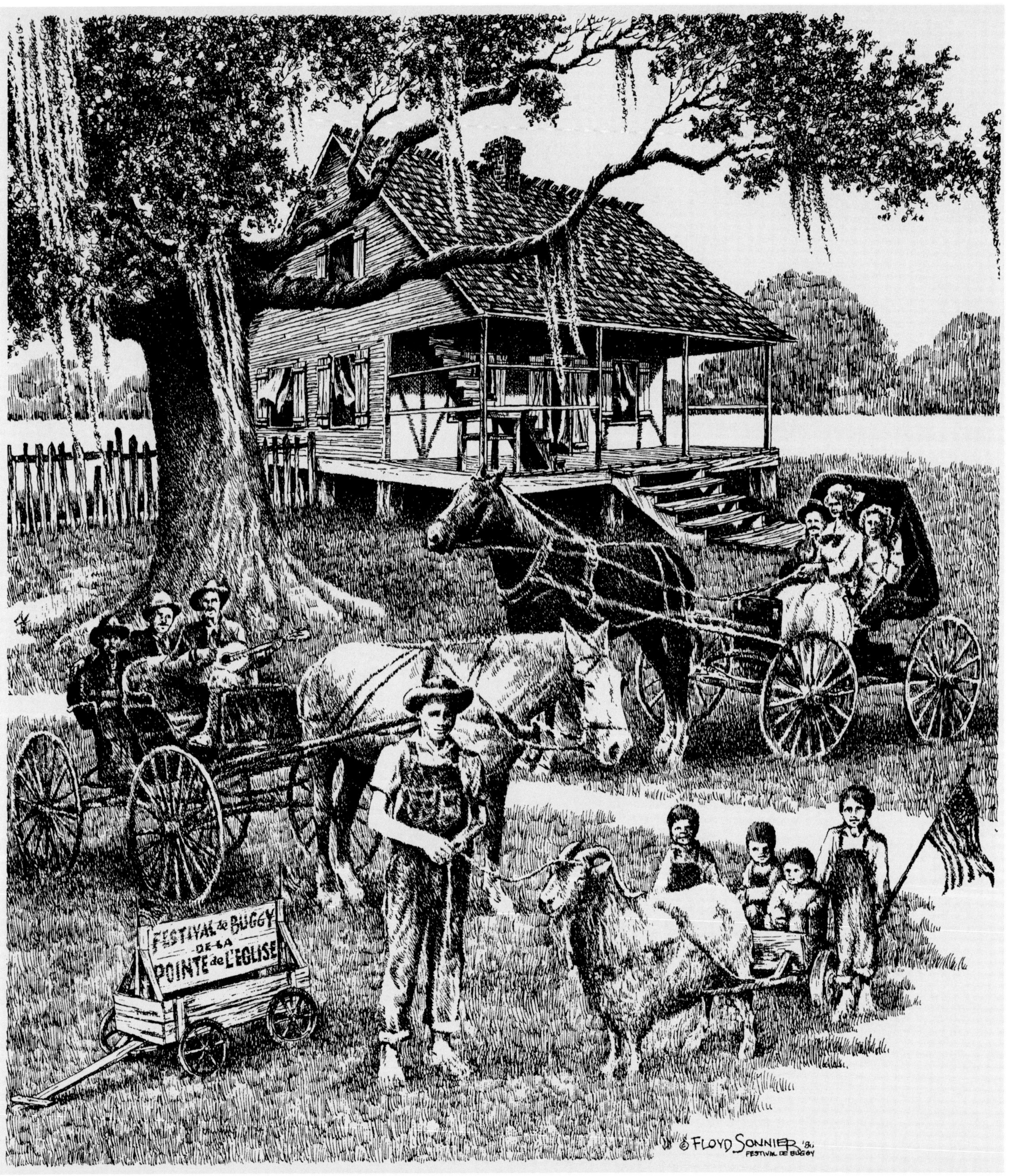

Buggy Festival

The horse-drawn buggy was the primary mode of transportation in rural south Louisiana well into the 1940s. To help preserve this history, a Buggy Festival is held annually in Church Point, which bills itself "Buggy Capital of the World." I did this drawing for use as the official poster for the 1986 Buggy Festival.

Le festival du boghei

Le boghei à chevaux était le moyen principal de transport à la campagne au sud de la Louisiane dans les années 1940. Pour aider à préserver cette histoire, il y a le Festival du boghei tous les ans à la Pointe de l'Église, qui s'appelle «La capitale mondiale du boghei.» J'ai fait ce dessin comme affiche officielle pour le Festival du boghei de 1986.

battery, which he did soon after acquiring the car.

We kept the car for eight years, and when I was 14 my dad taught me to drive, which was a momentous occasion in my life, to put it mildly.

maison. On a tous sorti en courant pour les voir de près, et je n'oublierai jamais le sourire à la figure de mon père lorsqu'il est arrivé à la maison en dirigeant le vieux char. «Vieille Bleue,» comme on l'appelait, était garée sous un lilas jusqu'à ce que mon père puisse acheter une batterie, ce qu'il a fait juste après avoir acheté le char.

On a gardé ce char pour huit ans et, quand j'avais quatorze ans, mon père m'a appris à conduire, ce qui était une occasion de grande importance pour moi, croyez-vous.

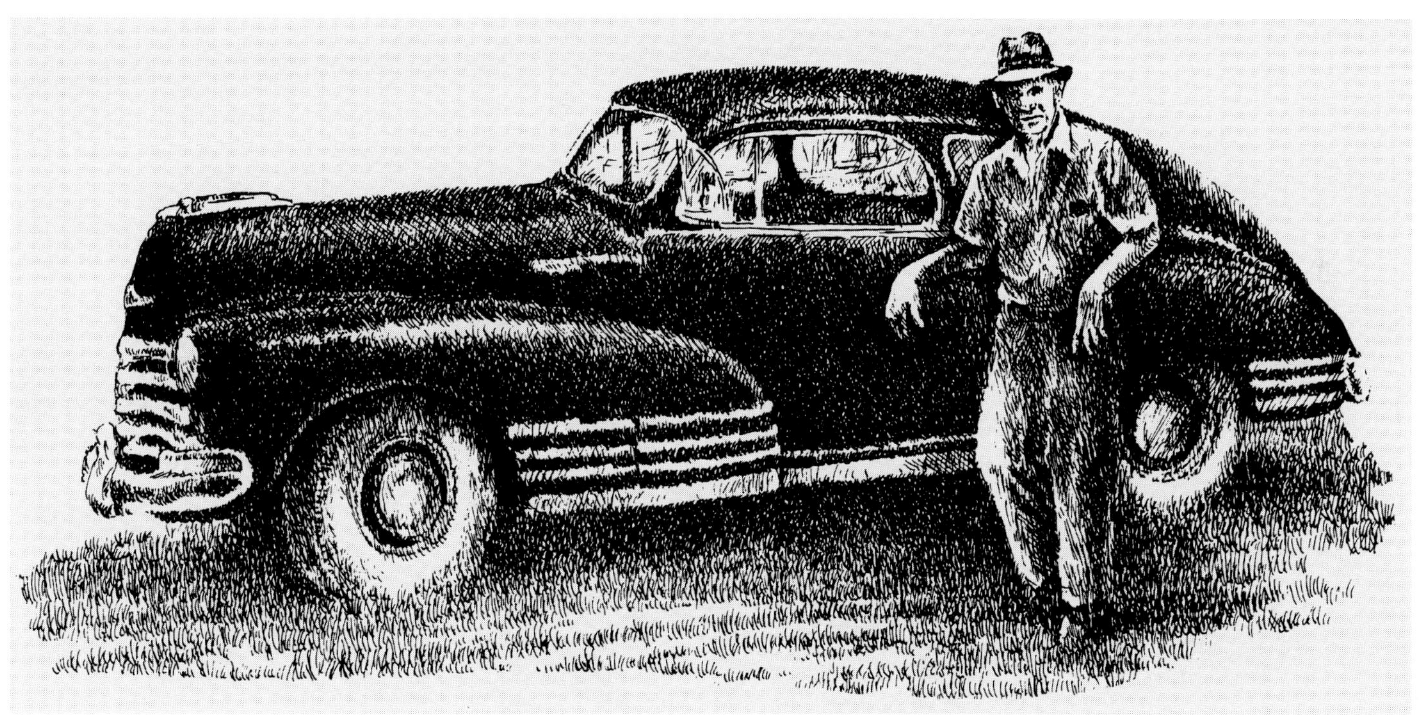

Pete's Pride / *La fierté de Pete*

This 1947 Chevrolet is a very modern car compared to the Model A Ford my dad bought in 1941. The man shown here is Clovis "Pete" Bourque, who owned the car. He also owned the building in Scott, La., that became my first art gallery. In 1989 I acquired the car as a Christmas present from my wife.

Cette Chevrolet de 1947 est une voiture très moderne en comparaison de la Ford Modèle A que mon père a achetée en 1941. Cet homme ici est Clovis «Pete» Bourque, le propriétaire du char. Il était aussi propriétaire d'une bâtisse à Scott, en Louisiane, qui est devenu mon premier atelier. En 1989, ma femme m'a offert cette voiture comme cadeau de Noël.

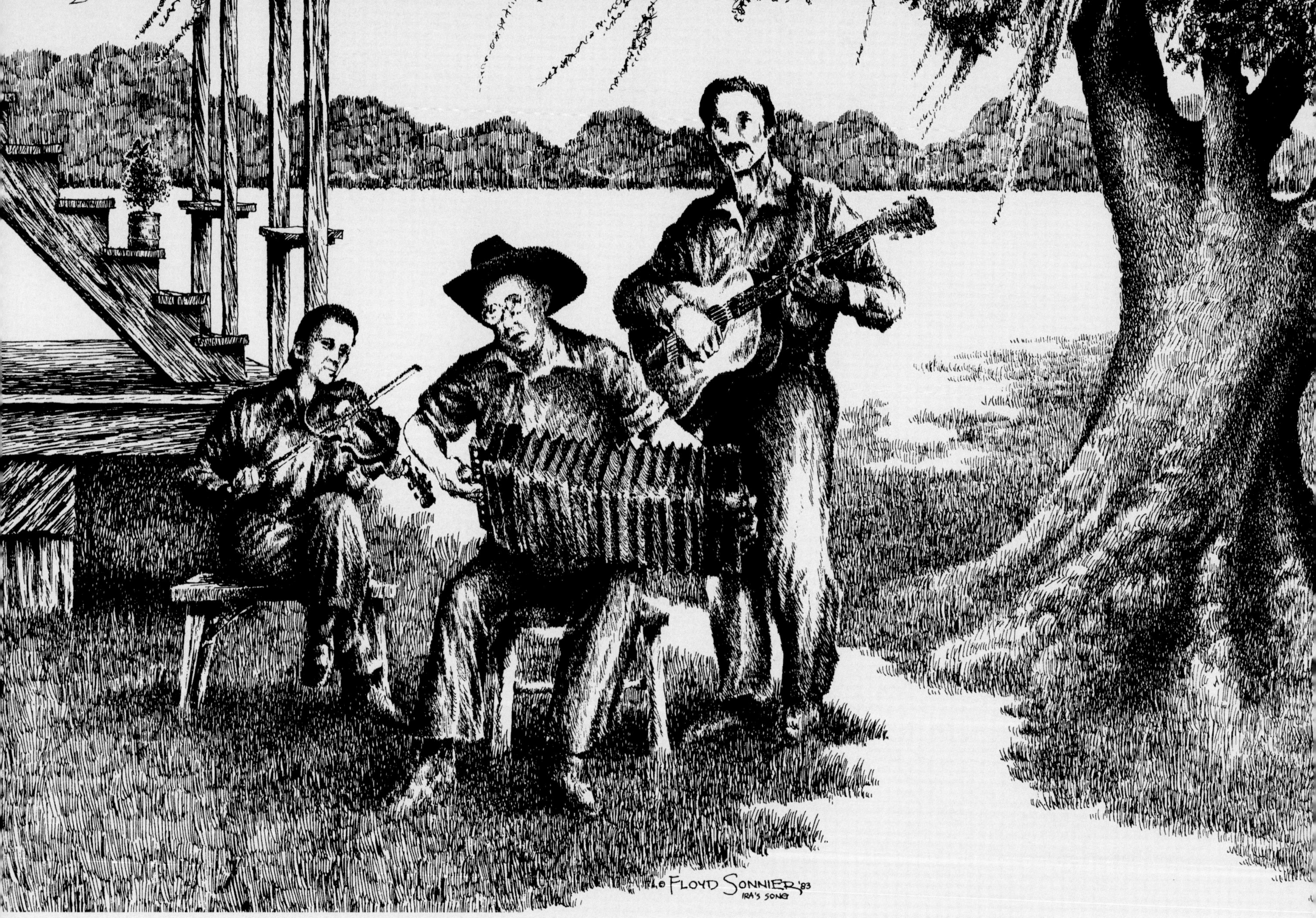

Ira's Song / *La chanson d'Ira*

The accordion player shown here is the late Ira Lejeune, considered by many to be the greatest Cajun musician who ever lived. Ira's songs are still heard today on French music radio programs, though he died in 1955.

Le joueur d'accordéon ici est le défunt Ira Lejeune, considéré par beaucoup de monde comme le meilleur musicien cadjin qu'il y a jamais eu. Les chansons d'Ira sont toujours jouées pendant les programmes de musique cadjinne à la radio, malgré sa mort en 1955.

25

Ira's Song

I'm going... I'm leaving for ninety-nine years. These are some of the words of one of Ira LeJeune's songs that made an impression on me when I was a boy. It was not so much the lyrics, but rather the melody – and the musician.

The song is titled "The Convict Waltz" and is also known as "The Ninety-nine Year Waltz." In this song, as in all his works, Ira touches the heart of the listener. This is because he sang and played his accordion straight from the heart.

When I listen to Ira's music and lyrics, I hear songs with themes commonly associated with the ordeals endured by our ancestors in the Acadian exile. I hear stories of hardship and poverty, of forsaken little shacks with mud chimneys and meager lives buried in paltry cotton fields, of lonely nights after hard days of work. I hear stories of that life told to me by my grandfather, as told to him by his grandfather. I see some of the same historical themes in many of my drawings that I hear in Ira's songs.

Ironically, we are both from the same rural area, and from the same era. Like me, he was reared on a small sharecropper's farm.

He was born partially blind and remained that way all his life. I am sure that his blindness accounts for the sadness in his music, to some degree. But, more importantly, it may also account for his having been a musician in the true sense of the word. It gave him the time and the will to overcome his handicap. I have heard stories of him, as a young boy, playing for long periods of time on a borrowed accordion while the rest of his family picked cotton.

He mastered the complicated musical notes and tones of the accordion. He mastered the instrument so well, in fact, that if you listened closely you could not only hear the music but also *feel* it.

La Chanson d'Ira

Je m'en vas....Je m'en vas pour quatre-vingt-dix-neuf ans. Voici quelques unes des paroles d'une chanson d'Ira LeJeune qui m'a beaucoup impressionné quand j'étais jeune. Ce n'était pas vraiment les paroles, mais plutôt la mélodie – et le musicien.

La chanson s'intitule «La valse du condamné,» et elle est aussi connue comme «La valse de quatre-vingt-dix-neuf ans.» Dans cette chanson, comme dans toutes ses chansons, Ira touche le coeur de l'auditeur. C'est parce qu'il chantait et jouait de son accordéon directement de son coeur.

Lorsque j'écoute la musique et les paroles d'Ira, j'entends des chansons avec des thèmes qui traitent des épreuves endurées par nos ancêtres pendant le Grand Dérangement. J'entends des contes de privation et de pauvreté, de petites cabanes avec des cheminées de boue et de pauvres vies maigres enterrées dans des clos de coton misérables, des nuits solitaires après de longues journées de travail pénible. J'entends des contes de cette vie-là, racontés par mon grand-père, comme lui avait raconté son grand-père. Je reconnais quelques-uns de ces mêmes thèmes historiques dans beaucoup de mes dessins.

Ironiquement, on est tous les deux de la même région rurale et de la même époque. Comme moi, il a été élevé sur une petite ferme d'habitant à la part.

Il est né partiellement aveugle, et il est resté comme ça toute sa vie. J'en suis sûr que sa cécécité explique un peu la tristesse de sa musique, Mais, ce qui est plus important, ça peut aussi expliquer pourquoi il était musicien dans le vrai sens du mot. Sa musique lui a donné le temps et la volonté de surmonter son handicap. J'ai entendu dire que, quand il était jeune, il jouait d'un accordéon

When Ira played his accordion other musicians listened. Even today musicians listen and learn.

One morning in October of 1955, just outside the city of Eunice, Ira died in an automobile accident. He was 27 years old. He left behind a young widow and five little children.

emprunté pour de longues périodes à la fois, pendant que le reste de sa famille ramassait du coton.

Il a maîtrisé les notes musicales compliquées et les tons de l'accordéon. Il a maîtrisé si bien cet instrument que, si vous écoutiez bien, vous pouviez non seulement entendre, mais sentir la musique.

Quand Ira jouait de son accordéon, les autres musiciens écoutaient. Même aujourd'hui, les musiciens écoutent et apprennent.

Le matin du 8 octobre, 1955, juste en dehors de la ville d'Eunice, Ira a été tué dans un accident de voiture. Il avait vingt-sept ans. Il a laissé une jeune veuve et cinq petits enfants.

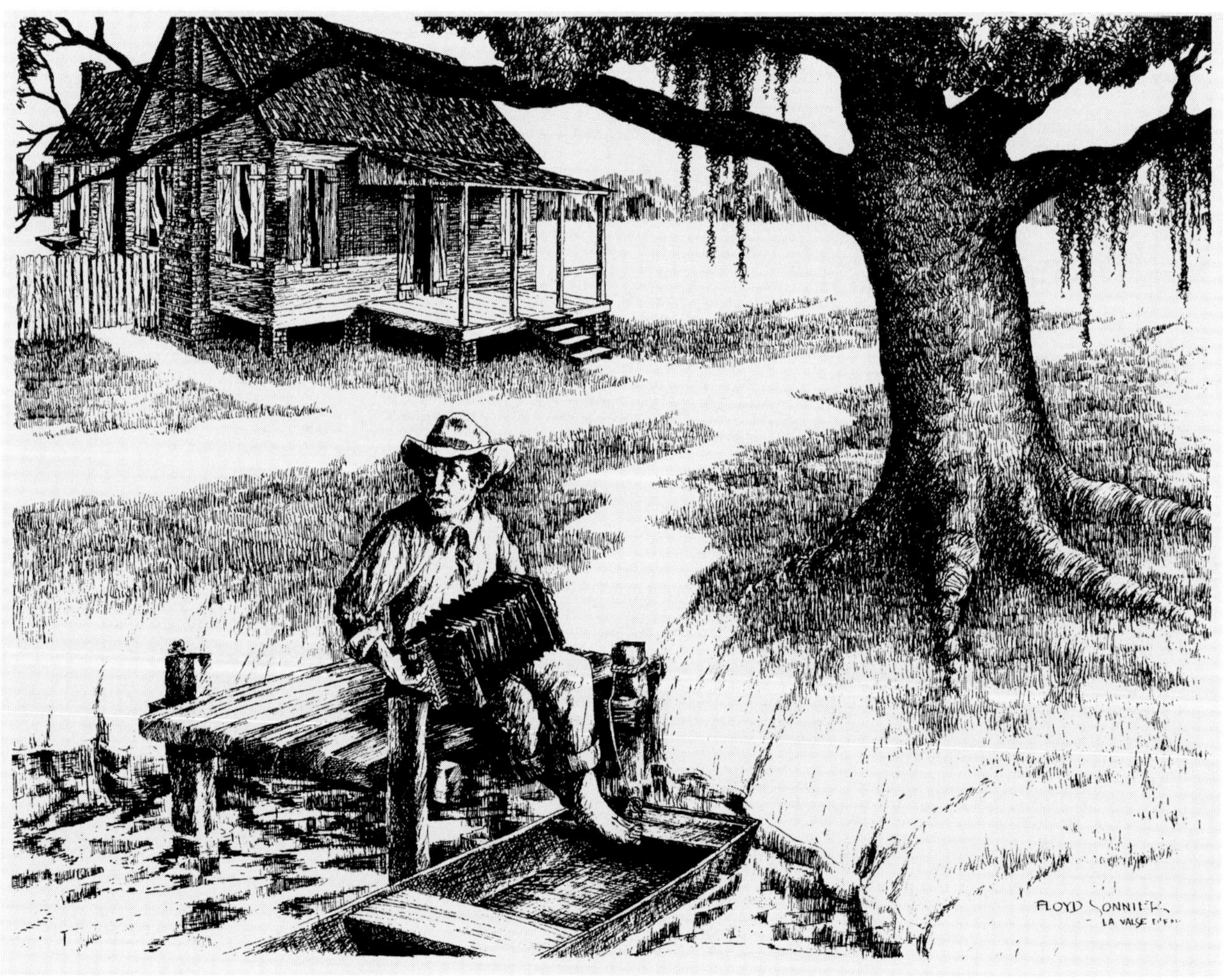

Lonesome Waltz

Some of the themes I draw in my artwork are the same that I hear in Ira Lejeune's songs. This one, for example, deals with being tired and lonely on the farm.

La valse de la solitude

Plusieurs des thèmes de mon oeuvre sont les mêmes que j'entends dans les chansons d'Ira Lejeune. Ceci, par exemple, traite de la fatigue et de la solitude à la ferme.

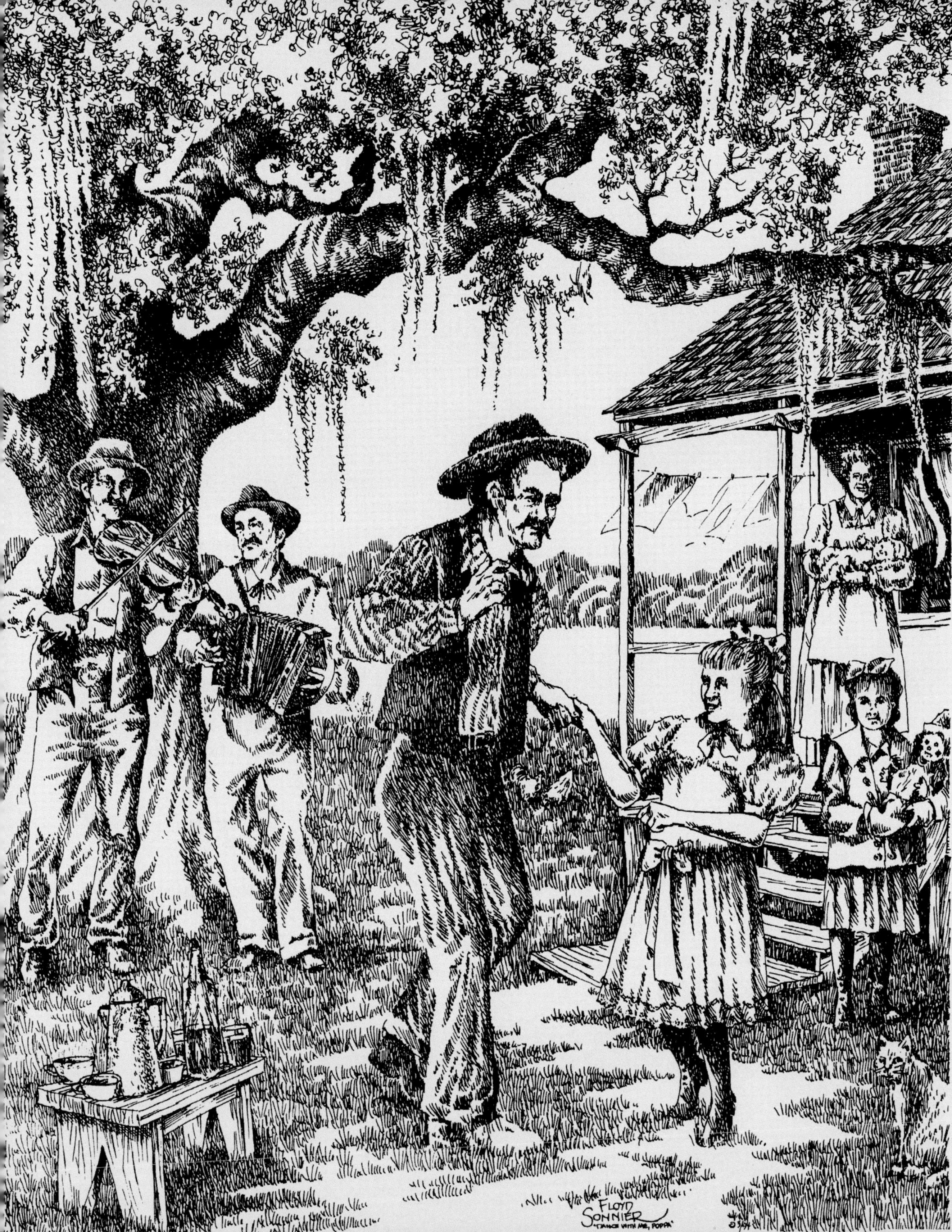

Dance With Me, Papa

A father teaches his daughter to dance a traditional Cajun waltz in their backyard on a Sunday afternoon. The model for the girl is my daughter, Annette. Some say I am the model for Papa.

Danse avec moi, Papa

Un père apprend à sa fille à danser la valse cadjinne traditionnelle dans leur cour en arrière un dimanche après-midi. Ma fille, Annette, a posé pour la jeune fille. Il y en a qui disent que c'est moi qui a servi comme modèle pour Papa.

Cajun Music

With my studio and gallery being in the heart of Cajun Country, it was inevitable that I would do many drawings of Cajun musicians in an effort to document this rich tradition. Two of my most popular drawings of musicians are shown here, while four of my festival posters – done for the Cajun French Music Assn. or Festivals Acadiens *of Lafayette – are on the following two pages.*

Puisque mon atelier et ma galerie sont dans le coeur du Pays Cadjin, c'était inévitable que je fasse beaucoup de dessins des musiciens cadjins pour essayer de documenter cette riche tradition. Voici deux de ces dessins les plus populaires, tandis que quatre de mes affiches de festival – faites pour la Cajun French Music Association ou les Festivals Acadiens de Lafayette – sont aux deux pages suivantes.

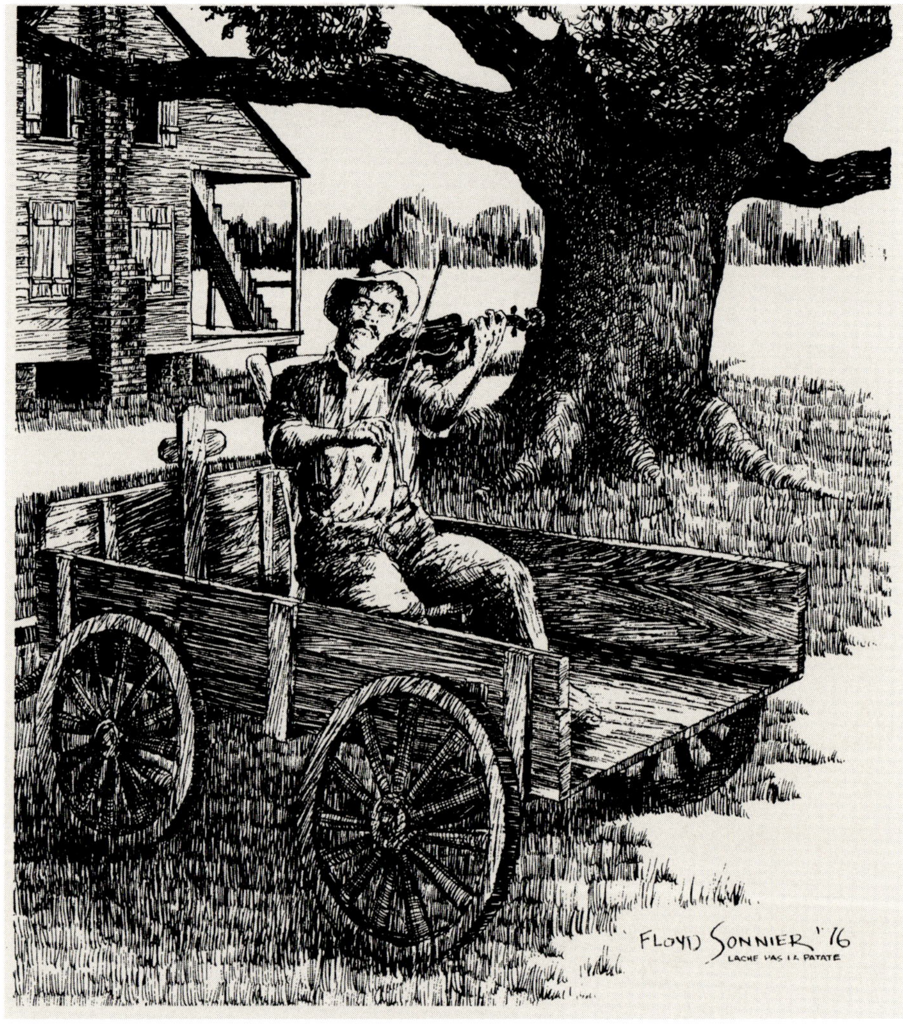

Don't Drop the Potato / *Lâche pas la patate*

The title of this work means "hang in there," "don't give up," "persevere." It is a common saying among Cajun people offering support and encouragement to a friend or family member. The phrase can be heard in several Cajun songs.

Le titre de cette oeuvre veut dire, «Prenez courage,» «Ne renoncez pas,» «Persévérez.» On l'entend souvent chez les Cadjins, qui l'emploient pour soutenir et encourager un ami ou un membre de la famille. On l'entend aussi dans plusieurs chansons cadjinnes.

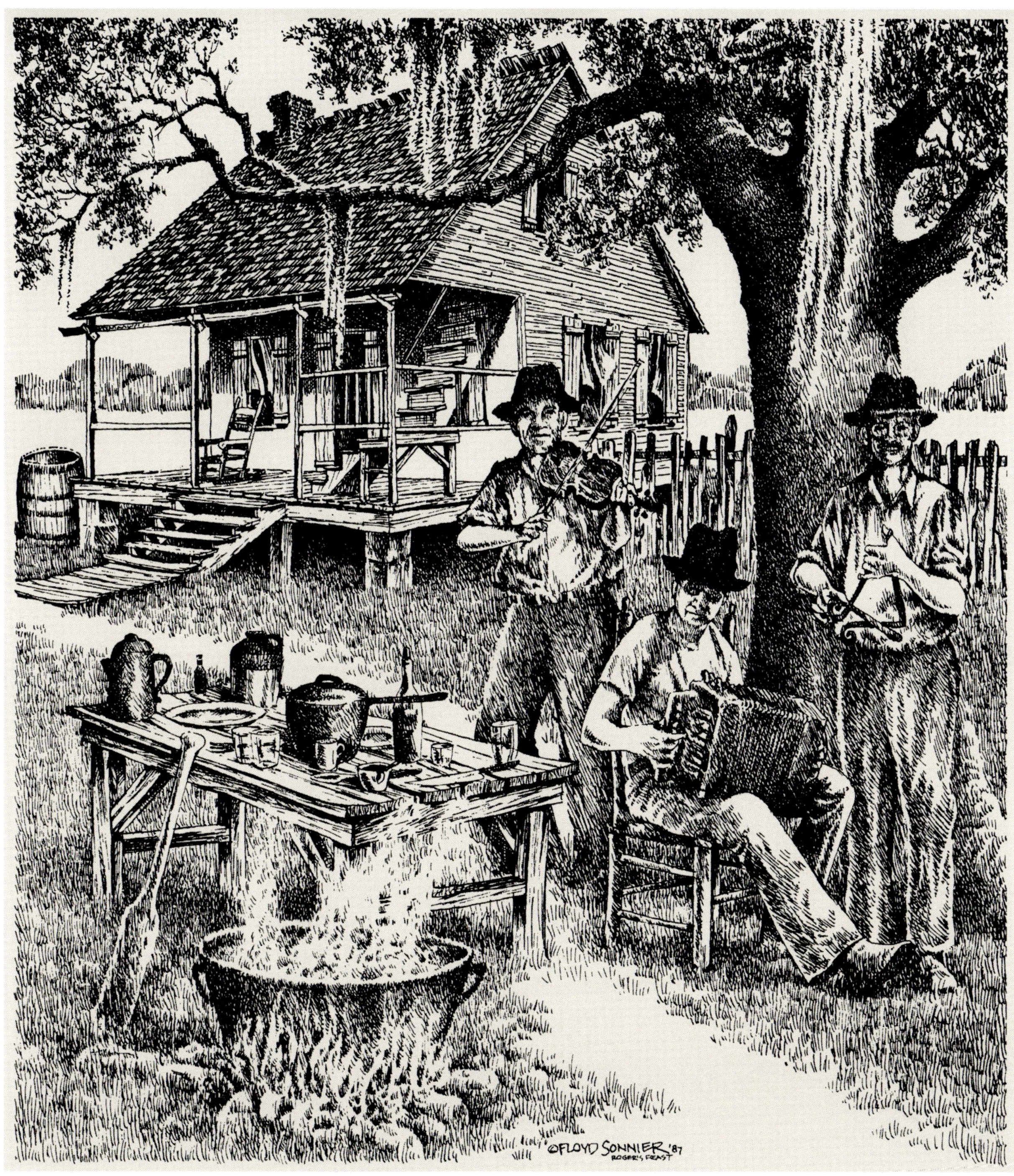

Roger's Feast / *La fête de Roger*

This drawing appears on the cover of Roger's Cajun Cooking, *a cookbook published by my friend Vernon Roger of WAFB-TV in Baton Rouge. The book contains about 20 of my drawings. By the way, that's Vernon on the accordion.*

Ce dessin se trouve sur la couverture du livre de cuisine publié par mon ami Vernon Roger de la station de télévision WAFB au Bâton Rouge. Le livre s'intitule «Roger's Cajun Cooking,» ou «La cuisine cadjinne de Roger.» Le livre contient une vingtaine de mes dessins. À propos, c'est Roger à l'accordéon.

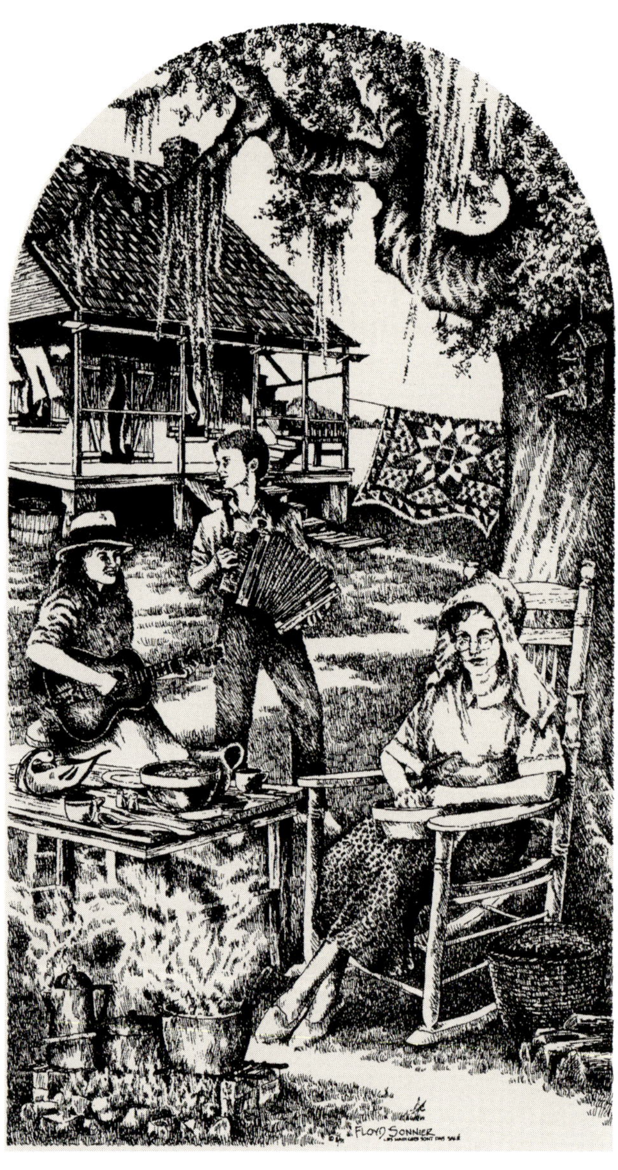

The Cajun Good Times / *Les bons temps cadjins*

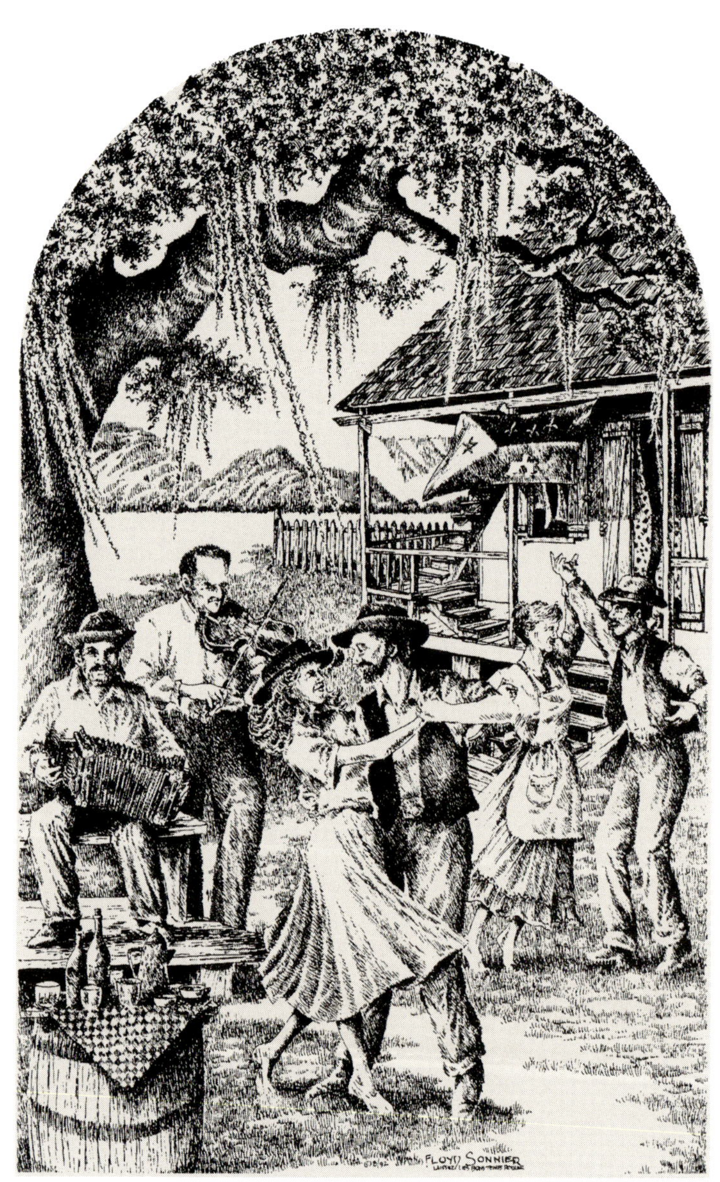

Let the Good Times Roll / ***Laissez les bons temps rouler***

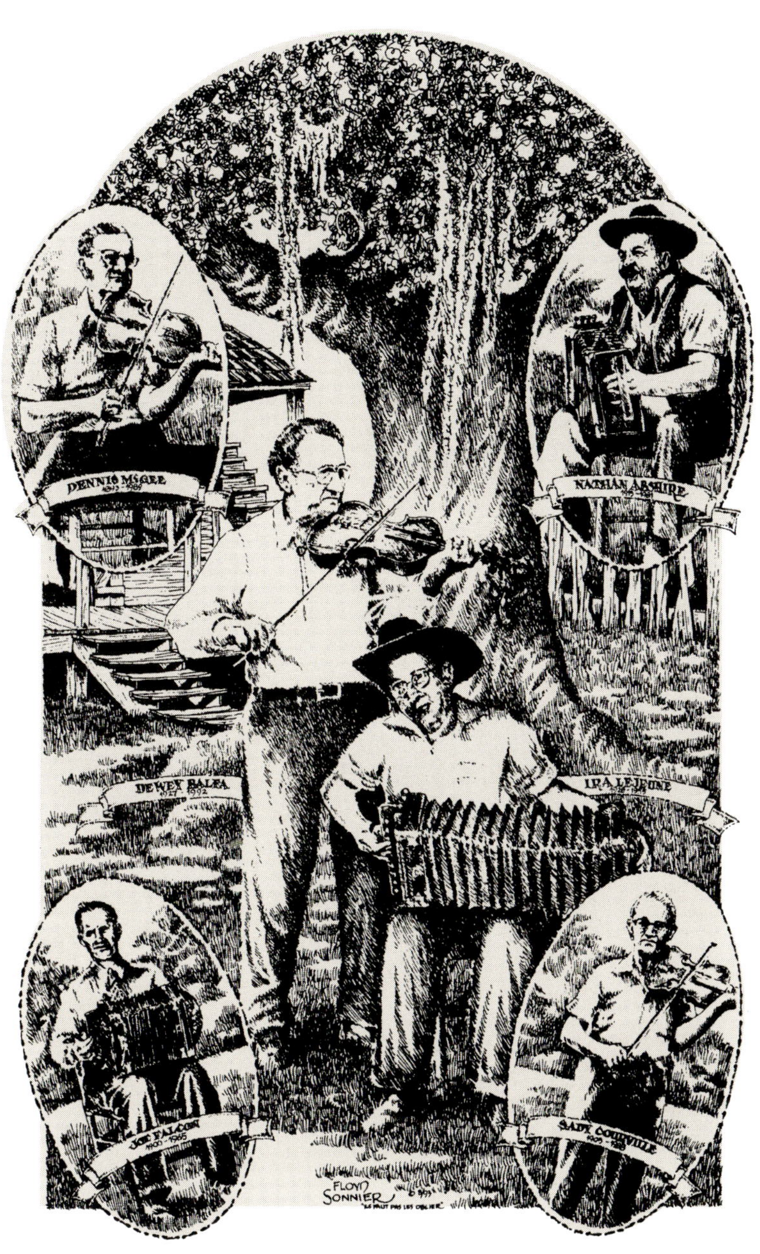

We Must Not Forget Them / ***On ne devrait pas les oublier***

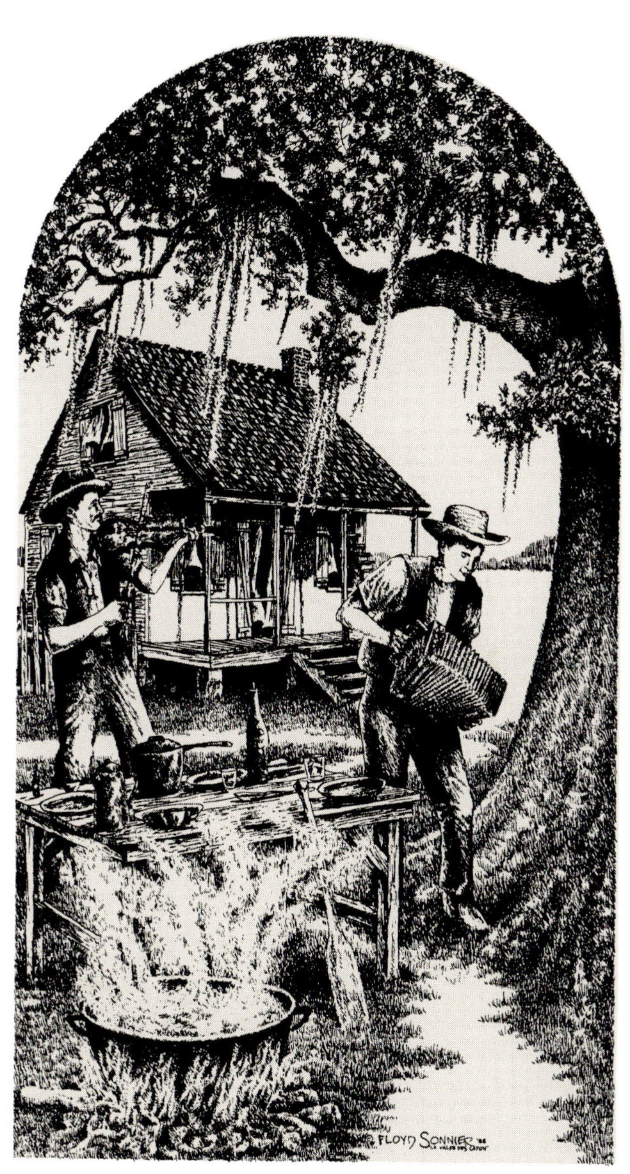

The Cajun Waltz / ***La valse cadjinne***

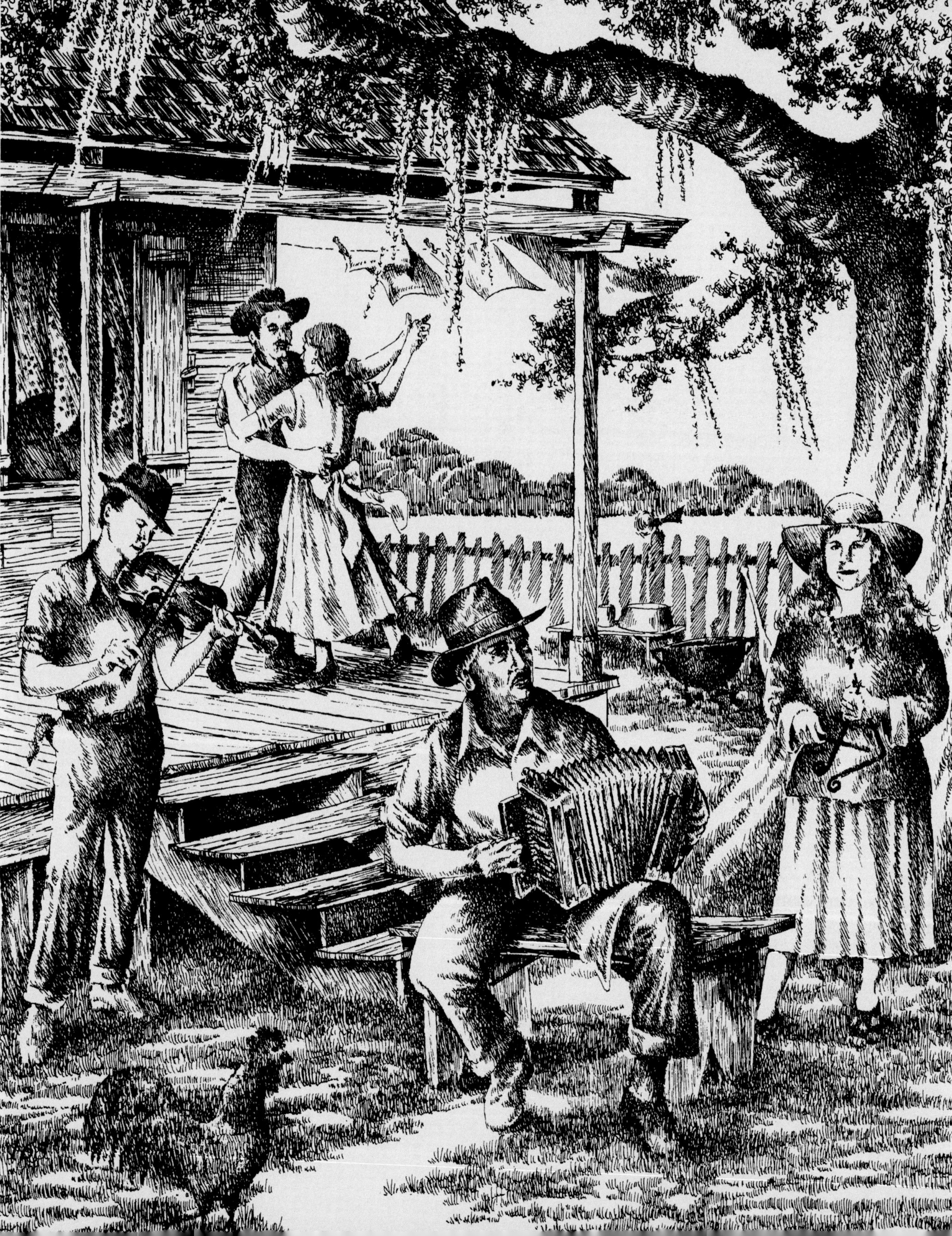

Back Porch Waltz

This drawing reminds me of the day I learned to dance. It was on a Saturday afternoon at my Uncle Leo's house, and my partner was my cousin, Gertie. That night I accompanied her to a dance hall called Tee-Maurice.

Une valse sur la galerie en arrière

Ce dessin me fait penser au jour où j'ai appris à danser. C'était un samedi après-midi chez mon oncle Léo, et ma partenaire était ma cousine, Gertie. Ce soir-là, je l'ai accompagnée à la salle de danse qui s'appelait 'Tit Maurice.

26

Dancing With Gertie

My first recollection of Cajun dancing goes back to when I was a boy on the farm. It was on a Saturday night at a neighbor's house just down the road from where we lived.

The neighbor's name escapes me, but I do remember his *bal de maison* (house dance) and that there were many people in attendance on that sweltering summer night. Being in my pre-teen years, I was not interested in dancing, so I stayed outdoors with cousins and friends.

On the lawn was furniture from two or three rooms, hauled out to make room for the dancing. The men sat on window sills or stood in doorways. The young ladies, under their mothers' watchful eyes, sat around the room, fanning the heat away and waiting to be asked to dance.

I can still see the accordion player, a heavyset man, walking out on the porch for some fresh air, soaking wet from sweat after playing a few Cajun songs in the crowded, dimly lit house. The house had no electricity, so there were no electric fans and certainly no air conditioning. After a few minutes of staring at the stars and exchanging friendly words with young admirers who followed him outside, the musician took a long drink from a bottle someone handed him. He then went back inside to continue playing and singing his Cajun songs.

I'll never forget the first time I stepped onto a dance floor. It was in my Uncle Leo's and Aunt Lorina's kitchen, and my dancing partner was my cousin, Gertie Mae, who was the same age as me. My Uncle Leo was my dad's brother. He and his family lived next door to us. We all worked in the fields together. They had five daughters, and we were reared as brothers and sisters.

Danser avec Gertie

Ma première rencontre avec la danse cadjinne remonte à mon enfance à l'habitation. C'était un samedi soir chez un voisin non pas loin de chez nous.

Le nom du voisin m'échappe, mais je me souviens bien de son bal de maison, et de la grande foule qui assistait au bal ce soir étouffant de chaleur d'été. Puisque je n'étais pas encore adolescent, je ne m'intéressais pas à danser, et je suis resté dehors avec des cousins et des amis.

Dans la cour se trouvait du butin (des meubles) de deux ou trois chambres que l'on avait enlevé pour faire de la place pour danser. Les hommes se sont assis sur les rebords des fenêtres et dans les portes. Les jeunes demoiselles, surveillées de près par leurs mères, étaient rangées autour de la salle, en s'éventant et en attendant une invitation à danser.

Je peux toujours voir le joueur d'accordéon, un homme grand et gros, trempe de sueur après avoir joué des chansons cadjinnes dans la maison encombrée, se refugier sur la galerie pour prendre de l'air. La maison n'avait pas d'électricité, donc, il n'y avait ni éventail mécanique ni climatisation. Après quelques minutes passées en regardant les étoiles et en bavardant avec les jeunes admirateurs qui l'avaient suivi dehors, le musicien a pris une gorgée d'une bouteille que quelqu'un lui avait donnée. Puis, il s'est rentré pour continuer à jouer et à chanter ses chansons cadjinnes.

Je n'oublierai jamais la première fois que j'ai mis le pied sur la piste de danse. C'était dans la cuisine de mon oncle Léo et de ma tante Lorina, et ma partenaire de danse était ma cousine, Gertie Mae, qui avait le même âge que moi. Mon Oncle Léo était le frère de mon père. Sa famille habitait juste à côté de chez nous. On

Gertie and her older sister, Merlis, invited my brother, Merv, and me to go with them to a dance one Saturday night at a dance hall called Tee-Maurice, near the community of Bosco. The only way that Uncle Leo would allow the girls to go to the dance was if we accompanied them. The problem was that Merv and I did not know how to dance. So we met in their kitchen that Saturday afternoon, played a few of Ira LeJeune's Cajun tunes, and took our first dance steps to Gertie's cadence of "one-two-turn, one-two-three."

That night I braved the dance floor at Tee-Maurice for my first and last waltz with Gertie. She caught the eye of some young man who took over and relieved me of my cumbersome duty. Gertie considered my mission accomplished and so did I: I had escorted her to the dance and saw to it that she met a fellow of her liking.

There were many other Cajun dance halls in our little corner of the world: the Chinaball Club in Bristol, the Step-Inn and the Green Lantern Club of Lawtell, the Moonlight Inn and Raphael's of Opelousas, *La Poussière* (the dust) of Breaux Bridge and the Evangeline Club of Ville Platte, to name a few. Then there was the obscure little night club just south of Church Point called *La Puce*, or The Flea. I cannot imagine why it was called that. Live music was always played at all these clubs by some well-known musicians and some not so well-known.

My first dance step with Gertie was probably my first small step into adulthood. It was one of the things that helped me appreciate the uniqueness of our Cajun music, culture and heritage.

travaillait tous ensemble dans les clos. Ils avaient cinq filles et on a été élevé comme frères et soeurs.

Gertie et sa soeur aînée, Merlis, ont invité mon frère Merv et moi à les accompagner au bal un samedi soir à une salle de danse appelée 'Tit Maurice, près de la communauté de Bosco. La seule manière que Nonc Léo permettrait à ses filles d'aller au bal était si on les accompagnait. Le problème, c'était que Merv et moi, on ne savait pas danser. Donc, on s'est réuni dans leur cuisine ce samedi après-midi-là pour jouer quelques chansons d'Ira LeJeune, et on a pris nos premiers pas de danse lorsque Gertie comptait à haute voix, «un, deux, tourne....un, deux, trois.»

Ce soir-là, j'ai bravé la piste de danse chez 'Tit Maurice pour ma première et ma dernière valse avec Gertie. Elle a attiré l'oeil d'un jeune homme qui est venu me relever de mon devoir encombrant. Selon Gertie, j'avais accompli ma mission, et je le croyais aussi: je l'avais accompagnée au bal et je l'avais aidée à rencontrer un jeune homme acceptable.

Il y avait plein d'autres salles de danse dans notre petit coin du monde: le Chinaball Club à Bristol, le Step-Inn et le Green Lantern Club à Lawtell, le Moonlight Inn et Raphael's aux Opélousas, la Poussière au Pont Breaux et le Evangeline Club à la Ville Platte. Puis, il y avait une petite boîte de nuit obscure juste au sud de la Pointe de l'Église qui s'appelait la Puce. J'ignore pourquoi c'était nommé comme ça. Des musiciens bien connus et moins bien connus jouaient dans ces salles de danse.

Mon premier pas de danse avec Gertie était probablement mon premier petit pas vers ma vie d'adulte. Cette expérience m'a aidé à apprécier ce qui est unique dans notre musique, notre culture et notre héritage cadjins.

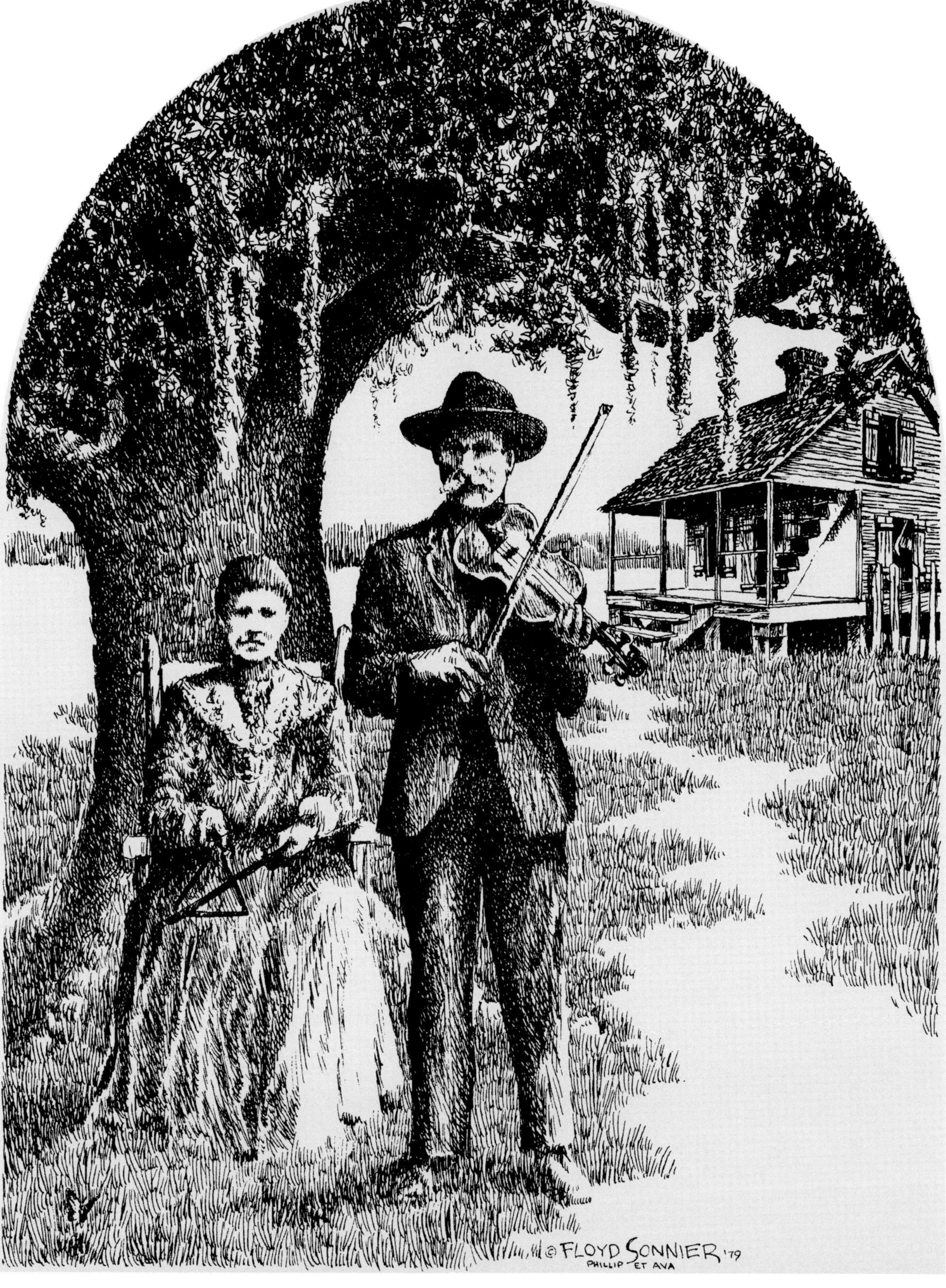

Philip and Ava

Philip and Ava Faul of Church Point were the grandparents of Elton "Bee" Cormier, a Cajun musician and one of the leaders in the movement to preserve traditional Cajun music.

Philip et Ava

Philip et Ava Faul de la Pointe de l'Église étaient les grands-parents d'Elton «Bi» Cormier, un musicien cadjin et un des chefs du mouvement pour préserver la musique cadjinne traditionnelle.

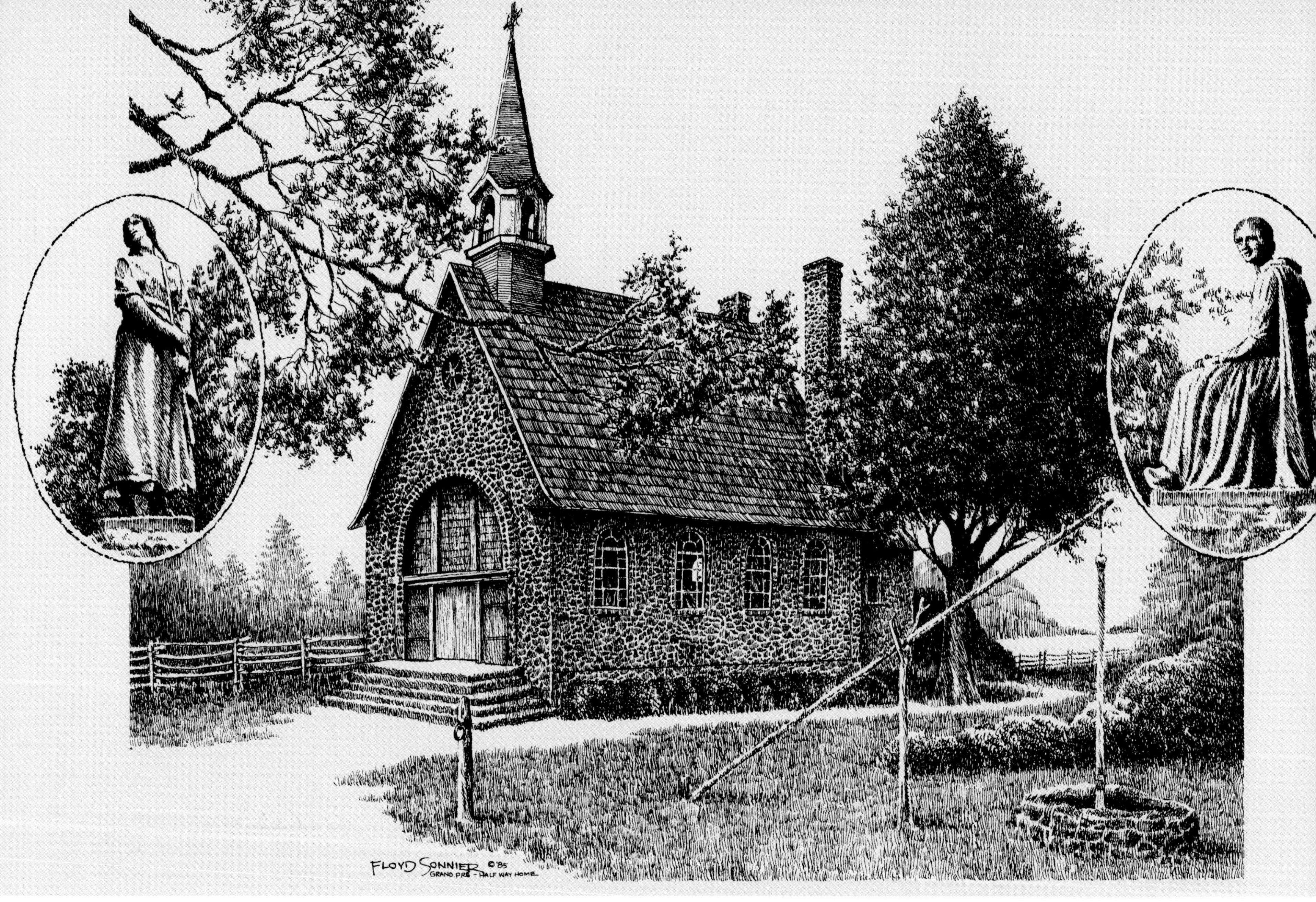

Grand Pré – Halfway Home / *Grand-Pré: À moitié route de chez nous-autres*

The Catholic church at Grand Pré, Nova Scotia, marks the spot where many of the Acadians were informed by the British in 1755 that they would be exiled from their homeland. The inset drawing at left shows the statue of Evangeline – the most famous, though fictitious, Acadian exile – that is near the church. The inset at right is the statue of Evangeline near the Catholic church in St. Martinville, La.

L'église catholique à Grand-Pré, en Nouvelle-Écosse, marque le lieu où beaucoup d'Acadiens ont appris des Anglais en 1755 qu'ils allaient être exilés de leur patrie. Le dessin inséré en cartouche à la gauche montre la statue d'Évangéline – l'exilée acadienne la plus renommée, quoique fictive – qui se trouve près de l'église. Le dessin inséré en cartouche à la droite montre la statue d'Évangéline qui se trouve près de la grande église catholique dans la Ville de St-Martin, en Louisiane.

27

Visiting The Lands Of My Ancestors: A Trip To Acadie

My first trip to visit the lands of my ancestors occurred in February of 1985, when I headed north to Nova Scotia. The purpose of the trip was to touch the place from which my forebears were exiled back in the mid-1700s.

My people were among the Acadians who were expelled by the British for refusing to swear allegiance to England and to renounce their Catholic faith. I must be cut out of the same cloth, because I would not, under any circumstances, renounce my Catholic faith nor my allegiance to the United States of America.

I made the trip with a television crew from KLFY-TV in Lafayette. They were doing a documentary on the roots of the Acadians, who make up a substantial percentage of the population of south Louisiana.

Part of what drew me to the land of *Acadie* – which includes what is now the Provinces of Nova Scotia, Prince Edward Island and New Brunswick, Canada – is the fact that 19 of my forebears once lived there. The name I was most interested in, of course, was Sonnier, the one I am carrying down through history. The original spelling of the name is Saulnier (pronounced the same) and is still being used in Nova Scotia, New Brunswick and France.

So, you can imagine the feeling I had when, shortly after arriving in Nova Scotia, we went through the little coastal village of Saulnierville (population 395), located on the southern shores of the Bay of Fundy. The small, simple homes, painted in many

Visiter le pays de mes ancêtres: Un voyage en Acadie

Mon premier voyage pour visiter le pays de mes ancêtres était en février de 1985, quand je me suis dirigé au nord à la Nouvelle-Écosse. Le but du voyage était de toucher l'endroit que mes ancêtres ont dû abondonner à cause de leur exil au milieu des années 1700.

Mes ancêtres étaient parmi les Acadiens expulsés par les Anglais pour avoir refusé de prêter serment à l'Angleterre et de renoncer à leur foi catholique. Je dois être taillé de la même étoffe, car je ne renoncerais jamais, sous aucun prétexte, ni à ma foi catholique, ni à mon allégeance aux États-Unis d'Amérique.

J'ai fait le voyage avec une équipe de télévision de KLFY-TV de Lafayette. L'équipe tournait un documentaire au sujet des racines des Acadiens, qui représentent une portion importante de la population du sud de la Louisiane.

En partie, ce qui m'a attiré au pays d'Acadie – qui est composé des provinces canadiennes actuelles de la Nouvelle-Écosse, de l'Île du Prince Édouard et du Nouveau-Brunswick – est le fait que dix-neuf de mes ancêtres y habitaient autrefois. Le nom qui m'intéressait le plus, bien sûr, était Sonnier, celui que je porte. Autrefois, l'orthographe était Saulnier (prononcée de la même façon) et cette orthographe se voit toujours en Nouvelle-Écosse, au Nouveau-Brunswick et en France.

Alors, imaginez-vous ce que j'ai pu ressentir lorsque, dès notre arrivée en Nouvelle-Écosse, on a traversé le petit village côtier de

different colors, lined the one main road winding along the coastline of the bay.

The beautiful little yellow church, Sacred Heart Catholic Church, glowed in the winter sunlight with such warmth that even the cold sea wind coming off the bay could not chill it. Tombstones in the local cemetery bore Acadian names familiar to us in Louisiana: Comeau, Boudreau, Babin, Arsenault, Chaisson, Doucet, Daigle, Cormier, Gaudet, LeBlanc, Maillet, Saulnier, Melançon, Theriault, Thibodeau.

The next place that stirred my emotions was the village of Church Point (*La Pointe de l'Église*). We visited the beautiful church for which the village is named, Ste. Marie Catholic Church, and the small Ste. Anne University next to it. Subsequent to our trip the town of Church Point, Louisiana, was twinned culturally with Church Point, Nova Scotia.

A lump came into my throat as warmth flowed through my heart, even on this freezing day in February, as I stood on the spot in *Rivière aux Canards* (Canard River) near Port Royal (now Annapolis Royal) where Louis Saulnier, my ancestor from eight generations ago, first set foot in *Acadie* sometime shortly before 1684. I spent a few moments trying to imagine how cold our ancestors were as they started a new life in a new country with the barest of necessities.

Next we visited the spot in Grand Pré where about 70 years later the Acadians' freedom was shattered, their families violently and cruelly separated and dispersed, and their homes taken away from them because they refused to renounce their allegiance to France.

The small church at Grand Pré was closed for the winter, but we were able to walk around the grounds and bask in the serenity of undisturbed snow-filled fields. The cold bronze statue of a young, melancholy Evangeline protruding from the snow brought sad thoughts of a conquered people forced to embark on an uncertain journey that would bring hardship to all and death to many.

As we drove away, I left behind a part of myself, and I took with me a renewed respect for and attachment to these principled people who stood by their convictions, regardless of the consequences. I was then, and am now, proud to say these are my people, the Acadians.

Saulnierville (population 395), situé sur la côte sud de la Baie de Fundy. Les petites maisons simples, peintes de différentes couleurs, s'alignaient le long de la route principale qui longe la côte de la baie.

La jolie petite église jaune, l'Église Catholique du Sacré-Coeur, rayonnait dans le soleil d'hiver avec une telle chaleur que même le vent glacé soufflant de la baie ne pouvait pas la refroidir. Les tombes du petit cimetière portaient des noms d'origine acadienne que nous connaissons en Louisiane: Comeau, Boudreau, Babin, Arsenault, Chaisson, Doucet, Daigle, Cormier, Gaudet, LeBlanc, Maillet, Saulnier, Melançon, Thériault, Thibodeau.

Le prochain endroit qui m'a ému était le village de la Pointe de l'Église. On a visité la belle église Sainte-Marie, qui donne son nom au village, et la petite université voisine, l'Université Sainte-Anne. Après ce voyage, le village de la Pointe de l'Église en Lousiane a été jumelé avec la Pointe de l'Église en Nouvelle-Écosse.

J'ai eu chaud au coeur et la gorge serrée, même en ce jour glacé de février, lorsque je me suis retrouvé à la Rivière aux Canards près du Port Royal (à présent Annapolis Royal) où Louis Saulnier, mon ancêtre d'il y a huit générations, s'est établi en Acadie peu avant 1684. Pendant quelques moments, j'ai essayé d'imaginer comment mes ancêtres ont dû avoir froid pendant qu'ils commençaient, avec à peine les nécessités, une nouvelle vie dans ce nouveau pays.

Nous avons visité Grand-Pré, l'endroit où, soixante-onze ans plus tard, la liberté des Acadiens a été brisée, leurs familles ont été séparées et dispersées si cruellement et leurs maisons ont été brûlées car ils ont refusé de renoncer à leur allégeance à la France.

La petite église à Grand-Pré était fermée pour l'hiver, mais on a pu se promener tout autour et profiter de la sérénité des champs de neige vièrge. La froide statue en bronze d'une jeune Évangéline mélancolique, entourée de neige, évoquait la triste pensée d'un peuple vaincu, forcé d'embarquer sur un voyage vers l'inconnu où les privations et la mort attendaient.

En quittant, j'y ai laissé une partie de moi-même, et j'ai pris avec moi du respect et de l'amour renouvelés pour ce peuple qui est resté fidèle à ses principes, malgré les conséquences. J'étais, à ce moment-là, et je suis maintenant, fier de dire: «Voici mon peuple, les Acadiens.»

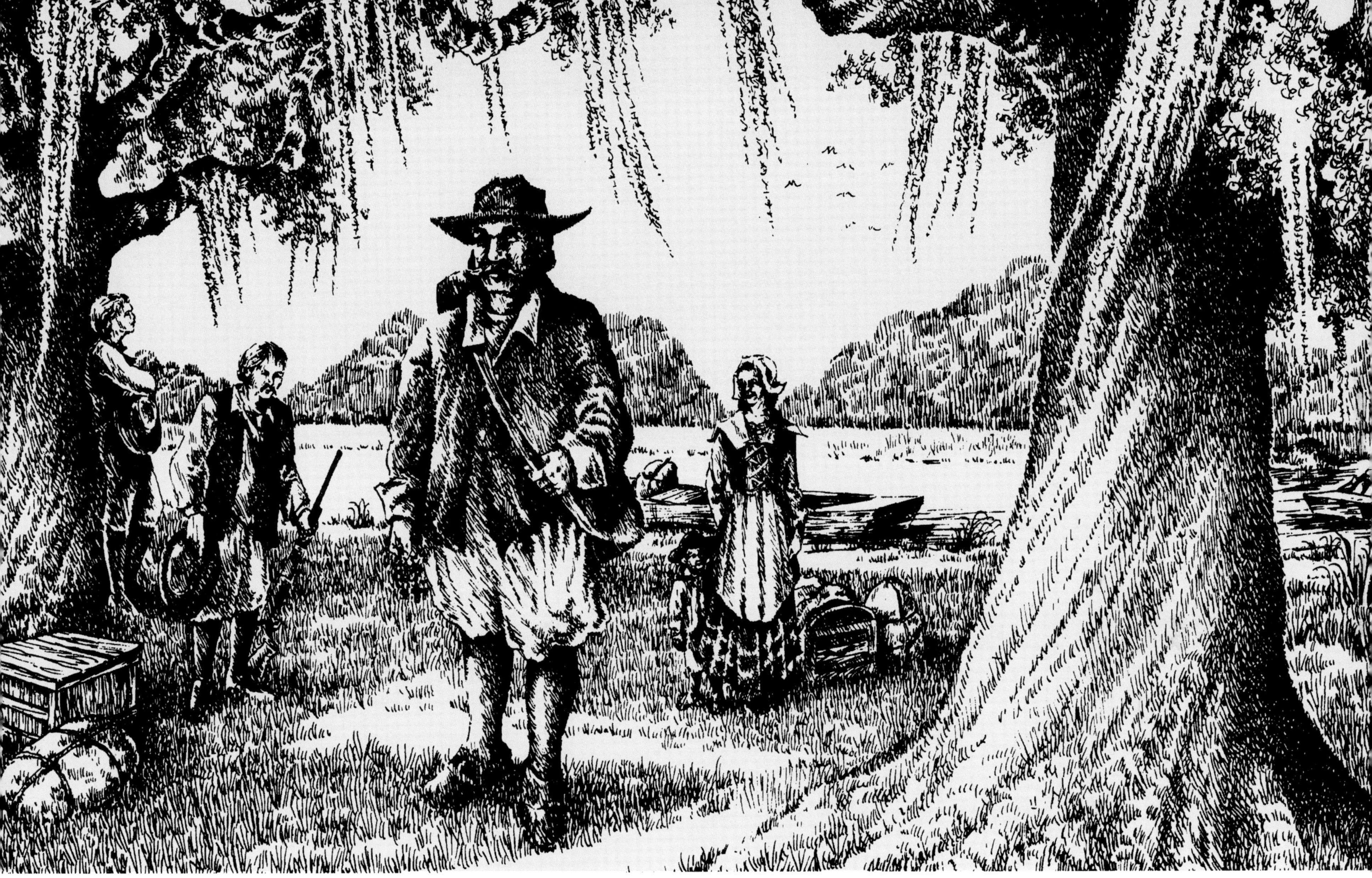

The Arrival of Beausoleil / *L'Arrivée de Beausoleil*

Joseph Broussard (dit Beausoleil) was an Acadian who led a band of resistance fighters against the British when the British exiled the Acadians from Nova Scotia in the mid-1700s. After three years of fighting the British and several more years of being imprisoned by them, he led a group of Acadians to Louisiana to be reunited with their own people. This drawing depicts their arrival in what is now St. Martinville, La. My ancestors – Etienne Saulnier (Sonnier), his wife Anne, and their son Joseph – were in the group led by Beausoleil.

Joseph Broussard dit Beausoleil était un Acadien qui était chef d'un groupe de combattants de résistance contre les Anglais lorsque les Anglais ont exilé les Acadiens de la Nouvelle-Écosse au milieu des années 1700. Après trois ans de combat contre les Anglais et plusieurs années dans leurs prisons, il a mené un groupe d'Acadiens en Louisiane pour se réunir avec leur propre peuple. Ce dessin dépeint leur arrivée à ce qui est, à présent, la Ville de St-Martin, en Louisiane. Mes ancêtres – Étienne Saulnier (Sonnier), sa femme Anne et leur fils, Joseph – faisaient partie du groupe conduit par Beausoleil.

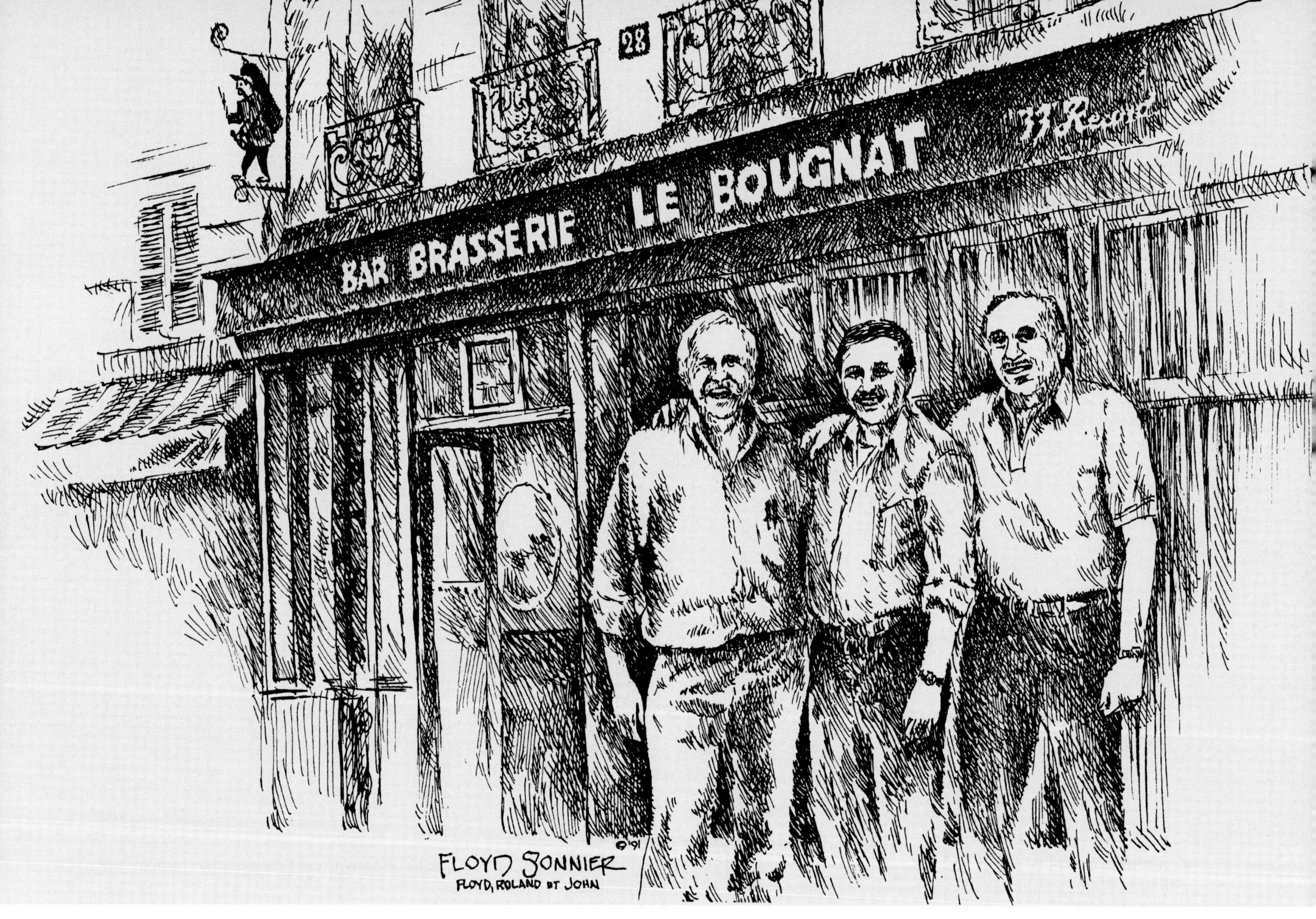

Floyd, Roland and John / *Floyd, Roland et John*

On my first trip to France, in 1990, I displayed my art in a major French festival and trade show at Niort. This drawing, made after the festival, shows me (left), my French friend Roland Brillais (center) and my brother, John Mervin Sonnier. Behind us is Roland's bistro in Paris.

Au cours de mon premier voyage en France en 1990, j'ai fait une exposition de mes oeuvres pendant un grand festival et foire de commerce français à Niort. Ce dessin, fait après le festival, montre trois hommes: moi (à gauche), mon ami français Roland Brillais (au centre) et mon frère, John Mervin Sonnier. La brasserie de Roland à Paris est derrière nous.

28

Visiting The Lands Of My Ancestors: Voyages To France

My second and third trips to explore the lands of my ancestors occurred in 1990 and 1994, when I crossed the Atlantic to display my art at festivals in Niort and Tours.

My people are originally from France. The Sonniers who helped colonize the land of *Acadie* traveled from France to the New World by ship in the seventeenth century.

For years I had been wanting to go to France to see where the Sonniers originated, to meet other people with the same last name, to see if I could detect a family resemblance.

On my first trip to France, I was honored to be invited to participate in a Louisiana Exposition taking place during the 63rd Annual *Foire de Niort, France,* a festival and trade show. This nine-day festival attracted more than 150,000 people from 200 miles around. It is considered to be a major French festival.

My hosts informed me I was invited because I was a French-speaking Cajun, an artist who depicts the historical lifestyle of the Cajuns, and a person with knowledge of Acadian and Louisiana history.

A simple little Cajun cabin with a porch and shingle roof was constructed just inside the front entrance of the Louisiana Pavilion, near a small "bayou" with moss-draped trees and live fish and ducks. Inside the little house was a display of my drawings and art prints. A rocking chair was placed on the front porch for me. I sat for hours demonstrating my artistic technique and talking to literally thousands of people about Louisiana and the Acadian culture. The festival ran from 10 a.m. to 11 p.m. each day.

Visiter le pays de mes ancêtres: Voyages en France

La deuxième et la troisième fois que je suis allé explorer le pays de mes ancêtres étaient en 1990 et en 1994, quand j'ai traversé l'Atlantique pour une exposition de mes oeuvres aux festivals de Niort et de Tours.

Mes ancêtres étaient originaires de la France. Les Sonnier qui ont aidé à coloniser l'Acadie ont voyagé en navire de la France au Nouveau Monde au dix-septième siècle.

Depuis des années, je voulais aller en France pour trouver les origines des Sonnier, pour faire la connaissance des Français du même nom, et pour voir s'il y avait une ressemblance familiale.

Pendant mon premier voyage en France, j'ai eu l'honneur d'être invité à participer à une exposition louisianaise qui a eu lieu au cours de la 63ième Foire de Niort, France, qui est un festival et une foire de commerce. Ce festival de neuf jours attire plus que 150,000 personnes sur un rayon de 200 miles. On le considère un de grands festivals du pays.

Mes hôtes m'ont dit que j'ai été invité car j'étais Cadjin francophone et artiste qui dépeint la vie historique des Cadjins et car je possédais une connaissance de l'histoire des Acadiens et de la Louisiane.

Une petite cabane simple avec une galerie et une couverture (un toit) aux bardeaux de cipre avait été construite à l'entrée du Pavillon Louisianais, près d'un petit «bayou» avec des poissons, des canards et des arbres couverts de barbe espagnole (mousse). À l'intérieur de la petite cabane se trouvait une exposition de mes dessins. Assis dans une berceuse sur la galerie en avant, je montrais ma technique en parlant à

Chateau de Chenonceaux

While exhibiting my art at a festival in Tours, France, in 1994, I was shown this magnificent chateau, built over the Cher River. It is located 15 miles south of Tours. I had never seen such a sight, so I drew it while I was there.

Le Château de Chenonceaux

Au cours d'une exposition de mes oeuvres à un festival à Tours en France, en 1994, on m'a montré ce magnifique château, construit au-dessus du Fleuve Cher, situé à 15 miles au sud de Tours. Je n'avais jamais vu une telle chose, alors, je l'ai dessinée pendant ma visite.

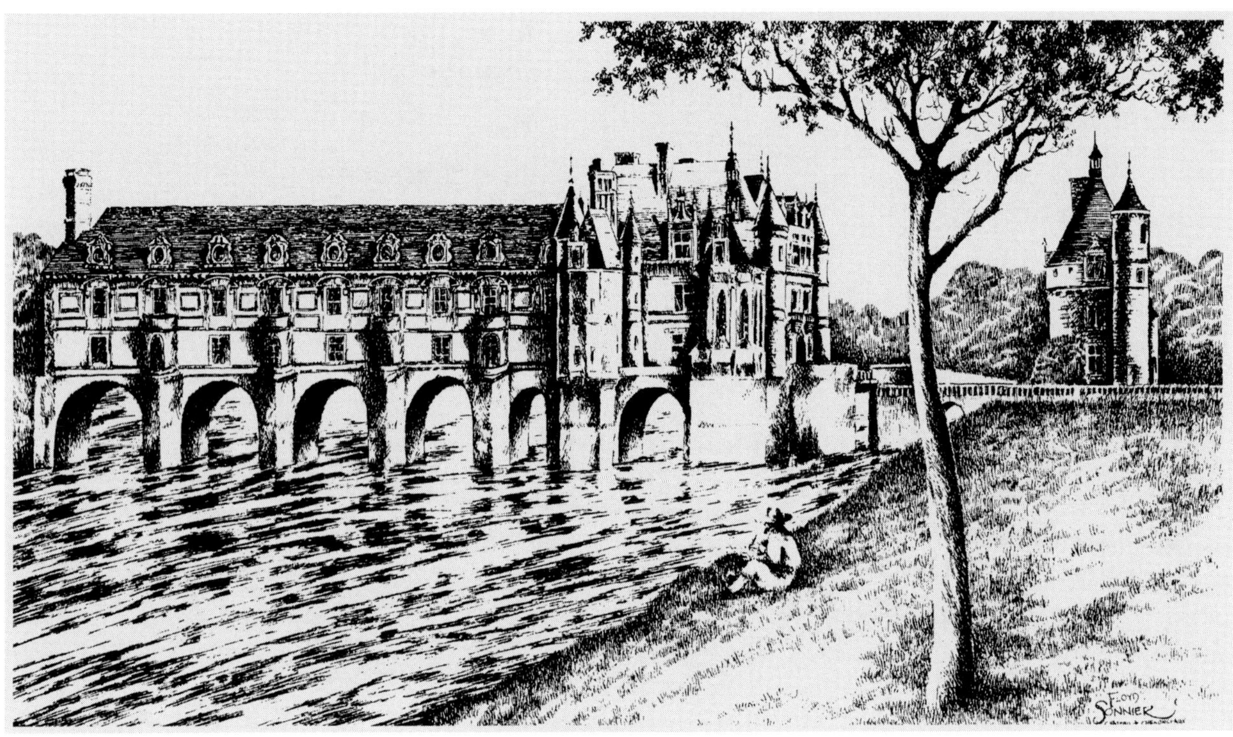

Niort, France, is a beautiful old city with a population of about 70,000. It's a major insurance center for the southwestern sector of France. This medieval-looking city is located about 200 miles southwest of Paris and about 50 miles east of La Rochelle and the Atlantic Ocean. Coincidentally, Niort is located in the Poitou Region of France, the same region where my three major ancestral families – the Sonniers, Thibodeauxs and Daigles – have their origins.

Shortly after my arrival in the region, I learned that the name Sonnier is relatively common in some areas of Poitou, especially in the vicinity of La Rochelle and St. Jean d'Angély. I also learned that this family name was used to designate "salt merchants."

"Saulnier" is the way my ancestors spelled their name until their arrival in Louisiana in 1766; it is still spelled this way in French Canada and in France. In France the name is also spelled "Saunier." I met several Sauniers and Saulniers while in France. I consider them to be my friends and cousins; they said they feel the same.

In 1994 I was again invited to display my work at a festival in France, this time for 12 days in Tours. This city is in the beautiful Loire River Valley, which is a two-hour drive southwest of Paris. The

des miliers de gens au sujet de ma Louisiane et de la culture des Cadjins. Les heures du festival étaient de dix heures du matin jusqu'à onze heures du soir chaque jour.

La belle vieille ville de Niort, en France, ayant une population de presque 70,000, est un centre d'assurance pour le secteur sud-ouest de la France. Cette ville du moyen âge est située à peu près 200 miles au sud-ouest de Paris et à peu près 50 miles à l'est de la Rochelle et de l'Océan Atlantique. Niort se trouve en fait dans la région de Poitou, la même région d'où sont venus mes ancêtres, les Sonnier, les Thibodeaux et les Daigle.

Peu après mon arrivée à la région, j'ai appris que le nom Sonnier est commun en Poitou, surtout dans les environs de la Rochelle et de St-Jean d'Angély. J'ai appris aussi que ce nom voulait dire «marchand de sel.»

«Saulnier» était l'orthographe du nom de mes ancêtres jusqu'à leur arrivée en Louisiane en 1766; c'est l'orthographe employée à présent au Canada et en France. En France, l'orthographe «Saunier» est employée aussi. J'ai fait la connaissance des Saunier et des Saulnier pendant que j'étais en France. On se considère amis et cousins.

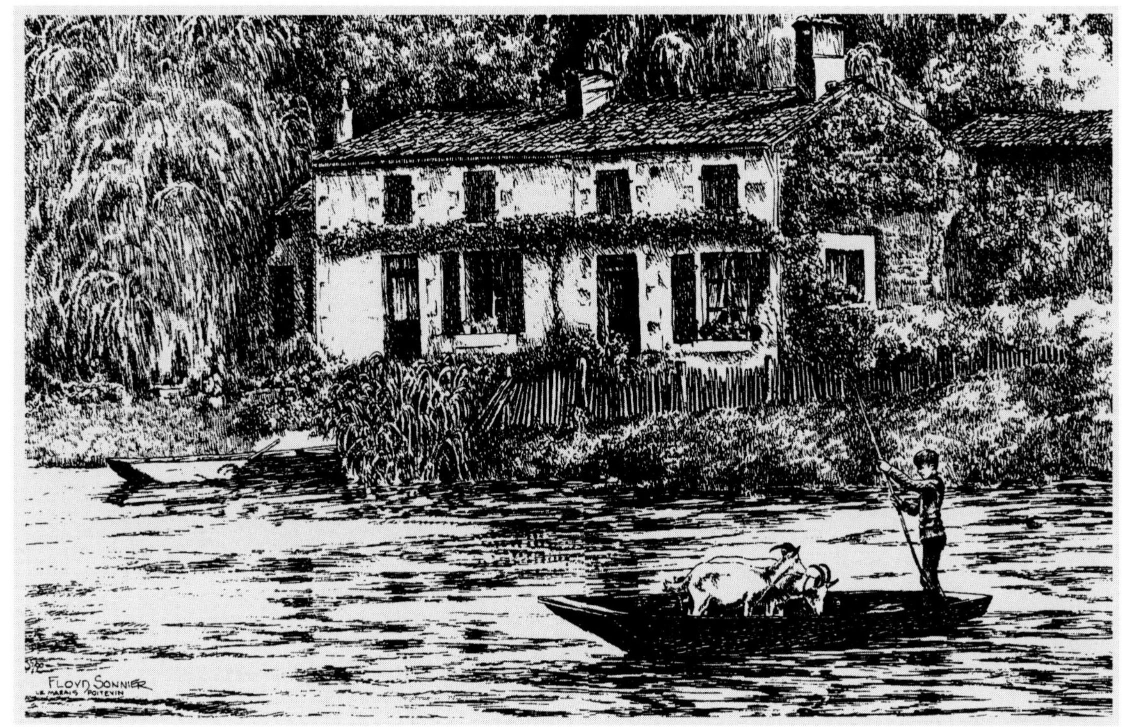

The Swamp of Poitevin

While in France for the annual Foire de Niort *in1990, I was shown a great swamp called* Le Marais Poitevin. *People live on the outskirts of the swamp and travel across its waterways by small boat. I wanted to record the scene, so I made this drawing of a boy transporting his goats.*

Le Marais Poitevin

Pendant mon voyage en France pour la Foire de Niort en 1990, on m'a montré un grand marais appelé le Marais Poitevin. Il y a des gens qui habitent la périphérie du marais et qui traversent les voies navigables en petit bateau. Je voulais bien noter la scène, alors j'ai fait ce dessin d'un garçon qui transporte ses chèvres.

Loire Valley has numerous medieval castles and is known for its red wine.

When the festival ended my wife, Verlie, and I traveled by car to Paris. We were driven by two good friends, Roland and Josette Brillais, whom we had known for several years. They own a bistro in Paris called *Le Café Bougnat*. Roland had visited us in Lafayette around 1985, and I had visited him and his wife at their café in 1990, when I was in France the first time.

The Brillais' made Verlie and me feel right at home. We felt a real kinship to them. We ate with them a number of times at their bistro while in Paris. Decorating the walls of the bistro were several of my drawings depicting life in the old-time Cajun Country of south Louisiana. Our French friends pointed out that they were as intrigued with our part of the world as we were with theirs.

En 1994, on m'a encore invité à participer à une exposition de mes oeuvres à un festival en France, cette fois-ci pour douze jours à Tours. Cette ville est située dans la belle vallée de la rivière Loire, au bout d'un petit trajet de deux heures en voiture au sud-ouest de Paris. La vallée de la Loire a beaucoup de châteaux du moyen âge et elle est renommée pour son vin rouge.

À la fin du festival, j'ai voyagé en voiture avec ma femme Verlie à Paris. Roland et Josette Brillais, nos bons amis depuis des années, nous ont conduits. Ils sont propriétaires d'un bistrot à Paris, Le Café Bougnat. Roland nous avait rendu visite à Lafayette en 1985 et je suis allé rendre visite à lui et sa femme à leur café en 1990, au cours de mon premier voyage en France.

Les Brillais nous ont acceuillis chaleureusement. On ressent avec eux une vraie parenté. On a dîné ensemble plusieurs fois à leur bistrot pendant que l'on était à Paris. Sur les murs du bistrot se trouvaient plusieurs de mes dessins de la vie d'autrefois du vieux pays cadjin du sud de la Louisiane. Nos amis français nous ont dit qu'ils s'intéressaient à notre coin du monde comme on s'intéressait à le leur.

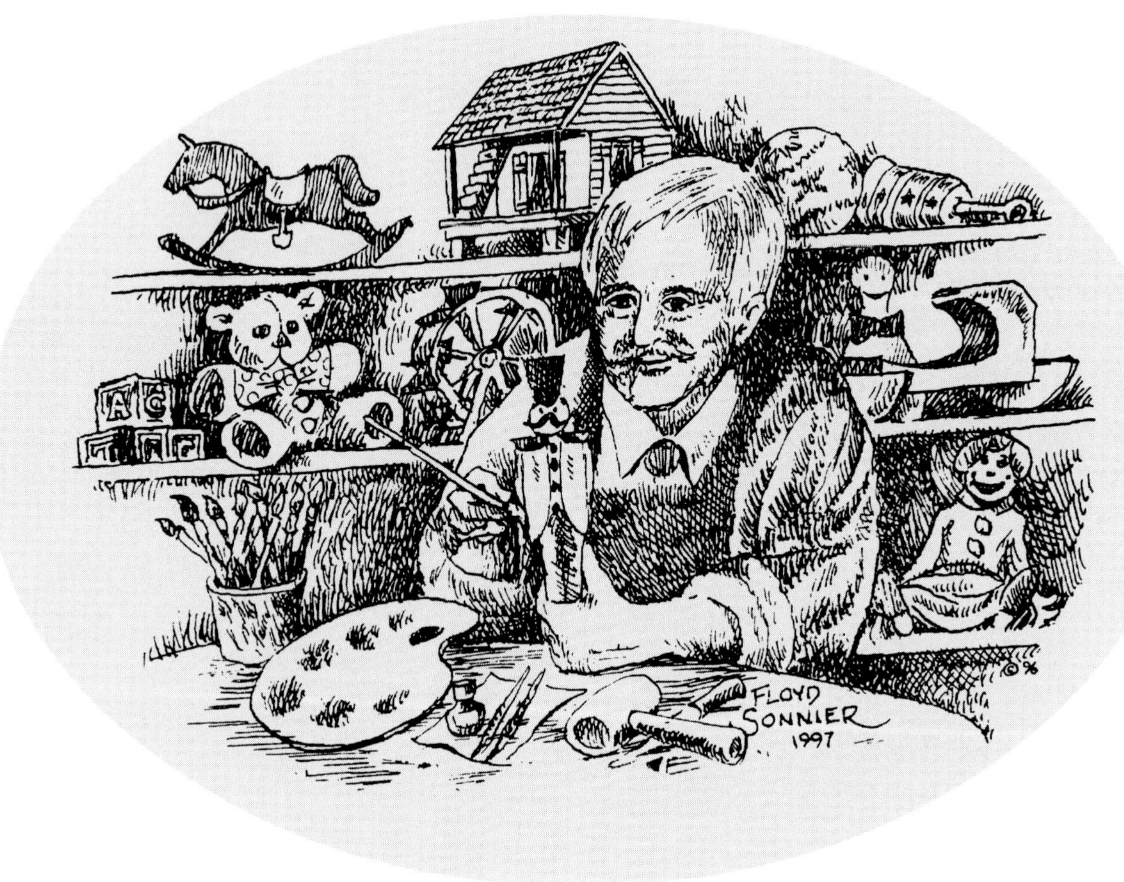

Self-Portrait: Floyd Sonnier, Toy-Maker
Autoportrait: Floyd Sonnier, faiseur de bébelles

Epilogue

The Passing of The Artist of the Cajuns

By Trent Angers

It is my sad duty as editor and publisher of this book to report the passing of Floyd Sonnier, Artist of the Cajuns.

He died of a heart attack in Omaha, Nebraska, on April 6, 2002 at the age of 68. He and his wife, Verlie, were there for the christening of their first grandchild, Matthew Joseph Sonnier, son of Mark and Tina Sonnier.

Floyd leaves behind a substantial body of art that documents, among other things, his life growing up on a sharecropper's farm in south Louisiana, near the town of Church Point. His drawings and his very life were testaments to his love of his Acadian, or Cajun, heritage and culture. He was proud to be a Cajun, a fact reflected in his everyday conversation and in the respectful manner in which he talked with and about his fellow Acadians.

Floyd called me at Acadian House Publishing in February of 2002 to ask for an appointment to discuss the possibility of publishing a book.

"I've got a little book here I've been working on for a while and thought you might be interested in publishing it," he said in his characteristically understated and humble way.

"I don't know, Floyd, I'm booked pretty solid for the next six or eight months, as far as book publishing. But, tell me, what do you have there?"

"It's a book of my artwork and my life story," he explained.

"How long have you been working at this?"

"Ten years on the writing and 25 years on the art."

Being a publisher in the heart of the Cajun country, I felt it was my duty to at least take a look at the book, regardless of how busy I was. Any project that was 25 years in the making was certainly

Épilogue

La mort de l'Artiste des Cadjins

Par Trent Angers

C'est mon triste devoir comme éditeur de vous annoncer le décès de Floyd Sonnier, l'Artiste des Cadjins.

Il est mort subitement d'une crise cardiaque à Omaha, Nebraska, le 6 avril, 2002 à l'âge de 68 ans. Lui et sa femme, Verlie, y étaient pour le baptême de leur premier petit-enfant, Matthew Joseph Sonnier, le fils de Marc et Tina Sonnier.

Floyd laisse une grande accumulation d'oeuvres d'art qui ont enrégistré, parmi d'autres choses, son enfance sur la ferme d'un habitant à la part au sud de la Louisiane, près du village de la Pointe de l'Église. Ses dessins et sa vie même ont témoigné de son amour profond de l'héritage et de la culture des Acadiens, ou Cadjins. Il était fier d'être Cadjin, ce qui ressortait de sa conversation et de sa façon de parler respectueusement avec des Cadiens et à leur sujet.

Floyd m'a donné un coup de téléphone à Acadian House Publishing en février de 2002, pour demander rendez-vous afin de discuter la possibilité de faire publier un livre.

«J'ai un petit livre ici sur lequel je travaille depuis un bout de temps, et je croyais que peut-être vous aimeriez le publier,» il m'a dit dans sa manière caractéristiquement humble de parler.

«Je ne sais pas, Floyd, je suis très encombré pour les prochains six ou huit mois, en ce qui concerne la publication des livres. Mais, dites-moi, qu'est-ce que vous avez là?»

«C'est un livre de mes oeuvres d'art et de l'histoire de ma vie,» il a expliqué.

«Depuis quand travaillez-vous là-dessus?»

«Dix ans sur le texte et vingt-cinq ans sur les dessins.»

Comme directeur d'une maison de publication au coeur du pays cadjin, je me sentais obligé, au moins, de jeter un coup d'oeil à son

worth a look. And, besides, Floyd was one of the most talented and well-respected artists in the region.

So, he came in the next day with a large envelope containing the book. He removed it from the envelope and handed it to me. It was huge, 254 pages. It weighed five pounds. He had not only written and illustrated it but also organized it, laid it out in book form, and had it bound with a plastic comb. It was written in both English and French. Being a memoir of his boyhood, it was tentatively titled "I Remember Well." The subtitle was rather long, though a clear reflection of the book's content: "Memories of a young Cajun boy raised on a French-speaking farm in Southwest Louisiana whose dreams of becoming an artist are depicted in his stories and drawings."

I flipped through it, pausing to look closely at several of the images. Floyd and I chatted as I did so. I could tell he was proud of his work, and at the same time he was very humble and unassuming. He didn't take it for granted that I would publish the book. He understood publishers are bombarded with 40, 50, 60 times more potential books than they can possibly publish.

"Well, Floyd, why don't you leave this with me and I'll take a closer look at it over the next three or four weeks and get back to you," I said.

"Sure, take your time," he said. "I'll be at home or at the studio when you're ready to talk."

Over the next week, I looked at the art and read a story or two every few days. The more I looked, the more I came to realize that Floyd had captured in words and in art a highly detailed, documentary-type report on life in the Cajun country during a period of time roughly from 1942 to 1952. I had never seen this done before – not like this, not by someone who lived and breathed this life. He had described in detail certain things that could be known only to someone who was there, at that time, right in the thick of it. Floyd had produced a valuable contribution to the literature of the Cajun people.

As I read and looked and absorbed the material, I could literally feel myself there, at that time, in the country, on the farm, in 1947. I could smell the corn bread in the oven at his grandma's house, I could feel the love his mother had for him, I could see the

livre, sans tenir compte de comment j'étais occupé. Un projet de vingt-cinq ans valait certainement la peine d'un regard. Et, en plus, Floyd était un des artistes les plus doués et les plus respectés de notre région.

Alors, il est venu le lendemain avec une grande enveloppe contenant le livre. Il l'a ôté de l'enveloppe et il me l'a remis. C'était énorme, 254 pages. Il pesait cinq livres. Il ne l'avait pas seulement écrit et illustré, mais il l'avait aussi organisé, arrangé en format de livre et relié en plastique. C'était écrit en anglais et en français. Étant une biographie de son enfance, c'était provisoirement intitulé «Je me souviens bien.» Le sous-titre était un peu long, mais il reflétait précisemment le contenu du livre: «Les mémoires d'un jeune garçon cadjin élevé sur une ferme francophone au sud-ouest de la Louisiane, dont les rêves de devenir artiste sont dépeints dans ses contes et ses dessins.»

J'ai tourné rapidement les pages, en m'arrrêtant sur plusieurs de ses images. Nous bavardions pendant que je le regardais. C'était évident qu'il était fier de ce travail, mais au même temps, il était aussi très humble et modeste. Il ne tenait pas pour acquis que j'accepterais de le publier. Il comprenait que les éditeurs sont bombardés de beaucoup plus de manuscrits qu'ils peuvent publier.

«Eh bien, Floyd, vous pouvez laisser ceci avec moi et je vais le lire plus soigneusement pendant les trois ou quatre prochaines semaines et je vous donnerai un appel,» j'ai dit.

«Bien sûr, prenez votre temps,» il a dit. «Je serai à la maison ou dans mon studio quand vous serez prêt à parler.»

Pendant la semaine suivante, j'ai regardé les dessins et j'ai lu une histoire ou deux de temps en temps. Plus je regardais, plus je me rendais compte que Floyd avait saisi en art et en écriture un récit, en forme de documentaire, de la vie dans le pays des Cadjins du début des années 1940 jusqu'au début des années 1950. Je n'avais jamais vu de chose pareille auparavant – pas comme ceci, pas par quelqu'un qui avait vécu cette vie. Il avait décrit en détail des choses que seulement quelqu'un qui était présent, à ce moment-là, en plein dedans, aurait pu connaître. Floyd avait produit une contribution de valeur à la littérature du peuple cadjin.

Pendant que je lisais et je regardais et je m'absorbais dans le texte, je me sentais vraiment là, à cette époque, dans la campagne, sur la ferme, en 1947. Je pouvais sentir le pain de maïs au fourneau de sa grand-mère. Je pouvais ressentir l'amour que sa mère éprouvait pour lui. Je

beautiful sunrise that greeted him as he headed out for the cotton fields.

I picked up the phone and called Floyd, though it had been only a week since he had dropped off the book.

"Floyd, I must say I am impressed."

"You like what you see there?"

"Yes, you've done a good job of capturing a time and place in greater detail than I've ever seen before," I said. "Anyone who reads this will know you had to have been there. You couldn't have made this up!"

"It's all true," he said simply.

"I really like all the detail: getting up at 3 o'clock in the morning to milk the cows, picking cotton in the hot sun, swimming in the bayou, speaking French, the heart-to-heart talks you had with your grandpa. This is good stuff, a cross between a documentary and an autobiography."

Soon after our talk, we contracted to publish Floyd's life story. He came to my office to drop off a slightly different version of the book, "an updated copy," as he called it.

"This is my life; take care of it," he said as he handed me the book containing much of his life's work. I felt a strong sense of responsibility for the book, as I do whenever our company accepts a book for publication. As much as feeling responsible, though, I felt honored to be entrusted with Floyd's life story.

A month or so after that brief conversation, Floyd died.

Though he is gone, his spirit lives on in the great body of art he left behind. It can be found in homes and offices and public places around Louisiana, as well as in several French-speaking areas of the world.

Floyd followed his heart and his calling. He loved doing what he did for a living, and he was good at it. He was a resounding success. As a philosopher once wrote:

"He has achieved success who has gained the respect of intelligent men and the love of little children...who has accomplished his task and left the world better than he found it."

Indeed, Floyd Sonnier did leave the world better than he found it, this talented and gentle man known as The Artist of the Cajuns.

pouvais voir le beau lever du soleil qui l'accueillait pendant qu'il se dirigeait vers les clos de coton.

J'ai décroché et j'ai téléphoné à Floyd, bien qu'il ne soit qu'une semaine depuis qu'il m'avait rendu le livre.

«Floyd, il faut dire que je suis bien impressionné.»

«Vous aimez ce que vous voyez?»

«Oui, vous avez bien réussi à reproduire la période et l'endroit dans le meilleur détail que j'ai jamais vu,» j'ai dit. «Le lecteur va savoir que vous étiez là. Vous n'auriez pas pu l'inventer.»

«C'est tout vrai,» il a dit simplement.

«J'aime beaucoup le détail: se lever à trois heures du matin pour tirer les vaches, ramasser du coton au soleil chaud, nager dans le bayou, parler français, les discussions à coeur ouvert avec votre grand-père. C'est bon, un mélange de documentaire et d'autobiographie.»

Peu après notre discours, on a signé les contrats pour publier l'histoire de la vie de Floyd. Il est venu à mon bureau pour me rendre une version un peu différente du livre, «un exemplaire mis à jour,» comme il l'a appelé.

«C'est ma vie; soignez-la bien,» il a dit lorsqu'il m'a rendu le livre contenant une grande portion de l'oeuvre de sa vie. J'ai ressenti une grande responsabilité pour le livre, comme toujours lorsque notre société accepte un livre pour publier. C'était aussi un grand honneur pour moi que l'on m'avait confié l'histoire de la vie de Floyd.

À peine un mois après cette conversation brève, Floyd est mort.

Même après sa mort, son esprit reste dans l'oeuvre énorme qu'il a laissée. On peut le trouver dans les foyers et les bureaux et les bâtiments publics autour de la Louisiane, aussi bien que dans beaucoup d'autres endroits francophones du monde.

Floyd a suivi son coeur et sa vocation. Il aimait faire ce qu'il faisait pour gagner une vie, et il le faisait bien. Son oeuvre était une réussite résonnante. Un philosophe a écrit autrefois:

«Il a réussi qui a gagné le respect des hommes intelligents et l'amour de petits enfants, qui a accompli sa tâche et a quitté le monde meilleur qu'il l'a trouvé.»

En effet, Floyd Sonnier a vraiment quitté le monde meilleur qu'il l'a trouvé, cet homme doux et talentueux, connu comme L'Artiste des Cadjins.

Index

(The titles of each of the drawings appearing in the book are shown in italics in this index.)

Index

(Les titres des dessins qui parraissent en ce livre sont montrés en italiques en c'index-ci.)

T

U

V

W

About the Author and Artist...

FLOYD SONNIER (1933-2002), known to many as "The Artist of the Cajuns," was a lifelong resident of the Cajun Country of south Louisiana. An internationally acclaimed pen-and-ink artist, he graduated in commercial art from the University of Southwestern Louisiana in Lafayette in 1961 after serving a brief stint in the U.S. Army. In a prolific career that spanned a quarter of a century, he specialized in drawings that depict life in the old-time Cajun culture, particularly scenes set in the first half of the Twentieth Century.

A native of the Pointe Noire community near Church Point, La., he was married to Verlie Gay of Church Point in 1965. They have four children, Gil, Mark, Tim and Annette.

About the Translator...

PHOEBE B. TROTTER teaches French and English at Carencro High School near Lafayette, La., and has since 1974. She previously taught at Jeanerette High.

She has a Master's Degree in French from the University of Southwestern Louisiana at Lafayette. She earned her Bachelor's Degree at Louisiana State University at Baton Rouge, where she majored in English and French Education. She earned a diploma from Catholic University of the West in Angers, France, attending the school for a year on a scholarship from the Council for the Development of French in Louisiana (CODOFIL).

She has spoken Cajun French since she was a child, learning it a little at a time from her grandparents, aunts and uncles. She was reared in Church Point, La., near where Floyd Sonnier grew up. For a number of years she translated the text of Mr. Sonnier's annual calendars and Christmas cards.

Au sujet de l'auteur et de l'artiste...

FLOYD SONNIER (1933 - 2002), connu comme «l'Artiste des Cadjins,» était habitant pour toute sa vie du Pays Cadjin du sud de la Louisiane. Artiste à la plume de renom international, il a obtenu son diplôme de l'Université du Sud-Ouest de la Louisiane à Lafayette en 1961 après avoir servi dans l'armée des États-Unis. Au cours d'une carrière prolifique qui a duré un quart de siècle, il était spécialiste des dessins de la vie de la culture cadjinne, particulièrement des scènes de la première partie du vingtième siècle.

Originaire de la communauté de la Pointe Noire près de la Pointe de l'Église en Louisiane, il s'est marié à Verlie Gay de la Pointe de l'Église en 1965. Ils ont quatre enfants: Gil, Mark, Tim et Annette.

Au sujet de la traductrice...

PHOEBE B. TROTTER enseigne le français et l'anglais à l'École Secondaire de Carencro près de Lafayette en Louisiane, depuis 1974. Elle a enseigné auparavant à l'École Secondaire de Jeanerette.

Elle a une maîtrise ès lettres en français de l'Université du Sud-Ouest de la Louisiane à Lafayette. Elle a obtenu sa license ès lettres à l'Université de l'État de la Louisiane au Bâton Rouge, où elle s'est spécialisée dans l'enseignement de l'anglais et du français. Elle a obtenu un diplôme de l'Université Catholique de l'Ouest à Angers, en France, après avoir gagné une bourse d'études du Conseil pour le développement du français en Louisiane (CODOFIL).

Elle parle français cadjin depuis son enfance, lorsqu'elle l'a appris peu à peu de ses grands-parents, de ses tantes et de ses oncles. Elle à été élevée à la Pointe de l'Église, en Louisiane, près d'où Floyd à été élevé. Pendant des années, elle a traduit le texte du calendrier et des cartes de Noël de M. Sonnier.